U0935716

港珠澳大桥跨海集群工程建设技术总结与应用成果书系

港珠澳大桥主体工程技术协同管理与创新成果
交通工程篇

李　江　周永川　陈建忠
段国钦　朱　定　陈　忠　编著

人民交通出版社股份有限公司
北　京

内 容 提 要

本书以国家科技支撑计划项目“港珠澳大桥跨海集群工程建设关键技术”为技术依托，对港珠澳海底特长沉管隧道的建设、施工、运营过程中交通工程相关的关键性技术进行了凝练和总结。首次论述了沉管隧道交通工程设施数字化建设架构、跨境通道运营管理、节能减排以及安全运营等技术应用，对于跨境隧-岛-桥交通工程数字化建设的研究具有重要的指导意义和借鉴价值。

本书可供从事交通工程研究、设计、施工的工程技术人员和运营管理人员，以及高等院校相关专业的教师和学生学习参考。

图书在版编目(CIP)数据

港珠澳大桥主体工程技术协同管理与创新成果. 交通工程篇 / 李江等编著. — 北京 : 人民交通出版社股份有限公司, 2023.4

ISBN 978-7-114-18525-0

Ⅰ.①港… Ⅱ.①李… Ⅲ.①跨海峡桥—桥梁工程—工程管理—创新管理—成果—汇编—中国 Ⅳ.①U448.19

中国版本图书馆 CIP 数据核字(2022)第 258142 号

Gang-Zhu-Ao Daqiao Zhuti Gongcheng Jishu Xietong Guanli yu Chuangxin Chengguo Jiaotonggongcheng Pian

书　　名：港珠澳大桥主体工程技术协同管理与创新成果　交通工程篇
著 作 者：李　江　周永川　陈建忠　段国钦　朱　定　陈　忠
责任编辑：王海南　丁　遥　石　遥
责任校对：席少楠　刘　璇
责任印制：张　凯
出版发行：人民交通出版社股份有限公司
地　　址：(100011)北京市朝阳区安定门外外馆斜街 3 号
网　　址：http://www.ccpcl.com.cn
销售电话：(010)59757973
总 经 销：人民交通出版社股份有限公司发行部
经　　销：各地新华书店
印　　刷：北京市密东印刷有限公司
开　　本：787×1092　1/16
印　　张：14.5
字　　数：289 千
版　　次：2023 年 4 月　第 1 版
印　　次：2023 年 4 月　第 1 次印刷
书　　号：ISBN 978-7-114-18525-0
定　　价：90.00 元

港珠澳大桥跨海集群工程建设技术总结与应用成果书系

编审委员会

《港珠澳大桥主体工程技术协同管理与创新成果　交通工程篇》

编　写　组

组　　长：李　江

副 组 长：周永川　陈建忠　段国钦　朱　定　陈　忠

编写人员：（排名不分先后）

刘　帅　杨　孟　廖志鹏　须民健　潘　勇

曾雪芳　张顺善　戴希红　曹汉江　郑向前

吴清发　刘　坤　李书亮　李国红　李洁玮

夏子立　周　妮　常　林　钟勇华　朱翼翔

罗谷安　胡德亮　徐小萍　唐丽娟　蓝晓燕

刘　彬　田　睿　麦权想　任海威　黄志雄

陈　伟　胡敏涛　温　华

FOREWORD | 序　　言

2018 年 10 月 23 日，港珠澳大桥正式通车。习近平总书记出席大桥开通仪式并巡览港珠澳大桥。他指出，港珠澳大桥是国家工程、国之重器。他强调，港珠澳大桥的建设创下多项世界之最，非常了不起，体现了一个国家逢山开路、遇水架桥的奋斗精神，体现了我国综合国力、自主创新能力，体现了勇创世界一流的民族志气。这是一座圆梦桥、同心桥、自信桥、复兴桥。大桥建成通车，进一步坚定了我们对中国特色社会主义的道路自信、理论自信、制度自信、文化自信，充分说明社会主义是干出来的，新时代也是干出来的！对港珠澳大桥这样的重大工程，既要高质量建设好，全力打造精品工程、样板工程、平安工程、廉洁工程，又要用好管好大桥，为粤港澳大湾区建设发挥重要作用。

港珠澳大桥是在"一国两制"框架下粤港澳三地首次合作共建的超大型交通基础设施项目，东接香港特别行政区，西接广东省珠海市和澳门特别行政区，是珠三角环线的重要组成部分和跨越伶仃洋海域、连接珠三角东西岸的关键性工程。路线起自香港口岸人工岛，接珠澳口岸、珠海连接线，止于珠海洪湾；全长约 55km。大桥主要由海中桥隧主体工程，香港、珠海、澳门三地口岸，香港、珠海、澳门三地连接线三部分组成。

港珠澳大桥的建成为完善国家综合运输体系和高速公路网络，密切珠江西岸地区与香港地区的经济社会联系，改善珠江西岸地区投资环境，加快产业结构调整和布局优化，提升珠江三角洲地区综合竞争力，保持港澳地区的持续繁荣和稳定，支持香港、澳门融入国家发展大局，对内地与香港、澳门互利合作起到了重要的推进作用。

港珠澳大桥主体工程集桥、岛、隧于一体，面临诸多世界级技术挑战，包括海中快速成岛、隧道基础处理与沉降控制、隧道管节沉放对接、大规模工厂化制造、海上埋置式承台施工、水下结构止水、大节段钢结构安装、超长钢桥面铺装、交通工程系统集成等。来自全国各地的建设精英云集伶仃洋，逢山开路遇水架桥，用智慧和汗水浇筑了这一举世瞩目的超级工程，在浩瀚伶仃洋上创造了中国桥梁建设的崭新诗篇。

2003—2009 年，六年前期研究奠定共建基础。2003 年 8 月，国务院正式批准三地政府开展港珠澳大桥前期工作，同意粤、港、澳三地成立"港珠澳大桥前期工作协调小组"。2004 年 3 月，协调小组办公室正式挂牌成立，港珠澳大桥各项建设前期工作全面启动。

港珠澳大桥前期工作推进的过程远非一帆风顺，内地与港澳地区在政策法规、管理体制、办事程序、技术标准、思维习惯等多方面存在差异，每一项问题都需反复论证、反复协调。六年的前期研究工作开展了大量的专题论证，共完成了专题研究报告51项。在各方的不懈努力下，协调解决了大桥登陆点、桥位方案、桥隧工程方案比较、口岸查验模式论证、投融资方案、通航标准及锚地影响、环境影响评价等关键性问题。

2009—2018年，九年创新管理引航工程建设。作为"一国两制"框架下粤港澳三地首次合作共建的超大型跨海交通工程，同时作为世界总体跨度最长、钢结构桥体最长、海底沉管隧道最长的公路跨海大桥，也是公路建设史上技术最复杂、施工难度最大、工程规模最庞大的桥梁，港珠澳大桥在管理机制、建设理念、科研技术等方面进行了一系列的创新。港珠澳大桥科技创新工作始终坚持"项目来源于工程，研究依托于工程，成果应用于工程、服务于行业"的理念，注重科研与生产的紧密结合，突出科研成果应用。在科学技术部、交通运输部的支持下，"港珠澳大桥跨海集群工程建设关键技术研究与示范"于2010年列入"十二五"国家科技支撑计划，由交通运输部组织实施，研究参与单位包括21家企事业单位、8所高等院校，组成了以企业为龙头，产学研用相结合，覆盖桥、岛、隧工程全产业链的"智囊团"，科研队伍人数超过500人，共设5大课题、19个子课题、73项课题研究。一系列的研究成果大范围应用于项目实践，解决了工程推进中的重点难题，积累形成了数百项发明专利和一系列科技成果，构建了跨海集群工程建设关键技术的体系，有力支撑了港珠澳大桥工程建设，对我国大型跨海通道工程技术进步发挥了重要推动作用。

2019—2022年，四年总结凝练深化创新成果。4年来，管理局克服疫情等种种困难，组织编写组人员查阅、收集、整理相关工程设计施工咨询监理等档案资料，对港珠澳大桥项目建设总体组织、桥梁工程、人工岛工程、隧道工程和交通工程等方面的先进做法、关键技术以及由大桥工程推动的产业变革进行了总结提炼；同时，通过深入调查研究、广泛征求意见、反复修改完善，编制完成这套"港珠澳大桥跨海集群工程建设技术总结与应用成果书系"。

这套丛书包括总体篇、桥梁篇、人工岛篇、隧道篇和交通工程篇5个分册，贯穿港珠澳大桥跨海集群工程可行性研究到工程建设的全周期。丛书的出版，将有利于推动港珠澳大桥主体工程技术协同管理与创新成果的公开，有利于加强科技成果的推广应用，为我国跨海交通集群工程建设与管理提供借鉴和范式，有利于中国桥梁建设技术走出国门，为构建"一带一路"作出新的贡献，为世界桥梁建设贡献中国智慧。

港珠澳大桥管理局局长
本书系编审委员会主任

2022年10月

PREFACE 前　言

港珠澳大桥是跨越伶仃洋海域，连接香港、珠海、澳门的大型跨海通道，是国家高速公路网规划中珠江三角洲地区环线的组成部分和跨越伶仃洋海域的关键性工程。港珠澳大桥是由隧、岛、桥组成的跨海交通集群工程，其主体工程采用隧桥组合方案。穿越伶仃西航道和铜鼓航道段约 6.7km 采用沉管隧道方案，该隧道为世界最大规模的节段式沉管隧道，确保结构安全和运营安全是该隧道的关键技术之一。

上述工程特点、地理位置对港珠澳大桥交通工程建设及运营提出了更高的要求，综合港珠澳大桥交通工程设施建设运营开展的国家科技支撑计划项目，总结、提炼港珠澳大桥交通工程研究成果。主要包括：构建跨境跨海交通基础设施技术标准协同体系，建立海域环境长寿命交通基础设施专用技术标准体系，创新跨境公路交通建设的协同管理体系；综合分析跨境隧-岛-桥集群工程节能减排指标，开展沉管隧道通风设施节能模拟试验、照明设施节能控制技术研究和人工岛太阳能等可再生能源利用方法研究，构建跨境集群工程节能减排核算指标体系；分析港珠澳大桥护栏结构，开展实车碰撞试验，形成一套护栏基础结构优化方法，保障港珠澳大桥行车安全。

本书通过总结和分析各项研究成果编写而成。全书共分为6章，第1章综述港珠澳大桥数字化交通工程设施设计与施工现状，并总结港珠澳大桥交通工程设施设置要求与标准；第2章提出跨境通道三地联动机制、交通管控机制和信息交换机制与标准；第3章论述跨境隧-岛-桥集群工程节能减排技术、指标以及核算体系，并介绍可再生能源的评估方法；第4章介绍港珠澳大桥交通工程全寿命周期系统集成、管理技术；第5章介绍港珠澳大桥护栏结构的基础设计、优化方法、碰撞试验和施工与加工工艺方法；第6章总结交通工程的创新技术及方法。

限于编者的水平和经验以及技术资料的完整性，书中错误、疏漏及片面之处在所难免，恳请读者批评指正。

作　者
2022 年 9 月

CONTENTS 目　录

第1章　数字化交通工程设施

第2章　跨境通道运营管理关键技术

第 3 章　跨境隧-岛-桥集群工程节能减排关键技术

第 4 章　基于 BIM 架构的港珠澳大桥交通工程全寿命周期系统集成技术

第 5 章　港珠澳大桥护栏结构的实车碰撞试验

第 6 章　本篇总结

参考文献

CHAPTER ONE

第1章

数字化交通工程设施

1.1 交通工程设施概述

1.1.1 交通工程设计综述

1.1.1.1 工程概况

1)工程背景

港珠澳大桥东接香港特别行政区,西接广东省(珠海市)和澳门特别行政区,是国家高速公路网规划中珠江三角洲地区环线的组成部分和跨越伶仃洋海域的关键性工程,将形成连接珠江东西两岸新的公路运输通道。

珠江三角洲地区是我国改革开放的先行地区和重要的经济中心区域,依托毗邻港澳的区位优势,在全国经济社会发展和改革开放大局中具有突出的带动作用和举足轻重的战略地位。珠江三角洲在快速发展的同时,珠江两岸发展的差距也在逐步拉大,珠江西岸经济发展明显滞后于东岸,与香港交通联系不便是影响珠江西岸经济发展的重要因素之一。受珠江阻隔,珠江西岸与香港之间的陆路交通需绕行虎门大桥,水路交通受天气影响较大且通行时间较长,现有交通基础设施难以满足珠江两岸经济社会发展和交通运输的需要。

香港是全球重要的国际经济、金融、商业、贸易和航运中心,对周边地区发挥重要的辐射和聚集作用,同时依托周边地区的丰富资源。改革开放以来,香港与珠江东岸地区经济联系日趋紧密,香港经济保持持续繁荣,珠江东岸地区率先建立起开放型经济体系,成为我国外向度最高的经济区域和对外开放的重要窗口之一。澳门以旅游和金融保险为支柱产业,澳门和香港之间长期以来形成的产业分工和社会格局,使得两地的经济社会联系十分紧密。尽快构建港珠澳交通大通道,增强香港及珠江东岸地区经济辐射带动作用,充分挖掘珠江西岸发展潜力,便捷港澳及珠江两岸之间的交通联系,已成为三地共同的愿望。

港珠澳大桥的建成,彻底改变了珠江口两岸的时空观,实现了1小时交通圈和经济圈,完善了国家和粤港澳三地的综合运输体系和高速公路网络,加强了珠江西岸地区与香港地区的经济社会联系,改善了珠江西岸地区的投资环境,加快了产业结构调整和布局优化,拓展了经济发展空间,提升了珠江三角洲地区的综合竞争力,保持了港澳地区的持续繁荣和稳定,促进了珠江两岸经济社会协调发展。

2)工程规模

港珠澳大桥连接香港、珠海和澳门地区,是集桥梁、海底隧道、人工岛于一体的超级综合集群项目,项目建设目标为“建设世界级跨海通道,为用户提供优质服务,成为地标性建筑”。港珠澳大桥分六大部分建设,总投资超千亿元,其中海中主体工程全长30km,由粤港澳三地共建共管,属地工程包括香港接线12km桥梁、香港口岸130hm^{2}人工岛、珠海接线14km桥梁、珠澳口岸210hm^{2}人工岛、澳门接线0.3km桥梁。

港珠澳大桥的控制性工程是岛隧工程,全长7440.546m。东、西人工岛各全长625m,沉管隧道(含暗埋段)全长6700m,其中沉管段长5664m。港珠澳大桥沉管隧道工程概况如图1.1-1所示。

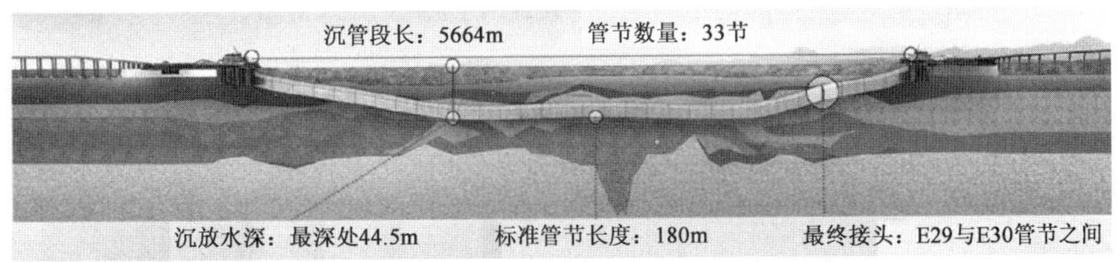

图1.1-1　港珠澳大桥沉管隧道工程概况

3)建设时序

20世纪80年代以来,香港与广东省珠江东岸地区的陆路运输通道建设取得了显著进展,有力地保障和推进了香港与珠江三角洲地区经济的互动发展,但是香港与珠江西岸的交通联系却一直比较薄弱。1997年亚洲金融危机后,香港特区政府为振兴香港经济,寻找新的经济增长点,认为有必要尽快建设连接香港、澳门和珠海的跨海通道,以充分发挥香港、澳门的优势,并于2002年提出了修建港珠澳大桥的建议。

2003年7月,内地与香港有关方面共同委托研究机构完成了《香港与珠江西岸交通联系研究》。研究结果表明,修建港珠澳大桥连通粤港澳三地具有重大的政治及经济意义,需要尽早安排。

2003年8月,国务院批准开展港珠澳大桥项目前期工作,同意粤港澳三地成立“港珠澳大桥前期工作协调小组”。

2004年3月,港珠澳大桥前期工作协调小组办公室成立,全面启动港珠澳大桥各项建设前期工作。

2006年12月,经国务院批准,成立了由国家发改委牵头的“港珠澳大桥专责小组”,负责项目前期工作中重大问题的协调。

2009年10月28日,国务院常务会议正式批准港珠澳大桥工程可行性研究报告。

2009 年 12 月 15 日，港珠澳大桥正式开工建设。

2010 年 8 月 3 日，港珠澳大桥珠澳口岸人工岛填海工程抛石出水；12 月 28 日，岛隧工程沉管隧道干坞预制动工。

2011 年 1 月，岛隧工程开工；5 月 15 日，岛隧工程西人工岛首个钢圆筒打设成功；9 月 22 日，东人工岛首个钢圆筒顺利振沉；12 月 14 日，港珠澳大桥香港口岸正式开工。

2012 年 7 月，大桥主体工程桥梁工程开工。

2013 年 5 月 6 日，大桥岛隧工程首节沉管成功实现与西人工岛暗埋段的对接；6 月 3 日，大桥首个承台墩身整体顺利安装到位；7 月 30 日，岛隧工程首节 180m 标准管节顺利完成浮运安装任务。

2014 年 1 月 19 日，大桥深海区首跨钢箱梁架设成功。

2015 年 1 月 8 日，大桥主体工程青州航道桥主塔封顶；2 月 2 日，大桥主体工程第一座桥塔——九洲航道桥 206 号墩上塔柱完成整体提升竖转；2 月 23 日，青州航道桥 56 号墩索塔“中国结”结形撑首个节段吊装成功；8 月 23 日，江海直达船航道桥首个“海豚”塔成功吊装；9 月 6 日，桥梁工程完成最后一件上节墩身安装，主体工程 220 座墩台全线完工；11 月 22 日，九洲航道桥段主体完工。

2016 年 1 月 13 日，岛隧工程 28 个直线段沉管预制全部完成；4 月 11 日，青州航道桥合龙；6 月 2 日，江海直达船航道桥 138 号钢塔成功吊装，大桥主体工程 7 座桥塔施工全部完成；6 月 29 日，港珠澳大桥主体桥梁合龙；9 月 27 日，港珠澳大桥主体桥梁工程贯通。

2017 年 3 月 7 日，海底隧道最后一节沉管成功安装；4 月 10 日，大桥珠海连接线拱北隧道贯通；7 月 7 日，大桥海底隧道暨大桥主体工程贯通；7 月 28 日，西人工岛主体建筑封顶；8 月 31 日，东人工岛主体建筑封顶；12 月 31 日，大桥主体工程点亮全线灯光，主体工程的施工任务基本完成，基本具备通车条件。

2018 年 2 月 6 日，港珠澳大桥主体完成验收；9 月 28 日起，粤港澳三地联合试运港珠澳大桥 3 日。

2018 年 10 月 23 日，港珠澳大桥正式开通。

4）工程特点

（1）交通工程技术特点

港珠澳大桥交通工程具有以下几个技术特点：

①内容多，专业多。

本项目交通工程设计包含了除房建设施以外的所有专业，共 18 个专业，同时又涉及

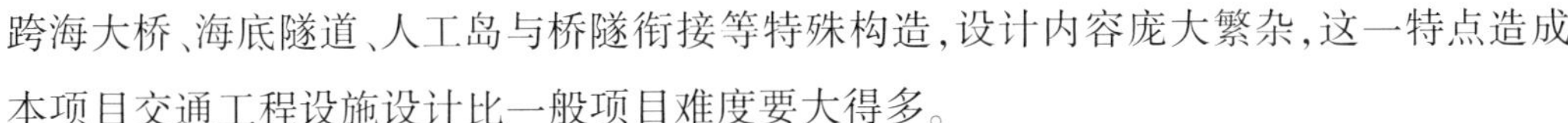

跨海大桥、海底隧道、人工岛与桥隧衔接等特殊构造，设计内容庞大繁杂，这一特点造成本项目交通工程设施设计比一般项目难度要大得多。

②接口多，界面复杂，协调量大。

本项目交通工程设施不仅在建设期与其他所有专业都存在界面，还要考虑并满足运营期的各类管理需求，这就造成交通工程专业与主体工程、房建设施、桥梁工程、人工岛以及三地有关部门间接口界面的复杂性。施工图设计的重点和难点突出表现在预留预埋设计方面，而预留预埋设计需求来自交通工程各专业的功能、方案和设计要求，因此，本项目交通工程设计过程中协调工作量极大。

(2)创新与新技术应用

鉴于本工程技术特点和设计难点，交通工程建设过程中采用的主要创新和新技术如下：

①跨境通道运营管理关键技术；

②离岸特长沉管隧道建设防灾减灾关键技术；

③跨境隧-岛-桥集群工程节能减排关键技术；

④基于 BIM 架构的港珠澳大桥交通工程全寿命周期系统集成技术；

⑤港珠澳大桥护栏结构的实车碰撞试验。

1.1.1.2　设计范围

港珠澳大桥主体工程交通工程施工图设计工作包括收费、通信、监控、交通安全设施、综合管道、供配电、照明、通风、火灾检测报警联动、消防、结构健康监测、景观照明、供水、航空障碍灯、环保节能、防雷接地、排水设施、系统集成等的施工图设计、施工期服务及相关专题研究。

1.1.1.3　建设目标及设计指导原则

1)建设目标

为实现“建设世界级跨海通道，为用户提供优质服务，成为地标性建筑”的项目建设目标，需提供优质的设计服务。

建设世界级跨海通道：在风险、总投资可控的前提下，采用一流管理、一流理念、现代化技术，将港珠澳大桥建设成为世界一流品质、性价比高的跨海通道；要求国际一流的设计团队及设计文件作为设计技术支撑。

为用户提供优质服务：通过硬件建设及营运软环境建设，为使用者提供安全、快捷、舒适的驾驶享受;开放、及时的信息发布和指引平台;体贴入微、便利的消费服务(包括安全、准确、便利的收费管理手段);及时、到位、高效的应急救援服务。

成为地标性建筑:通过大桥景观及包含的文化内涵使之成为地标及一个品牌。地标性建筑的含义中包含景观的效果,但又不限于景观,还应包括历史、文化品牌建设及品牌推广的含义。

2)设计指导原则

(1)参照国内外有关标准、规范和技术指南的规定精心设计,吸收国内外已建成高速公路的经验、教训,尽可能采用具有国内先进水平的技术和设备。

(2)针对本项目沿线地理、气候、环境等特点,所采用的技术标准、实施规模和水平与主体工程其他部分协调一致,设计方案力求经济、实用、安全、可靠、先进,努力把本项目建设成为标准高、质量优、投资省、效果好的现代化高速公路。

(3)考虑本项目交通流特性及其未来发展趋势,各子系统设计方案的选择必须与交通流发展相适应;各子系统之间相互配合、相互协调,达到系统组成的最优化,最大程度发挥系统总体调控功能。

(4)材料设备的选择主要立足国内,尽量选用国内生产的成熟、先进的产品,少量关键机电设备根据实际需要适当采用进口产品。

(5)设计方案应具有可扩充性和可升级性,且兼容性强,需满足近期使用和远期升级及系统联网要求,并预留必要的接口和数据通道。

(6)系统所采用的技术和设备应成熟、可靠、可操作性强,易于维修和更换,以达到降低运营成本的目的。

(7)交通工程设计应与岛、桥、隧工程设计良好配合、相互协调,使交通工程设施与岛、桥、隧工程有机融为一体,为道路使用者提供安全、快捷、舒适的服务。

1.1.2　交通工程施工综述

1.1.2.1　施工特点和难点

本项目交通工程为跨海工程,供水管道均设计于桥梁两侧下方,施工难度大,供水管道安装的顺利实施是本工程的一个施工难点。

本工程跨越珠海、香港和澳门,收费系统涉及香港、广东两地,目前实行的是两种收费技术标准,如何实现收费系统的正常、稳定运行是大桥运营的重点,也是本工程的另一个施工技术难点。

本项目交通工程系统众多，接口复杂，各系统调试及三地联合调试为施工重点。

材料设备到货后，桥梁并未完全合龙，在必要的情况下将采用海上船舶运送施工人员、物资设备进场施工，海上运输也是施工重点。

1）工程难点一——管道

（1）管道安装施工难点

港珠澳大桥交通工程项目全桥输水水源来自珠海市市政管网，供应全线的消防用水及东、西人工岛处的生活用水。桥梁段消防管道设计敷设在桥梁侧翼下方，操作难度大，操作高度高，海风、温度等各种外部环境恶劣，导致水管安装极其困难。

（2）管道安装解决方案

根据以往类似管道安装施工经验和业内先进安装工艺，经过现场勘察，项目总经理部结合本项目特点设计了专用吊篮。现场查看阶段，项目总经理部人员赴大桥箱梁制作施工现场，与大桥箱梁施工单位探讨其整体式移动施工平台的设计、生产和实际使用过程的改进方案，为消防管道吊篮的设计做准备。

通过对港珠澳大桥的实地考察与计算，凭借多年积累的经验和技术实力，结合施工具体要求，经过深入分析，本着“安全可靠、方便实用、工效合理”的原则，做出施工吊篮设计方案。

利用桥面铺设路轨轨道，在路轨底座底部安装行走机构，行走机构可使整个平台沿路轨横向移动；根据大桥箱梁形状，制作相应形状的方箱平台，以满足供水管道安装需求。根据现场调查初步确定平台为两种尺寸，一种为挑出平台9.8m长，另一种为挑出平台6.1m长。在联合设计阶段，根据现场实际情况对移动平台进一步细化设计，以满足施工需求。

2）工程难点二——收费系统

（1）港珠澳大桥交通工程收费系统

①收费制式与收费方式。

遵循交通运输部和广东省交通运输厅的批复意见，本项目采用开放式收费方式，全线设置1处主线收费站，采用电子不停车收费（ETC）与人工半自动收费（MTC）相结合的收费方式。

②收费管理体制。

本项目作为独立收费路段，收费系统采用收费中心—收费站两级管理体制，收费日常业务的监控以收费站级为主，收费业务的管理功能在收费中心完成。收费中心位于港珠澳大桥珠海连接线终点洪湾互通附近，收费站设置在珠澳口岸人工岛上，双向共20条收费车道，收费广场中心桩号为 K35 + 730。

(2)港珠澳大桥交通工程收费系统难点

由于 ETC 方案采用基于 5.8G 和 2.45G 电子标签的单车道 ETC 收费技术，目前尚无将两种电子标签应用于单车道的 ETC 收费软件系统，需根据需求进行开发。

(3)收费系统开发方案

①硬件设备。

仔细阅读技术规范，积极向设备厂商详细了解收费系统各设备的技术要求、设备安装方式、设备与设备之间线缆连接情况、接口协议等相关内容，以确保 5.8G 和 2.45G 电子标签读取数据的准确性为原则，进行设备定位、安装等相关施工。

②软件功能开发。

a. 需求分析

问题识别：分别从功能需求、性能需求、环境需求、用户界面要求几个方面充分了解港珠澳大桥管理局等各相关单位对软件的详细需求。

分析与综合：逐步划分成各个子功能，用图文结合的形式，建立收费流程逻辑模型。

编写文档：将通过了解确定的结果用规范的方式描述出来，报业主审批。

b. 概要设计

设计软件系统结构优化。

c. 详细设计

为每个模块进行详细的算法设计，将每个模块处理过程的详细算法描述出来；对模块内的数据结构进行设计；对数据库进行物理设计；编写详细的设计说明书，报业主审批。

3)工程重点——联合调试

交通工程涉及专业众多，系统庞大、接口复杂、集控难度高，对本工程施工有着非常高的要求，各系统集成联合调试对设计功能实现、发包人后期运营管理尤为重要。

联合调试是检验安装工程中设计、安装等环节质量的一个重要工序，是检查工程产品质量是否良好的一个重要方法。大桥通车后，来往车辆较多，车辆在道路上行驶，隧道内通风、照明情况，桥梁上能见度检测、风速等各个因素对行车安全均很重要。针对本工程的项目功能，联合调试的重点有供配电系统、通风系统、照明系统、交通监控系统、收费系统和消防火灾自动报警及联动系统。

(1)联合调试前总体规划的主要内容

联合调试组织机构的制定；联合调试实施流程和技术方案的策划与制定；联合调试

开始时间和总体进度计划;联合调试各阶段的各项保证措施;与相关方的协调措施;与第三方检测单位之间的协调措施;与相关职能部门的协调措施;与业主、监理、设计等单位的协调与配合措施;调试过程中可能出现问题的应对预案。

(2)联合调试过程汇总策划的主要内容

对于交叉作业的预见与协调;多专业、多工种同时作业时工序的协调;调试过程中出现问题的协调与应对措施;调试过程中各相关方的协调措施;三地联调过程中的协调与沟通。

(3)联合调试完成后策划的主要内容

调试完成后,与业主协调培训与交工验收的程序和计划,项目经理部对整个系统的照管与维护。

(4)联合调试的流程

各用电点正常、安全供电是各专业调试的前提条件,故供配电系统的检测、调试应先于其他各专业进行,确保供电安全、正常,以保证调试工作的顺利进行。各专业调试时互相交叉且需互相提供条件,调试流程的合理安排,先后工序的相互配合是保证总体调试目标的要素;联合调试之前各系统单机调试均应完成,单系统调试、检测完成;联合调试是多分部、多系统的联合运行,故联合调试阶段各专业之间的相互配合显得尤为关键。调试工作的总体程序:设备单机调试→系统调试→系统联合调试。

1.1.2.2 主要施工内容

港珠澳大桥主体工程交通工程总体施工内容包括主体工程范围内的交通安全设施,收费、通信、监控、通风、照明、火灾监测报警与消防、供配电、给排水系统,综合管线,系统集成。

1)交通安全设施

全线设置标志、标线、视线诱导设施、防眩设施和缓冲设施。其中交通标志主要包括标志、标牌等;交通标线主要包括标线、导向箭头、文字标记和立面标记等;视线诱导设施包括诱导标和轮廓标等;防眩设施采用防眩板;缓冲设施采用防撞垫。

2)监控系统

港珠澳大桥交通监控采用两级管理、三级控制的模式,全线在洪湾设监控中心1处,在西人工岛设监控所1处,负责道路的交通监控业务。道路采用全程监控,布设交通监控视频及数据采集设备、气象信息采集设备、信息发布设备、车牌识别设备、隧道环境监测设备等,各类数据通过工业以太网传输至监控所和监控中心。

3)收费系统

港珠澳大桥全路段在珠澳口岸人工岛设主线收费站1处,双向共20条收费车道,采用ETC与MTC相结合的收费方式。本项目为独立收费段,收费系统采用收费中心-收费站两级管理体制,收费日常业务的监控以收费站为主,收费业务的管理功能在收费中心。为方便香港和广东已有ETC用户使用,本项目(不停车)收费系统兼容香港和广东的ETC标准和系统,同一车道设置5.8G和2.45G两套天线,香港和广东的ETC用户均可通行。

4)通信系统

本项目在洪湾通信中心、珠澳口岸人工岛大桥管理区、西人工岛和东人工岛分别设置1处通信站,负责所在区域通信业务的汇集传输和管理。其中洪湾通信中心是有人通信站,珠澳口岸人工岛大桥管理区通信站、西人工岛通信站、东人工岛通信站是无人通信站。设置1个干线节点,即在港珠澳大桥通信中心设置自动交换光网络(SD/ASON)传输设备作为干线分插复用器(ADM)港珠澳大桥通信中心ADM的传输速率为STM16等级,配置珠海连接线方向(1+1线路保护)光接口,从而接入广东骨干通信网络。本项目通信系统主要有光纤数字传输系统、数字程控交换系统、紧急电话及有线广播系统、会议电视系统、数字集群系统及卫星通信系统等子系统。

5)照明系统

为满足正常运营,本项目在桥梁道路、隧道道路、口岸人工岛收费广场、互通立交、东西人工岛匝道和环岛道路上布设了照明灯具;为方便工作人员日常检修维护,在桥梁箱梁内部、桥梁主塔内部布设了检修照明灯具及检修插座;在桥梁主塔上设置了航空障碍灯以保障航路上飞行安全,并在主塔设置了夜景照明系统。本工程除了在海底隧道洞口采用部分透雾性较好的钠灯照明外,其余路段均以LED(发光二极管)灯照明为主。

6)通风系统

隧道通风系统采用“纵向通风加重点排烟”的通风方案。行车孔通风系统主要为了保障隧道行车的安全性及舒适性,远期设置静电集尘设备。排烟系统主要负责火灾工况下的集中排烟,控制烟雾扩散,保护人员逃生及救援工作的顺利进行。安全通道通风系统主要用于正常工况下的通风换气及火灾工况下的正压通风。另外,考虑到行车孔远期隧道内温升过高的不利影响,在隧道内远期设置高压细水雾降温系统。

7)供配电系统

本工程包含珠澳口岸人工岛新建1座110kV专用变电站,为港珠澳大桥主体工程提供用电电源。在港珠澳大桥中间的东、西人工岛各设立 1 座 35kV 变电站，其中 35kV 西人工岛变电站的双回路电源从 110kV 大桥变电站引接，再从西人工岛变电站 35kV 母线引出两回 35kV 线路至 35kV 东人工岛变电站。110kV 大桥变电站引出 2 路 10kV 线路至大桥管理区 10/0.4kV 变电站作为大桥管理区用电电源，另引出 4 路 10kV 电缆线路至桥区 10/0.4kV 变压器为桥区供电（桥梁段西侧）。35kV 西人工岛站 10kV 开关柜设 28 个出线间隔，其中 14 路电缆线路为西岛泵房及风机供电，4 路电缆线路至桥区 10/0.4kV 变压器为桥区供电（桥梁段东侧），6 路电缆线路至隧道区 10/0.4kV 变压器为桥区供电（隧道段西侧），2 路出线为站用变供电，2 个出线间隔备用。35kV 东人工岛站 10kV 开关柜设 26 个出线间隔，其中 14 路电缆线路为东岛泵房及风机供电，8 路电缆线路至隧道段 10/0.4kV 变压器为隧道供电，2 路出线为站用变供电，2 个出线间隔备用。

8）火灾报警系统与消防系统

火灾报警系统由火灾报警计算机、火灾报警主机、火灾自动检测器、手动报警按钮、感温光纤、感温光纤探测主机和传输设备等组成。桥梁段消防系统主要设水消防，消火栓设置于桥梁两侧的消防设备平台上，设置间距 490m，两侧交错布置，由给水系统的 DN250 环状供水管网供水。隧道消防系统设置消火栓及水成膜泡沫灭火系统、泡沫-水喷雾联用系统和手提式灭火器；安全通道内变压器室设置气体灭火系统；在强电管廊内设置防火分隔等设施。消防水源来自珠海市市政管网。

9）给排水系统

给水设施包括供水管道和供水泵站。全桥输水水源来自珠海市市政管网，设置蓄水池 2 座，每座 $600m^3$，水池设置隔板断为两格，每池包括 $150m^3$ 生活水池及 $450m^3$ 消防水池，满足生活供水及消防储水要求。从珠澳口岸人工岛的大桥桥头利用水泵加压后，采用两条 DN250 的供水管道，输送至西人工岛，经西人工岛时将管径变为 DN200 后输送至东人工岛，供应全线用水。排水设施包括隧道中央废水泵房，隧道口部雨水泵房、东西人工岛上的海岸越浪泵房，其作用为快速排出隧道和人工岛内的雨水及越浪海水。

10）综合管线

管线设施主要有供水管道、排水管道、通信管道、电力管道、消防管道及强弱电防护管道。

11）系统集成

系统集成设施主要由设置在管理中心与西人工岛监控所的计算机系统和存储局域网系统、设备标签标识系统构成。

1.1.2.3　施工总体计划

合同总体计划工期为26个月,其中施工准备期与施工期共23个月,系统联合调试期为3个月。根据总体规划,将进度计划分解为施工准备、施工、系统联合调试三个阶段,计划时间安排如表1.1-1所示。

里程碑进度目标　表1.1-1

阶段	第一阶段施工准备期	第二阶段施工期	第三阶段系统联合调试期
时间	2015.4.1—2016.3.31	2016.4.1—2017.5.31	2017.6.1—2017.8.31
工作内容	主要完成施工图的联合设计、各专业接口检查,进行场地建设及改造、机械设备准备,同时进行一部分设备材料的采购	主要进行交通工程各系统设备的安装、光电缆敷设工作等	主要进行系统的联合调试工作,实现各系统内部联调及完成与香港、澳门、珠海连接线的系统调试

1.2　交通安全设施

交通安全设施设计内容包括标志、标线、视线诱导设施、防眩设施和缓冲设施等。交通标志包括指路标志、警告标志、禁令标志、告示标志和指示标志等;交通标线主要包括纵向标线、横向标线、出入口标线、导向箭头、路面文字标记和立面标记等;视线诱导设施包括线性诱导标和轮廓标;防眩设施采用防眩板;缓冲设施采用防撞垫。标志、视线诱导设施、防眩设施如图1.2-1～图1.2-3所示。

图1.2-1　标志

图1.2-2　视线诱导设施

图 1.2-3　防眩设施

1.3　交通监控设施

交通监控设施可实现对高速公路交通流状态及交通设施和交通环境的检测,并实现对交通流行为的控制,是公路运营管理的主要手段,也是保证行车安全和道路畅通的重要设施。交通监控设施主要功能包括交通状况的监视、数据采集、数据处理、信息显示、图像管理、路网检测、协调管理、公众信息服务、信息共享以及数据汇总、统计分析等。随着高速公路的建设以及信息技术的快速发展,监控技术也在不断地升级和换代。目前,交通监控系统主要分为交通信息采集子系统、视频采集子系统、通信传输子系统、监控中心子系统以及信息发布子系统。

针对港珠澳大桥工程连接香港特别行政区、广东省珠海市、澳门特别行政区的特殊性,港珠澳大桥主体工程交通监控采用两级管理、三级控制的模式,全线设监控中心、监控所各 1 处,负责道路的交通监控业务。交通监控网络构成如图 1.3-1 所示。

1)交通监控全局管理及港珠澳三地协调监控

港珠澳大桥交通与三地连接线交通融为一体,进而通过三地连接线与三地路网紧密相连,任何一方出现交通异常,都会对其他道路产生影响。因此,应从路网、区域的角度综合考虑道路的协调监控和信息共享,加强车辆诱导,保证整个区域路网畅通。

日常管理中,监控中心可通过网络检视全线的交通运行状况及监控所的运行状况,并可浏览道路沿线的摄像机视频,必要时可直接采取交通管理及实施控制措施。在发生较为严重的异常事件时,需要监控中心进行决策指挥,并负责与三地救援部门联系,实施救援行动;或在人工岛上的监控所出现故障或异常时,由监控中心接管监控所的工作。当本路出现异常,如隧道内发生火灾、事故、严重拥堵,或者突然出现大风、暴雨等恶劣天气时,可引导人员进入口岸避难。

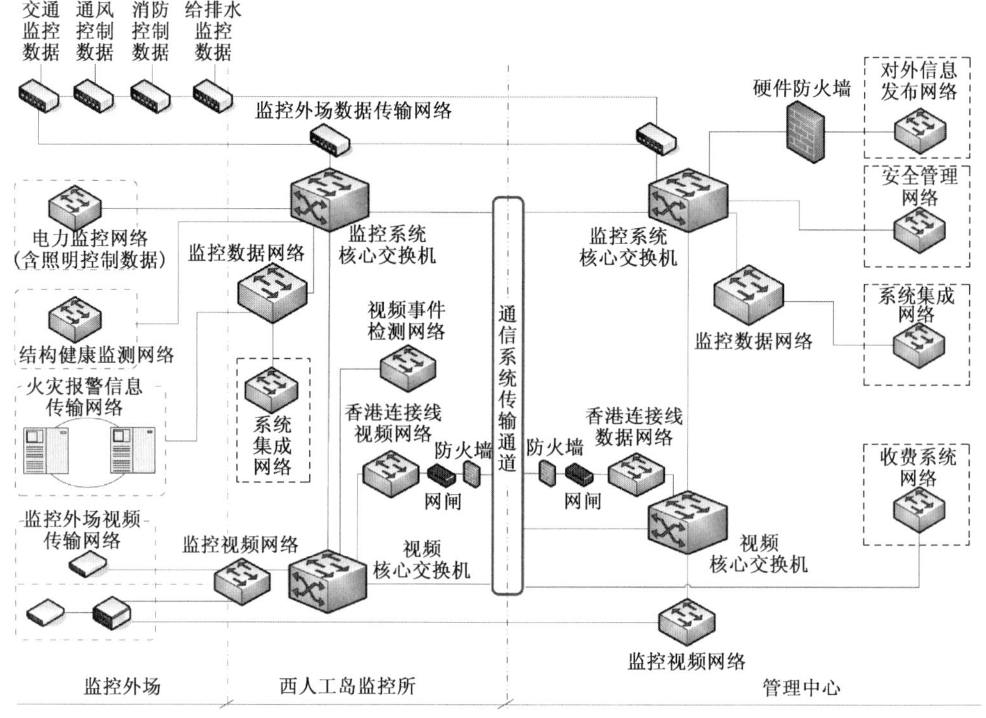

图 1.3-1　交通监控网络构成

2）交通监控主要方案

港珠澳大桥工程道路采用全程监控，布设交通监控视频及数据采集设备、气象信息采集设备、信息发布设备、车牌识别设备、隧道环境检测设备等，各类数据通过工业以太环网传输至监控所和监控中心；全线用于交通监控的所有遥控摄像机和固定摄像机均采用高清数字摄像机，图像由通信系统负责传输至监控所。所有进入监控所和监控中心的视频均进行存储，并在拼接屏上进行显示，还可在监控所对部分固定摄像机视频进行视频检测处理。日常交通监控由西人工岛监控所负责，监控中心在需要时也可直接对交通监控进行管理。西人工岛监控所和监控中心在配置上实现互备，二者中若有一个出现故障，另一个可完全独立实现对道路全线的监控。

1.4　收费设施

收费设施作为高速公路管理运营的一个子系统，是为收取过往车辆通行费的交通设施。目前，国内外高速公路收费技术、管理体制等均很成熟。德国、英国、瑞士等国，高速公路的建设和管理费用基本都由政府负责，高速公路实行不收费制度。日本高速公路是由日本道路公团、首都高速道路公团等公司投资建设和管理,全线采用收取通行费的原则。美国、法国、意大利等国家,部分高速公路收取通行费。随着我国对基础建设投资重视程度的增加,高速公路的建设也呈平稳增长态势。截至2019年,高速公路里程数为14.96万km。高速公路收费方式主要包括现金支付和ETC支付,部分省(区、市)实现移动支付。利用移动互联网、移动支付、图像识别、人工智能等技术,在不影响原MTC、ETC业务流程的前提下,实现无线支付。ETC支付通过绑定银行卡快速扣费,无须排队拿卡和缴费。自2020年1月1日,全国高速公路收费实行并网切换,基本取消了省界收费站,ETC支付普及率大大提高,我国高速公路收费进入了新纪元。

港珠澳大桥工程采用开放式收费制式,全线设置1处主线收费站,采用ETC与MTC相结合的收费方式。收费站设置在珠澳口岸人工岛上,双向共20条收费车道,并设置有收费广场。

收费车道兼容香港快易通ETC和国标ETC,合理布局天线、线圈、光栅等车道设备,并采用两个交易区域物理上完全分开的方式,建立车辆队列机制,在交易过程中绑定车辆的车牌信息、快易通标签信息、国标标签信息,从而解决ETC交易过程中的跟车干扰、重复扣费等问题。采用国标相控阵天线,设置电子屏蔽网等解决ETC交易过程中的邻道干扰问题。收费制式及站点设置方案如图1.4-1所示。

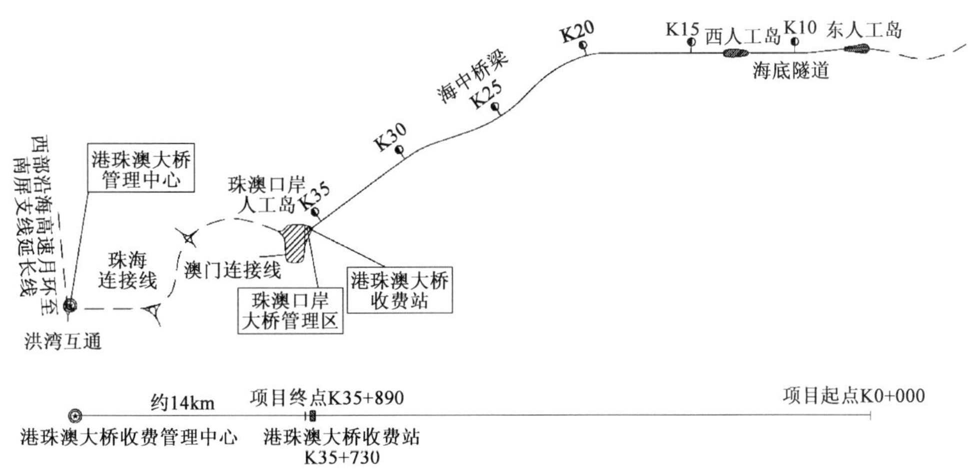

图1.4-1 收费制式及站点设置方案

1)ETC系统方案

考虑到本项目的收费应用环境,为方便香港和广东已有ETC用户的使用,本项目电子不停车收费系统兼容香港和广东ETC标准和系统,采用基于5.8G和2.45G电子标签的单车道ETC技术。

2)收费车道设置方案

考虑到ETC、MTC用户量的不确定性,为方便运营管理,所有车道均支持ETC和MTC功能,运营时根据具体需求可灵活设置为ETC专用车道或MTC车道,同时ETC车道集成香港和广东ETC系统,同一车道设置5.8G和2.45G两套天线,香港和广东ETC用户均可通行。

3)系统组成

收费系统由收费计算机系统、收费视音频监控系统、内部对讲与脚踏报警系统和不间断电源(UPS)配电系统等构成。收费计算机系统包含收费车道、收费站和收费中心三级。

1.5 通信设施

通信设施是高速公路机电工程中的基础设施,主要为收费、监控设施提供信息传输通道,由通信管道与光电缆线路、光纤数字传输系统、数字程控交换系统、紧急电话与广播系统、以太网网络平台系统、通信电源等组成,可为监控、收费、供配电、隧道机电等系统的语音、数据、图像等信息提供高效可靠的传输交换平台。

目前,高速公路通信实施方案有多种,包括双光纤通信系统、同步数字体系(SDH)光纤通信系统等。随着技术的发展,分组传送网(PTN)和无源光纤网络(PON)技术也广泛应用到高速公路通信技术中。

港珠澳大桥主体工程通信系统采用两级管理体制:通信中心-通信站。港珠澳大桥主体工程全线共设1个有人站(港珠澳大桥通信中心),3个无人站(珠澳口岸人工岛大桥管理区通信站、西人工岛通信站、东人工岛通信站)。通信站布设及网络结构如图1.5-1所示。

1)通信设施主要方案

(1)在港珠澳大桥通信中心设置SDH/ASON传输设备作为干线ADM,传输速率采用STM-16等级。综合业务接入网采用基于弹性分组环(RPR)技术的电信级以太网传输方案。

(2)数字无线集群系统覆盖港珠澳大桥主体工程部分,其中控制中心设置于西人工岛,基站建在青州航道桥QZ3塔桥右侧塔上部,通过直放站、隧道泄露电缆及定向天线完成海底隧道内的无线信号覆盖。

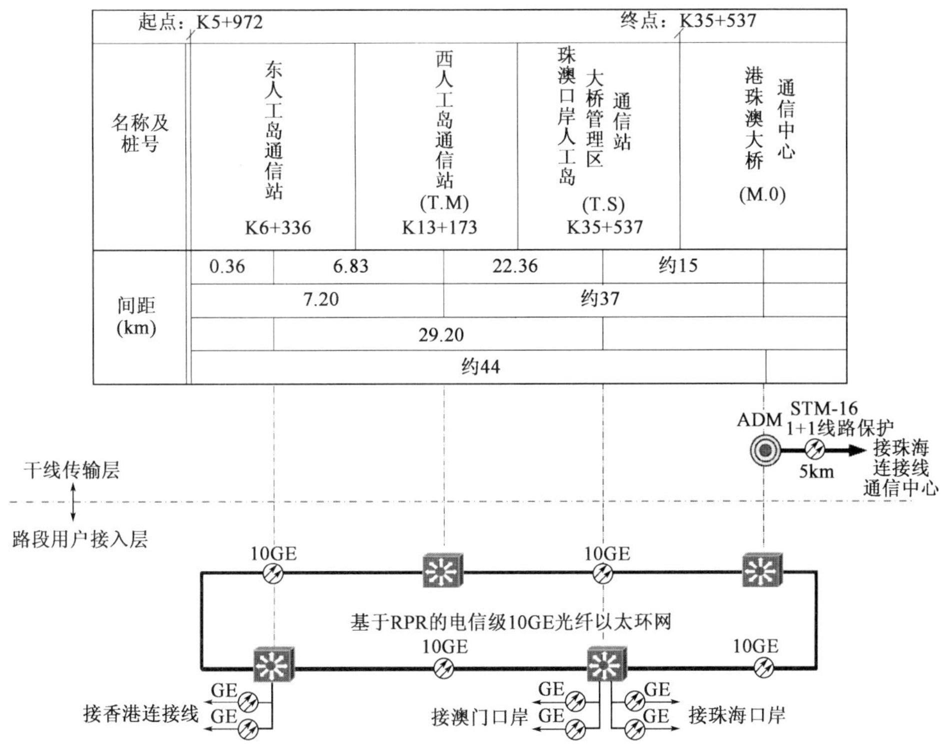

图 1.5-1 通信站布设及网络结构

2)系统构成

在港珠澳大桥通信中心设置 SDH/ASON 传输设备作为干线 ADM。港珠澳大桥通信中心 ADM 的传输速率为 STM-16 等级,配置珠海连接线方向(1 +1 线路保护)光接口,预留 2 个方向光接口槽位。同时与相邻珠海连接线、广东省联网收费结算中心、广东省监控中心之间提供语音、数据、图像传输通道。

在港珠澳大桥通信中心和 3 个无人通信站各设置一台万兆级运行 RPR 协议的以太网交换机,隔站跳接构成 RPR 环网。每台万兆以太网交换机提供 10GE 的光纤传输接口,以及 10/100/1000M 的以太网业务接口,实现业务的上传与下达。

1.6 照明设施

1.6.1 桥梁道路照明

1.6.1.1 照明标准

根据《公路照明技术条件》(GB/T 24969—2010)特大型桥梁的照明标准:平均路面

亮度最小维持值为1.5cd/m^2,总均匀度最小为0.4,纵向均匀度最小为0.7,平均照度最小维持值为20lx,眩光限制为10%,实际安装姿态下80°光强小于100cd/1000lm。

1.6.1.2 照明方式

1)道路路灯布置

桥梁主体道路照明采用12m悬臂灯杆,光源为180W LED灯,其中桥梁DB01设计标段布置间距为35m,桥梁DB02设计标段布置间距为34m,均为双侧对称布置。东人工岛以东段的桥梁道路照明布置方式保持和香港接线一致,采用中央对称布置。

图1.6-1 桥梁道路照明

2)防雾灯布置

为提高大桥在大雾状况下的安全通行,在全桥设置防雾灯,防雾灯安装于道路照明灯杆1.6m处,安装间距为每一个灯杆设置一处。桥梁道路照明如图1.6-1所示。

3)照明配电和控制方式

桥面照明路灯由桥墩处配电箱供电,照明控制方式采用手动控制和自动控制方式两种相结合。监控操作员可以通过中控室的工作站实现对大桥照明的远程手动控制,也可以在照明配电柜内,利用现场电力监控仪表在现场控制各个回路的开关。自动控制采用脉宽调制(PWM)数字信号方式进行调光控制,通过设置的光强检测器检测室外光亮度值,每个路灯安装一块智能终端控制模块,由电力监控系统上传至照明控制计算机,经计算机处理后产生控制方案,并将控制指令下传到电力监控系统,由电力监控系统控制照明驱动单元执行,分别控制相应的照明回路;也可以在照明控制计算机内预设时间,每天自动开启照明灯具进行时序控制,以达到路灯的单独控制、集中控制和无序控制。采用时序控制方式时需与港方协调确定日开启时间,以保证全桥道路照度一致。

1.6.2 桥梁检修照明

1)主塔内部检修照明

主塔内部照明采用25W LED灯,在主塔内明装于侧壁,每楼梯层设置一盏。检修插座均为三相+单相,允许最大电流16A,布置间隔为30m左右。为便于维护人员在塔柱内行走进行维护工作,需对内部空间进行照明并设置检修插座。

2）箱梁内部检修照明

（1）通航孔桥钢箱梁内部照明

通航孔桥箱梁内部照明采用5W LED灯，每横隔板间设置一组（4盏）。检修插座均为三相+单相，允许最大电流16A，布置间隔为12m左右，并保证每节梁端一套。为便于维护人员在钢箱梁内行走进行维护工作，对内部空间进行照明并设置检修插座，与除湿机插座位置相近的则考虑合并布置。

（2）非通航孔桥钢箱梁内部照明

非通航孔桥箱梁内部照明采用10W LED灯，每隔5m设置一盏。检修插座均为三相+单相，允许最大电流16A，布置间隔为30m左右，并保证每节梁端一套，与除湿机插座位置相近的则考虑合并布置。

1.6.3　航空障碍灯

本项目中青州航道桥、江海直达船航道桥、九洲航道桥桥塔高度均超过了100m，根据相关法规及标准，应在障碍物的最高点和最边缘及中间层设置障碍标志灯。

江海直达船航道桥桥塔使用中光强障碍标志灯，为红色闪光灯，闪光频率在每分钟20～60次之间，闪光的有效光强不小于1600cd。

青州航道桥桥塔使用高光强障碍标志灯，为白色闪光灯，闪光频率在每分钟20～70次之间，闪光的有效光强不小于1600cd。

九洲航道桥桥塔使用中光强障碍标志灯，为红色闪光灯，闪光频率在每分钟20～60次之间，闪光的有效光强不小于1600cd。

1.6.4　隧道照明

1.6.4.1　照明标准

由于遮光棚的减光作用，隧道洞口处天空亮度$L_{20}(S)$为3250cd/m^2。隧道各段路面亮度及长度如下：

入口段设计亮度大于或等于146.3cd/m^2，长度为180m。

过渡Ⅰ段设计亮度大于或等于43.9cd/m^2，长度为117m。

过渡Ⅱ段设计亮度大于或等于14.6cd/m^2，长度为117m。

基本段设计亮度大于或等于9cd/m^2，基本段长度根据实际情况确定。

出口段设计亮度大于或等于45cd/m^2，长度为63m。

在各照明回路均设置了调光设备,可根据不同的洞外亮度对洞内各照明段亮度进行调节,可最大限度降低隧道照明运营费用。

1.6.4.2　照明系统设置

1)入口段

入口段长度180m,照明灯具采用两侧对称安装布置方式,为与减光段照明协调过渡,采用120W LED 灯与250 W 高压钠灯混合布置。加强照明灯具与基本照明灯具比例为5∶1,间距1.5m。

2)过渡Ⅰ段

过渡Ⅰ段长度117m,照明采用LED 灯两侧对称安装布置方式,灯具采用120W LED 灯,加强照明灯具与基本照明灯具比例为2∶1,间距3m。

3)过渡Ⅱ段

过渡Ⅱ段长度117m,照明采用LED 灯两侧对称安装布置方式,灯具采用120W LED 灯,加强照明灯具与基本照明灯具比例为1∶1,间距4.5m。

4)基本段

基本段照明采用LED 灯两侧对称安装布置方式,灯具采用60W LED 灯,间距4.5m。隧道照明如图1.6-2 所示。

5)出口段

出口段长度63m,照明采用LED 灯两侧对称安装布置方式,灯具采用120W LED 灯,加强照明灯具与基本照明灯具比例为2∶1,间距3m。

6)应急照明

采用行车孔内侧设置的基本照明灯具的1/2 作为应急照明使用。设置独立供电系统,平时兼作行车照明。应急照明灯具平时处于点亮状态,断电时持续照明点亮时间不少于2h。

7)安全通道照明

采用14W LED 灯,拱顶安装布置方式,间距4.5m,如图1.6-3 所示。

8)减光段照明

考虑海底隧道洞口雾气较重,黄光透雾性比白光好,所以采用高压钠和LED 灯间隔布置,间距9m。

9)敞开段照明

隧道左右线两端洞口外,道路一侧布设4 座12m 路灯(灯具为120W LED 灯),间距 35m。

图 1.6-2　隧道照明

图 1.6-3　安全通道照明

1.6.5　隧道照明控制

照明控制方式采用手动控制和自动控制方式相结合。监控操作员可以通过中控室的工作站实现对隧道照明的远程手动控制，还能在隧道现场区域控制器、变电所低压开关柜和照明配电柜上实现对灯具的手动控制。自动控制采用脉宽调制（PWM）数字信号方式进行调光控制，使隧道内路面的照度总均匀度始终保持不变，调光系统可实现灯具定时控制、就地控制和遥控三种方式。

在隧道入口洞内外设置光强检测器，检测设备自动检测洞内外光亮度值，根据隧道两端露天处的光度线性差分关系，由电力监控系统上传至综合监控平台计算机，经计算机处理后产生控制方案，并将控制指令下传至电力监控系统，由电力监控系统控制照明驱动单元执行，分别控制相应的照明回路，以便节省在非必要时段开启加强照明所带来的能源浪费。

照明控制模式根据洞外亮度检测器进行照明控制：

（1）晴天照明[$L_{20}(S) \geq 3250\text{cd/m}^2$]

开启基本照明 1、基本照明 2 和应急照明灯具，加强照明进行无极调控，达到最大光通量。

（2）云天照明[$3250\text{cd/m}^2 > L_{20}(S) \geq 1750\text{cd/m}^2$]

开启基本照明 1、基本照明 2 和应急照明灯具，加强照明进行无极调控，调整到 50% 光通量。

（3）阴天照明[$1750\text{cd/m}^2 > L_{20}(S) \geq 875\text{cd/m}^2$]

开启基本照明 1、基本照明 2 和应急照明灯具，加强照明进行无极调控，调整到 25%

光通量。

(4)重阴天照明[$875cd/m^2 > L_{20}(S) \geq 455cd/m^2$]

开启基本照明1、基本照明2和应急照明灯具,加强照明进行无极调控,调整到13%光通量。

(5)夜间照明

开启基本照明1、基本照明2和应急照明灯具,无极调控调整到50%光通量。

(6)深夜照明

开启基本照明1、基本照明2和应急照明灯具,无极调控调整到25%光通量。

1.6.6　桥梁夜景照明

夜景照明设计主题为“伶仃珠链”。全桥夜景照明分为两大部分,一是功能性照明,二是主体结构(主桥)的装饰性照明。全线非通航桥不建议采用装饰性景观照明。

大桥夜景设计通过对通航孔桥和人工岛区域的重点打造,使全线有着波澜起伏的韵律感,重点灯光打造区域如同长桥链中几颗明亮的珍珠,恰似伶仃洋中的一串珍珠,与大桥总体景观主体相吻合。

大桥夜景照明主要由主塔照明、斜拉索照明两部分构成,对通航孔桥索和塔进行装饰性景观照明,大桥横向景观主要依靠路灯照明实现。该方案主要考虑到非通航孔桥长度较长,又处于较少有景观点的茫茫大海上,如全部设置景观照明,则投资过大,不利于今后的维护管养,设计着力对通航孔桥索和塔的结构的照明,以斜拉索作为主塔的连接,形成索塔的整体感,突出桥塔的造型特点和斜拉桥的结构特点。

1)主塔

主塔是体现桥夜景特色的重要节点,也是水中的高视点和标志性构造物,夜间明亮、高大的主塔如同海上的灯塔指引行船,故应将其作为重点的照明对象。本方案在斜拉桥每座主塔的四周设置了300 W的变色LED投光灯和70W的变色LED投光灯,将主塔的四个立面照亮,以凸显主塔高耸、挺拔的力度和柔美多变的身姿。

2)斜拉索

斜拉索是整座大桥外观结构的一个主要部分。斜拉索的夜景照明采用窄光束的变色LED投光灯,在每根拉索根部设置变色LED投光灯具对其进行追踪照明,把拉索的外形线条勾勒出来,从而将拉索紧绷的力度感以及所有拉索宛若琴弦般的韵律感淋漓尽致地表现出来。航道桥夜景如图1.6-4、图1.6-5所示。

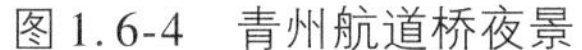

图 1.6-4 青州航道桥夜景

图 1.6-5 九洲航道桥夜景

1.7 通风设施

1.7.1 系统构成

港珠澳大桥沉管隧道通风设施包括隧道环境检测系统、行车孔通风系统、重点排烟系统、安全通道通风系统、高压细水雾降温系统等。在通风系统设计中按照一次设计、分期实施的原则,隧道远期射流风机、高压细水雾降温系统、静电集尘等设备均在隧道内预留了相应的预埋件和洞室以备远期实施。

1)隧道环境检测系统

环境监测系统主要负责采集隧道内的环境数据(温度、风速/风向、CO、VI、NO_x、大气压等数据),为隧道正常运营工况和事故工况下通风方案确定提供参数,保证隧道运营操作的合理性。

隧道环境检测设备的数据通过交通监控系统设置的工业以太环网和本地控制器上传至监控所和监控中心,送至通风管理模块,由通风设施进行数据处理后作为通风控制的依据。

2)行车孔通风系统

隧道行车孔正常运营通风采用全射流纵向通风+分流型竖井排出式通风相结合的组合式通风方案。正常运营工况下通过开启射流风机进行隧道内的通风换气,为保证隧道洞口的空气质量,污染气体通过东、西人工岛的风塔将污染气体收集并进行高空排放。东、西人工岛各设置4台轴流风机(三用一备)作为排风风机,用于将隧道内的污染气体通过通风塔进行高空集中排放,其余少量污染气体从洞口排出。排风风机采用变频器进行控制以实现不同排风量的需要,达到节能减排的目的。排风风机安装在东、西人工岛风机房内,风机房采用上、下层布置方式,上层2台,下层2台。隧道行车孔通风设施如图1.7-1所示。

考虑到静电集尘技术的发展,远期该技术可能会在本项目得到应用,因此在隧道内考虑远期设置静电集尘设备,近期预留安装位置,从而可以在该技术成熟的情况下加以应用。静电集尘设备在隧道内左、右线分别预留10组静电集尘预埋件。在隧道入口段,每4组风机预留1组静电集尘设备,共5组。在隧道出口段,每3组风机预留1组静电集尘设备,共5组。

3)重点排烟系统

重点排烟系统主要是利用排烟风机,通过排烟道两侧电动排烟口将烟雾集中抽取进行侧向集中排烟,控制烟雾扩散范围,烟雾再通过隧道出口侧设置的风塔进行排放,以达到排出烟雾、保障人员逃生的目的。重点排烟系统侧壁排烟口如图1.7-2所示。

图1.7-1 隧道行车孔通风设施

图1.7-2 重点排烟系统侧壁排烟口

隧道在中央管廊上层设置了独立的排烟道,排烟道全线贯通与东、西人工岛排烟风机相连。每隔约67.5m设置一处排烟口,排烟口位于行车孔中央管廊上方的排烟道侧壁。

在火灾工况下开启火灾点附近排烟口进行排烟。排烟口设置电动排烟阀,通过远程控制电动排烟阀开启,实现事故工况下紧急排烟的功能。在东、西人工岛各设置两台轴流排烟风机,用于火灾工况下的排烟。考虑到排烟风机压力工况点差异较大,采用软启动进行控制。另外,在烟道沉管隧道节段、管节接缝等结构变化处应进行特殊处理,保持烟道光滑,沿程阻力系数小于0.02。

考虑到烟道距离较长(约6km),沿程漏风及阻力较大,为保证火灾工况下的排烟系统可靠性,在排烟道内每隔540m设置一处ϕ1250mm的辅助排烟风机,用于火灾工况下

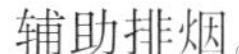

辅助排烟。

4)安全通道通风系统

安全通道通风系统在正常运营工况下通过东、西人工岛的加压风机实现通风换气功能,以保障人员检修需要。火灾工况下通过东、西人工岛的风机房及安全通道内设置的加压风机以及安全通道内设置的调压风机实现对事故隧道的正压,防止火灾工况下烟雾进入安全通道,保障人员逃生及救援工作。

安全通道与电缆通道采用盖板进行隔离,漏风较为严重,在火灾工况下保证30~50Pa 的正压较为困难。为保证正压通风的需要,拟在安全通道内间隔 540m 左右在强电管廊侧设置加压风机,根据事故点位置的不同开启管廊内风机,实现其加压功能。

5)高压细水雾降温系统

车辆行驶排出大量废热,会造成隧道温升过高。隧道内温度过高(>45℃)会影响通行人员的舒适性和安全驾驶以及设备的安全运行。根据初步设计文件,考虑到远期车辆排热情况的不确定性以及后期安装降温系统的可操作性,远期视实际情况实施。具体采取的措施为:隧道两端人工岛上每侧预留降温系统用电量,机房面积约 $64m^2$(层高不低于 4m),用水量约 40t/h。

根据隧道内温升曲线变化规律,在行车孔内设置两处降温带(长度大约 1000m),降温带在隧道入口 1000m 处设置一处,在离隧道出口 1000 m 处设置一处,降温带向隧道中心位置延伸。

1.7.2 通风系统通风量计算

1.7.2.1 通风标准

1)卫生、安全、舒适标准

根据世界道路协会(PIARC)技术规范 *Road Tunnels: Vehicle Emissions and Air Demand for Ventilation*(2004)结合《公路隧道通风照明设计规范》(JTJ 026.1—1999)确定隧道卫生、安全、舒适标准如下:

①正常工况:CO,70×10^{-6};VI,$0.005m^{-1}$;NO_2,1×10^{-6};

②阻滞工况:CO,100×10^{-6};VI,$0.007m^{-1}$;NO_2,1×10^{-6};

③隧道关闭工况:CO,200×10^{-6};VI,$0.012m^{-1}$;NO_2,1×10^{-6};

④换气标准:2030 年之前,3 次/h;2030 年之后,4 次/h;

⑤纵向通风换气风速:≥1.5m/s;

⑥安全通道换气次数:≥2 次/h;

⑦隧道内空气温度:≤40℃。

2)防排烟设计标准

①火灾设计当量:50MW。禁止油罐车等易燃易爆品车辆通行[根据《关于印发港珠澳大桥主体工程海底隧道消防救援技术研究专题中期成果专家评审会意见的函》(港珠澳桥交〔2013〕32 号)]。

②排烟量: 278.5m^3/s。根据《关于印发港珠澳大桥主体工程海底隧道消防救援技术研究专题中期成果专家评审会意见的函》(港珠澳桥交〔2013〕32 号),将排烟量确定为 240m^3/s。设计中考虑一定的安全余量对其进行了修正。

③安全通道:火灾工况下安全通道两端加压送风,保持对事故隧道正压。

1.7.2.2　隧道行车孔通风量计算

考虑到港珠澳大桥海底隧道地处经济发达区域,通行车辆保养及维护水平较高,机动车污染物排放标准基本满足推行的机动车污染物排烟标准要求。考虑到工程所在区域的实际情况,隧道需风量根据 PIARC 隧道通风技术报告 *Road Tunnels*:*Vehicle Emissions and Air Demand for Ventilation*(2004)进行计算。

(1)单台小客车污染物排放量按式(1.7-1)计算:

$$V = q_{ex}(v,i)f_h \times f_a + q_{ne}(v) \tag{1.7-1}$$

式中,V 为 CO、NO_x[g/(h · veh)]和柴油颗粒[m^2/(h · veh)]的排放量;$q_{ex}(v,i)$为随平均车速和道路坡度而变化的基本排放因子;$q_{ne}(v)$为非排放颗粒物的排放因子;f_h 为海拔修正系数;f_a 为车辆老化系数。

相关技术参数参照 *Road Tunnels*: *Vehicle Emissions and Air Demand for Ventilation*(2004)选取。

(2)单台柴油发动机重车和大客车污染物排放量按式(1.7-2)计算:

$$V = q_{ex}(v,i)f_m \times f_h + q_{ne}(v) \tag{1.7-2}$$

式中,$q_{ex}(v,i)$为基本排放因子,与车辆平均车速纵坡和 10t 重载车及前欧洲标准(1988 年以前)有关[m^2/(h · veh)];f_m 为质量修正系数。

相关技术参数参照 *Road Tunnels*: *Vehicle Emissions and Air Demand for Ventilation*(2004)选取。

(3)隧道设计风量修正:除考虑以上工况所需风量外,还需考虑隧道两洞口之间污染气体串流所造成的隧道设计风量的增加。运用CFD软件建立1∶1三维数值模型,对上、下游隧道污染气体串流进行数值模拟。经过分析,大约有5%的污染气体会进入下游隧道。

1.7.3　通风控制

通风系统控制方案如图1.7-3所示。

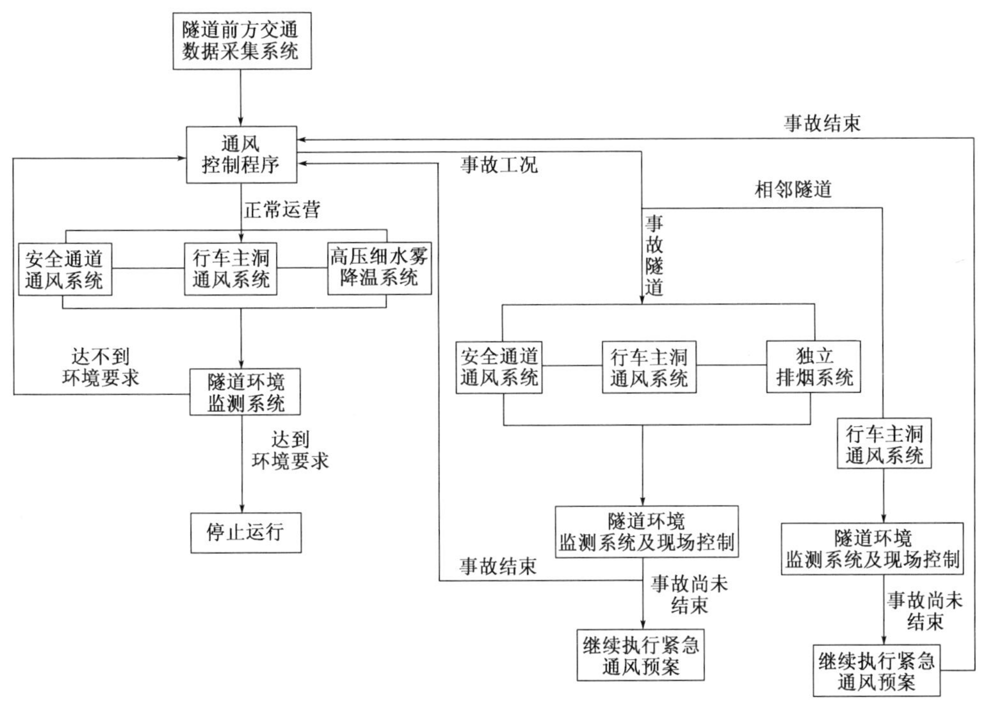

图1.7-3　通风系统控制方案

1.7.3.1　正常运营工况下隧道通风控制

通风系统在正常运营工况下主要用于维持行车孔内驾车环境的安全性、舒适性以及满足安全通道检修环境需要。

行车孔在射流风机及活塞风作用下实现隧道纵向通风。为保证隧址区空气质量满足大气质量的要求,污染气体在排出洞口之前通过风塔进行高空排出。在隧道交通量较小的情况下隧洞采用全射流纵向通风,若洞口区域空气质量超标,则需开启洞口集中排风机将污染气体进行高空集中排放。隧道内风机是否开启的主要污染物控制指标如表1.7-1所示。

隧道内运营工况下主要污染物控制指标　　表 1.7-1

工　况	CO ($\times10^{-6}$)	NO_2 ($\times10^{-6}$)	烟雾浓度 (m^{-1})	温度 (℃)
正常	≥40	≥0.5	≥0.003	≥40
阻滞	≥50	≥0.5	≥0.003	≥40
关闭	≥100	≥0.5	≥0.006	≥40

通过隧道前端设置的交通量采集设备,将数据上传至隧道管理站,运用通风自动控制软件计算出该时段的需风量。另外,考虑到轴流风机在不同运营工况下风量和风压的不同,研究确定其典型控制工况,通过变频技术实现风机在较高效率点工作。结合隧道实时需风量,采用风机变频调节实现风机的智能化控制,从而达到节能减排的目的。隧道智能化通风系统如图 1.7-4 所示。

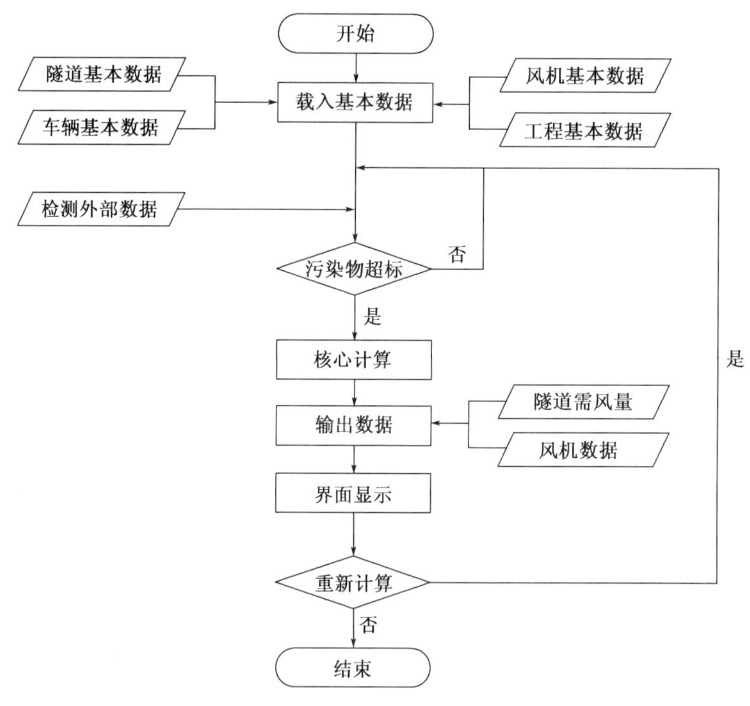

图 1.7-4　隧道智能化通风系统

1.7.3.2　火灾工况下通风控制

主洞通风系统利用两孔隧道之间管廊上方的排烟道,开启专用排烟风机通过火源最近的两组排烟口及行车方向下游两组排烟口进行排烟。通过射流风机控制主洞内风速。在不能满足排烟需要情况下,可在下游多开启一组排烟口。

在隧道减光段及入口暗埋段发生火灾时,开启火源下游的排烟口进行排烟。通过射流风机控制主洞内风速,减少烟雾逆流长度。在上游人员撤离后,视情况确定是否反转风机从洞口进行排烟。

在沉管隧道中部发生火灾时,分别开启两端的一台专用排烟风机进行排烟。射流风机在沉管段发生火灾的情况下开启烟雾区以外上游射流风机并反转火源下游的射流风机,控制隧道内风速,控制烟雾扩散范围。

在沉管段及暗埋段发生火灾时,开启就近的专用排烟风机进行排烟。通过射流风机控制主洞内风速,减少烟雾逆流长度。

在减光段发生火灾时,开启火源后方射流风机,通过隧道洞口直接将烟雾排出。

1.8　供配电设施

港珠澳大桥主体工程供配电系统包括沿线的供配电设施,包括10kV供电设备、35kV供电设备、110kV供电设备以及10kV、35kV电缆敷设、电力监控(SCADA)系统等。

1.8.1　110kV专用变电站

本项目在珠澳口岸人工岛新建一座110kV专用变电站,为港珠澳大桥主体工程提供用电电源。

通过在港珠澳大桥中间的东、西人工岛各设立一座35kV变电站,西人工岛35kV变电站拟从大桥管理区110kV中心变电站引接两回35kV线路作为电源,再从西人工岛35kV母线引出两回35kV线路至东人工岛。

同时,110kV中心变电站沿电缆沟敷设6路10kV电缆至大桥管理区10/0.4kV变电站以及桥区,每路电负荷容量约2500kV·A,其中,2路为大桥管理区10/0.4kV变电站提供10kV电源,引出4路10kV电缆至桥梁段西侧。

口岸人工岛大桥管理区房建区10/0.4kV变电所采用两路10kV电源供电,并设置2台变压器,2台变压器互为全冗余热备运行。房建区变电所供应口岸人工岛内生活、办公、水泵、中央空调、照明等负荷用电。同时为消防、应急照明等一级负荷配备柴油发电机组作为备用电源,并且设置快速自启动和电源自动切换装置,保证供电系统的可靠性。

市电正常时,2 台变压器同时运行,分别为大桥管理区约 50% 负载供电;当一台变压器发生供电故障时,通过双电源切换开关(ATMT)母联自动切换开关实现快速切换,由正常的变压器为大桥管理区所有负载供电;当 2 台变压器均发生供电故障时,柴油发电机启动,为大桥管理区所有的重要一级负荷供电。

1.8.2　35kV 变电站

人工岛 10kV 高压室两段母线共计馈出 26 个 10kV 回路为用电负荷供电。其中 2 个回路为人工岛房建变电所提供 10kV 电源;8 个回路引至隧道地埋式变电站处,为隧道用电负荷供电;2 路引至雨水泵房,为雨水泵房及消防泵房提供 10kV 电源;8 路引至岛上越浪泵房,为越浪泵房地埋式变电站提供 10kV 电源;2 路引至隧道轴流风机控制室,为轴流风机提供 10kV 电源;2 路引至减光段雨水泵房;2 路出线间隔备用。

1)西人工岛 35kV 变电站

西人工岛站采用 2×16000kV·A 的主变压器(以下简称"主变"),35kV 本期及最终规模均为 4 回出线,2 回至 110 kV 中心站,2 回至东人工岛。西人工岛站负责西人工岛供电区间的供电。

西人工岛房建 10/0.4kV 变电站与 35kV 变电站同址建设。西人工岛房建 10/0.4kV 变电站分别由西人工岛 35kV 变配电室 1 号主变和 2 号主变不同 10kV 母线引取 1 路 10kV 电源。同时设置 2 台干式变压器,采用双进线一母联,10kV 单母线分段并列运行方式,联络柜常开,当其中一路 10kV 电源失电或检修时联络开关闭合,另一路 10kV 电源能为两段母线上所有负荷供电。

2)东人工岛 35kV 变电站

东人工岛站采用 2×12500kV·A 的主变,35kV 本期为 2 回出线,接至西人工岛,采用单母分段接线。东人工岛站负责东人工岛供电区间的供电。

东人工岛房建 10/0.4kV 变电站与 35kV 变电站同址建设。东人工岛房建 10/0.4kV 变电站分别由东人工岛 35kV 变配电室 1 号主变和 2 号主变不同 10kV 母线引取 1 路 10kV 电源。同时设置 2 台干式变压器,采用双进线一母联,10kV 单母线分段并列运行方式,联络柜常开,当其中一路 10kV 电源失电或检修时联络开关闭合,另一路 10 kV 电源能为两段母线上所有负荷供电。

1.8.3　桥梁供配电系统

桥梁段供电设施包括珠澳口岸人工岛至西人工岛全长约 22.4km 范围内的供电设

施，含九洲、江海、青州航道桥，浅水区和深水区非通航孔桥、连接桥等。沿桥梁左右幅桥面及箱梁内部通常呈线性布设了监控设备、路灯照明、箱梁照明、检修插座、除湿机、检修小车、梁端开门器、主塔升降梯、景观照明等用电负荷。

为了保证桥梁负荷的用电质量，采用10kV中压分布式供电形式，通过设置若干处地埋变压器对桥梁段内的用电负荷进行供电，地埋变压器设置在桥梁墩顶平台，采用树干式供电。

对于桥梁段特别重要的一级负荷（如除湿机、监控系统等），采用2路电源供电，并采用终端切换方式，从而保证其供电系统的可靠性。同时设置EPS应急电源，后备时间1h，从而保证其供电系统的连续性。2路电源分别引自同一墩顶平台上的2台地埋式变压器配电柜内。

1.8.4　隧道供配电系统

海底隧道全长6700m。沿隧道左右行车孔及中央管廊内部通常呈线性布设了监控设备、照明灯具、检修插座、射流风机、排烟通道风机、安全通道风机等用电负荷。

为保证隧道内负荷的用电质量，采用10kV分布式供电形式，通过在隧道内设置若干地埋变压器对隧道负荷进行供电，地埋变压器设置在中央管廊，采用树干式供电。

为了避免风机等动力负载启动时对照明等负载的影响，隧道内照明及监控设备等采用专门的地埋变压器为其供电。

1.8.5　电缆伸缩装置

在供配电系统电缆线路的施工中，桥梁随温度等环境变化引起相邻箱梁位置产生相对运动，使伸缩缝发生形变，从而导致伸缩缝处电缆受到损伤，因此在伸缩缝处的电缆桥架采用可纵向伸缩的电缆伸缩装置，以达到保护电缆的目的。

1）底座支撑腿安装

（1）校验底脚连接板螺栓孔位置，螺栓孔中心位置允许偏差小于2mm。底脚板与支腿紧密配合，如有间隙，用平楔板加塞并固定。

（2）按设计图纸要求，安装前应设置高程和中心线标志，同一工程的高程和中心线应一致。

（3）支撑腿的安装起重工具根据施工方案要求。

（4）应在保证垂直度的情况下，安装支撑腿间支撑。

（5）支撑不得弯曲，支撑腿连接固定后应进行找正，复测时不合规的应进行调整。

2)水平框架安装

(1)水平框架的安装应在支撑腿找正后进行。

(2)水平框架安装后应符合现行《固定式钢梯及平台安全要求　第3部分:工业防护栏杆及钢平台》(GB 4053.3)的有关规定。

(3)水平框架与支撑腿的连接按相关规定,密贴、连接牢固,确保电缆伸缩装置水平运动自如。

(4)水平框架应铺设平整、牢固,表面高度允许偏差为±1.5mm。

3)传动机构安装

(1)首先把滑动托辊放置在水平框架的固定凹槽内,然后把传动机构放置在滑动托轮上,再把限位螺栓通过限位板及传动机构的水平滑槽固定在水平框架上。

(2)保证所有水平托轮在同一轴线上,上表面高度一致,并且滑动自如,不受阻力,同轴度允许偏差为±3mm,限位螺栓用双螺母进行紧固,确保限位螺栓不松动脱落。

4)其他伸缩装置部件安装

(1)限位辊的安装:传动机构的限位内按照图纸设计的位置采用不锈钢螺栓进行安装紧固,要求限位辊安装牢固可靠,并且辑面转动自如,无阻碍。

(2)全密封滑动平台的安装:全密封滑动平台通过Z型固定板与水平框架通过不锈钢螺栓进行连接,要求平台与水平框架连接牢固可靠,并且与水平框架保持平行,允许偏差为±1.0mm。

(3)滑动平台安装结束后,把滑动扇形片与弹簧钢板及传动连接件的组合体放置在滑动平台的滑动轴承上,要求组合体在滑动平台上滑动自如,不受阻力。

1.9　火灾报警系统与消防设施

港珠澳大桥火灾报警系统与消防设施包括隧道及桥梁火灾检测报警设施、火灾报警联动系统、隧道段固定灭火设施、隧道段灭火设施、桥梁段固定灭火设施、桥梁段灭火设施、消防救援设备等。

1.9.1　火灾报警联动系统

1)火灾检测报警系统

火灾报警系统作为一个相对独立的系统集成在系统集控中,成为系统集控的一个子系统。当火灾发生时,火灾信息将通过火灾报警控制主机向监控所的火灾报警计算机发出火灾信息，由火灾报警计算机向系统集控发出告警信息，通过交通监控设施的摄像机确认后，由系统集控向消防灭火系统、隧道通风系统、交通监控设施、通信系统、照明系统、电力交通监控设施发出火灾模式指令，各系统按预定模式进入火灾工况。火灾报警系统布置如表1.9-1所示。

火灾报警系统布置　　表1.9-1

布置位置	火灾报警系统	配置方案
隧道行车孔内	双波长火灾检测器	45m间距设1套，隧道路段设2台报警主机，监控所设1台报警主机
	光纤光栅火灾探测器	采用180m长探测器，隧道路段设置9台探测主机
	视频烟雾检测	摄像机布置间距为90m
	手动报警按钮	45m间距设1个
	消火栓按钮	设置于消火栓箱内
隧道安全通道内	光纤光栅火灾探测器	每个地埋变电器附近设置检测点，全线设置1台探测主机
隧道强电电缆通道内	光纤光栅火灾探测器	全线设置2台探测主机
桥梁箱梁内	光纤光栅火灾探测器	全线设置10台探测主机

2）火灾报警联动

火灾报警联动由火灾自动报警系统、消防系统（灭火部分）、交通监控系统、通信系统、通风系统、照明系统、电力监控系统等相关专业系统联合实现。火灾报警系统发现火灾后，由火灾报警计算机向系统集成发出报警信息，然后通过交通监控系统的闭路电视设备进行火灾的确认，系统集成中各专业控制模块收到报警信息后，启动相应联动模式，从而控制灭火、防排烟、交通监控、照明、通信设备进入救灾状态。同时火灾报警计算机中安装有消防系统（灭火部分）、交通监控系统、通信系统、通风系统、照明系统、电力监控系统等相关专业的控制模块，在系统集成发生故障无法对各专业设备进行控制时，可独立实现对各专业设备的控制。

（1）灭火设备的联动

泡沫-水喷雾联用设备、消防泵等仅在灭火时使用，设备的日常运行由消防系统管理，灭火救灾时的联动由消防系统实现。消防系统的管理控制信息由交通监控提供传输通道。

(2)防排烟风机、电动排烟口等设备的联动

沉管隧道由于排烟系统与正常通风系统合用,日常设备运行由通风系统管理控制,因而由通风系统联动控制防烟、排烟设备。通风系统的管理控制信息由交通监控设施提供传输通道。

(3)交通监控设备的联动

交通监控设备包括各类信息标志、车道控制标志、摄像机、疏散标志、人行横洞标志等设备,在灭火救灾时由交通监控设施实现消防联动。交通监控设施在隧道段和桥梁段分别设置有千兆光纤环网,作为信息传输通道,并在隧道内设置本地控制器作为信息收集和控制执行设备。

(4)广播的联动

发生火灾时,隧道设置的广播作为火灾警示和疏散引导工具由通信系统负责其消防联动。

(5)照明的联动

发生火灾时,隧道内的应急照明灯具开启,由电力交通监控设施负责照明的联动控制。照明系统的管理控制信息由电力交通监控设施提供传输通道。

(6)电力监控设备的联动

发生火灾时,电力交通监控设施将采集全线各个消防设备处的电参数(电压、电流)以及设备开关状态遥信信号,确保消防 EPS 应急电源开关正常开启,电压、电流等参数处于正常范围内,确保消防用电设备供电系统可靠性,对开关遥信信号以及遥测信号异常的消防设备进行报警。

1.9.2　消防设施

1.9.2.1　桥梁消防设施

桥梁段设置室外消火栓系统,室外消火栓布置于桥梁两侧的消防设备平台上,单侧设置间距约 980m,两侧交错布置,用于为消防车补水,室外消火栓系统用水量 30L/s。

室外消火栓由敷设于桥梁两侧的给排水系统供水,最不利点栓口静压≥0.1MPa。在口岸人工岛设置消防水池,供水管构呈环状,可保证室外消火栓系统的供水安全。

1.9.2.2　隧道消防设施

隧道消防设施包括消火栓系统、泡沫-水喷雾联用系统、灭火器、安全通道变压器室

气体灭火设施、强电电缆通道防火分隔设施等。

1)消火栓及水成膜泡沫灭火系统

以隧道W形纵断面中间高点为分界线，设置东、西2个独立系统，分别由900m^3消防水池、消火栓泵组、消防设备箱、消火栓管道等组成。火灾时启动火场所在区域消火栓泵。

消火栓系统最不利点压力≥0.35MPa，充实水柱长度≥10m。

消火栓系统用水量20 L/s，火灾延续时间按6h计，一次火灾用水量432m^3。

水成膜泡沫灭火装置用水量2L/s，作用时间按22min计，一次火灾用水量2.64m^3。

消防设备箱设置于隧道行车孔内侧，间距45m，内置DN80双阀双出口消火栓1套，水成膜泡沫灭火装置1套，消火栓箱具备开箱报警功能，隧道段共设270套消防设备箱。

消火栓管道选用DN150内外涂环氧复合钢管，敷设于隧道行车孔内侧管沟内，设置两处连通管，将上下行隧道消火栓供水管连通，形成环状管网。

在东、西人工岛各设1座900m^3的消防水池，消火栓泵组由消防水池取水。

东、西人工岛消防泵房内各设1组消火栓泵，每组包括消防泵3台(1用2备，必要时同时启动2台)；稳压泵2台(1用1备)；稳压罐1个。

2)泡沫-水喷雾联用系统

以隧道W形纵断面中间高点为分界线，设置东、西2个独立系统，分别由900m^3消防水池、水喷雾泵组、泡沫液泵组、水成膜泡沫原液罐、子系统、水喷雾系统供水管道、泡沫液管道等组成。

系统共含540个子系统，子系统由水雾喷头、水喷雾控制阀组箱、管道等构成。子系统保护范围为一个隧道行车孔纵向22.5m(1个标准节段长度)的区域，火灾时启动火场所在区域的子系统及相邻的子系统，喷洒泡沫混合液灭火。子系统的启动可由火灾报警系统联动自动控制，也可由控制中心在确认火灾后，手动远程控制。

灭火时同时启动3个子系统，用水量121L/s，泡沫喷洒时间按30min计，水雾喷洒时间按30min计。一次灭火总用水量436m^3。

水喷雾控制箱安装于安全通道的上行隧道行车孔一侧，喷头安装于隧道行车孔两侧侧壁上，喷头间距4.5m，安装高度4m。

供水管道选用内外涂环氧复合钢管(主管DN200)，敷设于弱电管廊内。泡沫液管选用不锈钢管(主管DN65)，敷设于隧道行车孔内侧管沟内。

东、西人工岛消防泵房内各设9m^3水成膜泡沫液罐1个，泡沫液泵1组。每组包括泡沫液泵2台(1用1备)。

3)灭火器

隧道行车孔两侧均设置灭火器,每侧间距90m设1组,交错布置。每组灭火器设6kg磷酸铵盐干粉灭火器2具,6kg水基泡沫灭火器2具。隧道行车孔外侧灭火器放置于灭火器箱内,隧道行车孔内侧灭火器放置于消防设备箱内。

安全通道内上行隧道行车孔侧安全门的两侧设置灭火器箱,箱内放置6kg磷酸铵盐干粉灭火器2具,6kg水基泡沫灭火器2具。

4)安全通道变压器室气体灭火系统

安全通道变压器室选用柜式七氟丙烷灭火装置。灭火设计浓度9%,具备自动控制和手动控制两种启动方式。防护区维护结构采用耐火极限不低于2.00h的不燃烧体隔墙和甲级防火门。

5)强电电缆通道防火分隔设施

强电电缆通道全线设置防火分隔设施,间距180m设一道。选用阻火包及防火门作为防火分隔材料,两侧电缆桥架之间的通道上设防火门,防火门两侧空隙用阻火包封堵,防火门为甲级常开防火门,火警时自动关闭。

1.10　给排水设施

给排水设施是为建筑设施提供用水和排出废水的设施的总称,包括给水和排水设施。道路、隧道、桥梁等基础设施的给排水设施,也均是通过管道及附属设备,按照需求有组织地输送用水或者将污水、废水及时排放出去。给排水设施主要包括水源、管网、水泵房、升压和储水设备等。在实际道路工程应用中,一般采用水池、水箱、水泵的方式进行给供水。

港珠澳大桥给排水工程包括全线的供水管网(含供水泵站)及人工岛、隧道的相关交通工程排水设施。

1)供水设施

供水设施主要包括供水泵房和供水管网。根据工程的特点,输水水源来自珠海市市政管网。从珠澳口岸人工岛的大桥桥头利用水泵加压,一直输送至东人工岛,沿线的用水点有珠澳口岸人工岛收费站区用水,桥梁主线消防用水,东、西人工岛房建及生活用水,海底隧道消防用水(补充水),各点在各相应分支接口接入管网系统。

2）排水设施

排水设施包括隧道的中央废水泵房、洞口的雨水泵房和越浪泵房，主要作用是收集隧道内污水、隧道口部雨水、人工岛越浪水量并通过泵房提升排放。

废水泵房设置在隧道 W 形纵断面中的两个最低点；雨水泵房设置在隧道两侧洞口，东、西人工岛各设置 1 座；越浪泵房布置在岛上四周，东、西人工岛各 4 座。

1.11　本章小结

本章主要阐述了港珠澳大桥主体工程监控设施、收费设施、通信设施、供配电设施、照明设施、通风设施、消防设施、交通安全设施、综合管道等交通工程设施的设置标准、规模以及要点，并采用了安全、成熟的数字化设施，为世界级的跨海通道用户提供了优质服务，为地标性建筑提供了安全保证。

CHAPTER TWO

第2章

跨境通道运营管理关键技术

港珠澳大桥连接着我国粤港澳三地，三地具有不同的法律体系和管理制度，并且港珠澳大桥所处区域气候条件相对恶劣，灾害性天气时常发生，这将成为港珠澳大桥交通运行安全的重大隐患，交通拥堵、交通中断和交通事故在港珠澳大桥的运营期间都是不可避免的。因此，为了实现港珠澳大桥全天候安全运营，需要对其各类运营状态下的风险进行有效管控。

2.1　港珠澳大桥运营期紧急事件的三地联动机制

2.1.1　港珠澳大桥紧急事件类型及影响

港珠澳大桥跨越我国珠海、香港和澳门，其紧急事件的成因、性质、类型以及影响与内地类似工程项目不同。针对港珠澳大桥的运营环境，在总结分析内地和香港大型跨海桥隧项目以及类似工程项目对运营期紧急事件的相关研究的基础上，从港珠澳大桥风险源辨识、事件分类以及事件风险分级及响应三个方面对港珠澳大桥紧急事件类型及影响进行分析。

1）港珠澳大桥风险源辨识

风险源是指引起或增加突发事件发生的机会或影响损失程度的原因或条件。风险源是风险事件发生的潜在原因，是隐藏于风险事件背后的、可能造成损失的内在的或间接的原因。风险源越多，事件发生的概率就越大，造成损失的可能性以及损失的程度也就越大。因此，风险源是突发事件发生的重要源头。作为突发事件应急救援的重要基础，一切工作都需要围绕风险源进行，风险源辨识成为突发事件应急管理的第一步。

通过分析港珠澳大桥运营环境，并结合现场和资料调研，为保证风险源辨识结果的全面性和条理性，从设施结构、灾害气候、交通运营、社会安全、环境卫生五大方面完成了港珠澳大桥风险源辨识。

2）港珠澳大桥事件分类

港珠澳大桥突发事件应急救援的前提是对突发事件的分类。根据事件类型不同，需要做的准备与响应程序也不同，为了有效地应对突发事件，保证突发事件应急处理的时效性，首先应对突发事件进行合理的分类。

通过对港珠澳大桥风险源的辨识分析，归纳所有可能发生的事件。结合三地突发事件分类现状，并根据事件成因及性质对港珠澳大桥突发事件进行分类，将事件分为五大

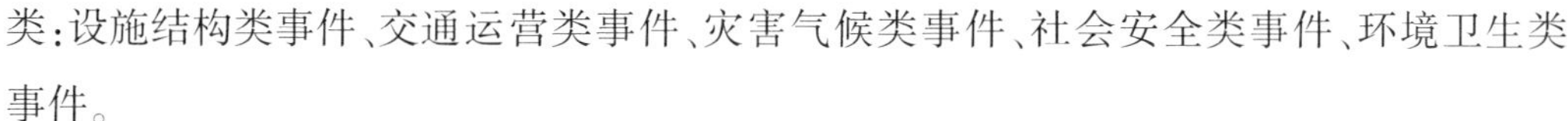

类:设施结构类事件、交通运营类事件、灾害气候类事件、社会安全类事件、环境卫生类事件。

(1)设施结构类事件

主要包括路面养护施工、桥梁结构与附属设施养护检修、隧道结构与附属设施养护检修,交通工程机电设施养护检修;重大水电供应事故、(电信、移动、联通)通信管道故障;桥梁、隧道、人工岛主体结构和附属设施损坏,大桥垮塌、隧道漏水;大桥办公区与住宿区火灾;收费系统故障等。

(2)交通运营类事件

主要包括桥面大交通流量、部分路段(含收费站)异常拥堵;行人、交通运输事故(追尾、碰撞、抛锚、逆行、抛洒物、车撞桥梁护栏、车撞隧道侧壁、翻车);车辆着火;海上交通事件(车辆坠海、船舶撞桥);大桥与口岸结合区交通事件;异常收费事件等。

(3)灾害气候类事件

主要包括因台风、大雾、暴雨、高温、雷暴、风暴潮、海浪、海啸、灰霾等灾害性天气而影响交通的事件。

(4)社会安全类事件

主要包括人为制造爆炸、投毒、恐怖袭击、群体性冲击或滞留口岸事件,营运摆渡类车辆罢驶等事件,以及发生在大桥主体上的刑事案件(破坏、偷盗、斗殴等)。

(5)环境卫生类事件

主要包括卫生事件(急性职业病、传染病疫情、食物中毒、高温中暑)、有害化学品及放射性物质泄漏、大桥相关区域环境污染、白海豚伤害等事件。

3)港珠澳大桥事件风险分级及响应

通过调研与港珠澳大桥在气候条件、运营环境等方面具有相似性的杭州湾大桥、舟山跨海大桥和香港青马大桥的事件情况,统计分析港珠澳大桥气候条件,并分析突发事件危害和对三地联动的需求,可以看出低能见度、强风、交通事故、火灾及主体损坏五种事件为港珠澳大桥高风险事件。高风险事件一旦发生,必将造成严重后果,危害和影响范围大。此外事件发生后,需要三地救援部门协作疏导交通,开展救援。

因此,对比分析香港与内地对于五种高风险事件的分级和响应标准,提出了香港和内地在港珠澳大桥交通控制与管理中应共同遵守的匹配原则和标准。以匹配原则为指导,完成了五种高风险事件的分级。表 2.1-1 ~ 表 2.1-5 为五种高风险事件的分级及响应。

低能见度事件分级及响应　　表 2.1-1

事件种类	响应级别	指标	措施
低能见度事件	准备阶段	能见度小于 350m	响应前的准备工作
	Ⅲ	能见度小于 200m	限速 60km/h,保持车距,中线禁行。 开启隧道广播系统及可变信息标志,以警示驾驶者浓雾情况,并要求驾驶者开启近光灯和雾灯
	Ⅱ	能见度小于 100m	限速 40km/h,保持车距,中线禁行。 尽快开启隧道广播系统及可变信息标志,以警示驾驶者浓雾情况,并要求驾驶者开启近光灯和雾灯
	Ⅰ	能见度小于 50m	限速 20km/h,中线禁行。 立即开启隧道广播系统及可变信息标志,以警示驾驶者浓雾情况,并要求驾驶者开启近光灯和雾灯。 若交警决定封闭大桥,港珠澳大桥管理局积极配合

强风事件分级及响应　　表 2.1-2

事件种类	响应级别	指标	措施
强风事件	准备阶段	平均风速≥30km/h	响应前的准备工作
	Ⅲ	平均风速≥40km/h	限速 50km/h
	Ⅱ	平均风速≥55km/h	限速 50km/h,中线禁行
	Ⅰ	平均风速≥65km/h	向珠海市交警建议封桥,若交警决定封桥,港珠澳大桥管理局积极配合

交通事故事件分级及响应

表 2.1-3

事故类型	事故对象	内地交警出警	大桥救援力量	珠海救援力量	香港救援力量	澳门救援力量	由联络员处理无争议	需港珠澳大桥三地联合工作委员会处理	事故级别	发生概率	交通影响
财产损失	仅内地人员	×	×						Ⅳ		
		√	×						Ⅳ		
		√	√（拖车等）						Ⅳ		
		√	√	√（拖车等）					Ⅲ		
		√	√	√	√		√		Ⅱ		
								√	Ⅰ		
		√	√	√		√	√		Ⅱ		
								√	Ⅰ		
		√	√	√	√	√	√		Ⅱ		
								√	Ⅰ		
	三方且涉及香港、澳门人员财产损失的	√	√				√		Ⅱ		
								√	Ⅰ		
		√	√	√			√		Ⅱ		
								√	Ⅰ		
		√	√	√	√		√		Ⅱ		
								√	Ⅰ		
		√	√	√		√	√		Ⅱ		
								√	Ⅰ		
		√	√	√	√	√	√		Ⅱ		
								√	Ⅰ		

续上表

事故类型	事故对象	内地交警出警	大桥救援力量	珠海救援力量	香港救援力量	澳门救援力量	由联络员处理无争议	需港珠澳大桥三地联合工作委员会处理	事故级别	发生概率	交通影响
人员伤亡	仅内地人员	√	√（医疗车、拖车等）						Ⅱ		
		√	√（医疗车、拖车等）	√（医疗车、拖车等）					Ⅱ		
		√	√	√	√		√		Ⅱ		
								√	Ⅰ		
		√	√	√		√	√		Ⅱ		
								√	Ⅰ		
		√	√	√	√	√	√		Ⅱ		
								√	Ⅰ		
	三方且涉及香港、澳门人员伤亡的	√	√				√		Ⅱ		
								√	Ⅰ		
		√	√	√			√		Ⅱ		
								√	Ⅰ		
		√	√	√	√		√		Ⅱ		
								√	Ⅰ		
		√	√	√		√	√		Ⅱ		
								√	Ⅰ		
		√	√	√	√	√	√		Ⅱ		
								√	Ⅰ		

火灾事件分级及响应　　表 2.1-4

事件种类	指　　标	措　　施
火灾事件	大桥自身力量及沿线救援站能够处理的火灾事故	通知西人工岛消防总队,港珠澳大桥消防总队负责在保证安全的前提下尽力扑灭大火,控制交通,清理现场,恢复交通,港珠澳大桥管理局需积极配合

主体损坏事件分级及响应　　表 2.1-5

事件种类	响应级别	指　　标	措　　施
主体损坏事件	Ⅱ	结构已明显偏离通常运营状态,已有明显趋向极限状态的趋势,建议关注	立即封闭半幅路面进行维修、加固,另半幅采取双向交通
	Ⅰ	结构已严重偏离通常运营状态,已接近设计极限状态,结构安全富余量已不足,建议密切关注	立即封闭全幅路面进行维修、加固

2.1.2　港珠澳大桥三地联动紧急救援运作模式

三地联动紧急救援组织体系与运作模式的确立是港珠澳大桥运营管理的基础和关键。制定三地联动紧急救援组织体系与运作模式能够有效保障紧急事件下人员的生命财产安全,在制定前需要对三地救援部门及职责进行分析,借鉴相关跨境工程的成功案例,确定符合港珠澳大桥三地联动紧急救援的运作模式,其主要思路为:分析三地救援部门及其职责,了解三地救援力量现状,明确应急救援各类事项的负责部门,从而确定大桥在各类突发事件情况下需要与三地哪些部门实现联动;分析三地突发事件应急救援组织体系,保证提出的港珠澳大桥三地联动组织体系与三地现行的应急组织体系及运作模式能实现很好的衔接;分析深圳湾大桥组织体系及运作模式,借鉴成功案例;分析高风险事件分级及响应需求,提出港珠澳大桥应急组织体系层级及各层级的职责;分析港珠澳大桥现有组织机构及职责,确定各层级包含的部门,达到权责一致;确定港珠澳大桥三地联动应急组织体系及运作模式。

1)三地应急组织体系

(1)三地救援部门及职责调研

调研珠海应急救援相关部门及职责(包括珠海市政府、珠海市公安局、珠海市交通运输局、珠海市海事局、珠海市卫生局),香港应急救援相关部门及职责(包括香港保安局、香港运输署、香港海事处),澳门应急救援相关部门及职责(包括澳门治安警察局、澳门交通事务局)。

(2)三地突发事件应急组织体系调研

珠海市突发事件应急组织体系。重大和特别重大突发公共事件应急处置指挥系统启动后,成立由分管市领导任总指挥,相关专业应急机构办公室负责人或事件主管单位负责人、市应急指挥中心负责人任副总指挥。现场指挥部吸收事件涉及的有关单位负责人及相关专家为成员。为提高处置效率,迅速展开工作,根据突发公共事件处置环节要求,成立13个基本应急行动组。现场指挥部根据工作需要,启动若干相关应急行动组。

香港特别行政区应急组织体系。香港特别行政区紧急应变系统为三级制系统,该系统在设计时尽量减少指挥及控制层的数目,而救援工作也尽可能由最接近事发现场的救援部门指挥。同时,容许救援部门直接负责有关职务及拥有所需权力,按照本身职权应付紧急情况。有些紧急事故的情况较为复杂,需要其他部门及机构协助,不过,应付紧急情况的各项工作通常均由救援部门负责,其他机构则会从旁协助。

澳门特别行政区应急组织体系。澳门民防行动的最高决策机构是澳门特别行政区行政长官,安全委员会是特区行政长官就民防行动事宜的专责资讯机关,保安协调办公室是安全委员会常设专责资讯及提供协助的机关,负责民防计划的编制。民防行动中心是民防行动的指挥机构。民防行动中心架构下的各权限部门和机构是民防行动的执行机构。

(3)类似项目应急组织体系调研

调研舟山跨海大桥、杭州湾跨海大桥、胶州湾跨海大桥、胶州湾海底隧道及深圳湾大桥应急组织体系。其中,由于深圳湾大桥是一座跨境大桥,与本项目类似,都涉及跨境救援,因此深圳湾大桥组织体系对本项目具有很强的借鉴意义。

2)组织层级与分级响应

对港珠澳大桥高风险事件进行级别划分,根据事件性质及影响范围的不同,需要的救援部门种类和数量也有很大差异,且对部门权限的要求也不同,这就需要依据不同事件的需要,对应建立具有相应职权和救援力量的机构,使救援能够有效实施。

3)港珠澳大桥三地联动紧急救援运作模式

通过上述调研分析,形成如图2.1-1所示的三地联动紧急救援行政组织体系。

提出港珠澳大桥三地联动救援与跨境交通控制中的“专责小组+联络员+工作组成员”运作模式。港珠澳大桥三地联合工作委员会(以下简称“三地委”)设联合应急协调工作组,工作组设联络员岗位。大桥及港珠澳三地分别设应急工作组,各应急工作组设组长及联络员,三地主要应急机构作为应急工作组成员。联动运作模式如图2.1-2所示。

该模式可以与三地现有模式衔接,体现了事件响应级别与应急组织体系的对应。通过联络员实现三地在应急救援时的信息交互,为保证联络员的行政执行能力,并尽量减少由于多次信息通报产生的救援延迟,建议由三地相关政府部门人员担任应急工作组组长及联络员。此外,为了在突发事件发生后,交警能够快速到达,完成交通控制及事故处理,建议交警及路政在港珠澳大桥联合办公,形成如图2.1-3所示的港珠澳大桥三地联动救援组织体系。

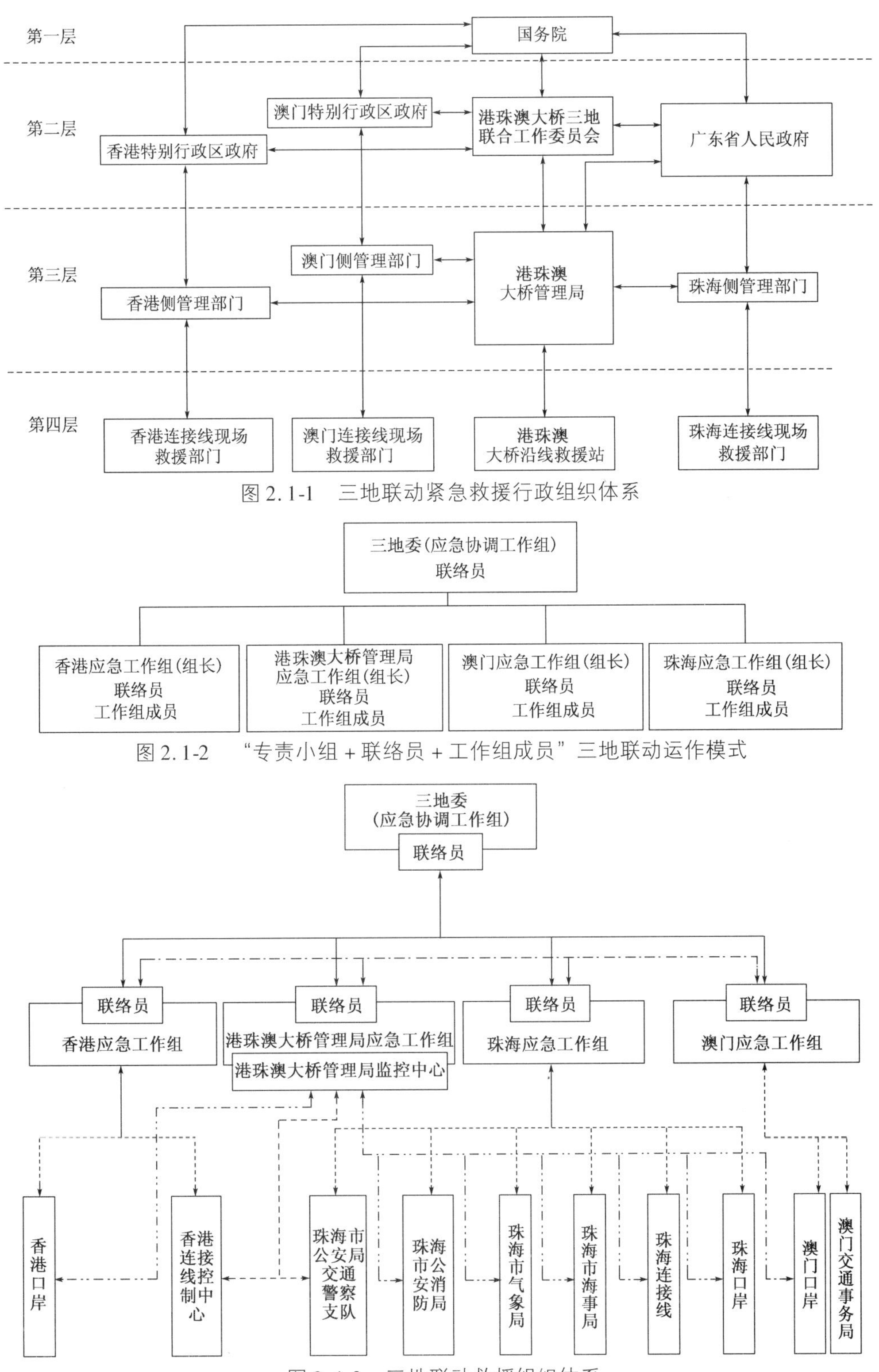

图 2.1-1　三地联动紧急救援行政组织体系

图 2.1-2　“专责小组 + 联络员 + 工作组成员”三地联动运作模式

图 2.1-3　三地联动救援组织体系

(1)黑实线表示三地间需要通过工作小组联络员与三地委工作组协调解决的情况,主要针对高等级事件;

(2)单点划线表示三地间可通过联络员相互沟通解决的情况,主要针对较高等级事件;

(3)长虚线表示日常或低等级交通控制与应急情况下的信息交互与交通协调控制;

(4)双点划线表示日常或低等级交通控制与应急情况下的信息通报或交互;

(5)短虚线表示体系组成部分。

2.1.3　港珠澳大桥三地联动紧急救援预案

分析港珠澳大桥三地联动紧急救援运作模式,结合各方专家意见,形成跨境通道运营管理联合救援预案,通过深化紧急救援预案,构建港珠澳大桥紧急预案体系。

港珠澳大桥突发事件应急预案体系由港珠澳大桥突发事件三地联动应急总体预案及专项预案、三地政府分别就各自行政区域内的大桥部分制定的突发事件应急预案,以及港珠澳大桥管理局作为主体部分的业主制定的内部安全方案三个层级构成。

1)第一层级:港珠澳大桥突发事件三地联动应急总体预案(以下简称"三地联动应急总体预案")及港珠澳大桥突发事件三地联动应急专项预案(以下简称"三地联动应急专项预案")

(1)三地联动应急总体预案

三地联动应急总体预案针对的是可能发生在港珠澳大桥全线(包括海中桥隧、三地口岸和三地连接线)及相关水域的需要三方或者其中的两方应急救援力量联合开展应急处置工作的突发事件。

三地联动应急总体预案由港珠澳大桥应急专门工作小组牵头,会同三地政府有关主管部门和港珠澳大桥管理局研究制定,报三地委审批后组织实施。

(2)三地联动应急专项预案

由于港珠澳大桥项目的特殊安排和地理位置,港珠澳大桥特定区域(主要是粤港分界线附近和人工岛)或者特定类型突发事件具有很强的应急救援联动需求。三地联动应急专项预案即是根据三地联动应急总体预案确定的基本原则,针对特定区域或者特定类型突发事件,对三地或者两地之间政府有关主管部门的应急联动安排进行具体规定。

港珠澳大桥特定区域主要是两地边界区域(如珠海口岸和澳门口岸在澳门明珠点附近内地水域填海设置),相互毗邻,联系紧密,具有较强的联动需求,因此,珠澳之间可以参照深圳湾口岸的做法,就珠澳口岸人工岛可能发生的各类突发事件制定联动应急专项预案。

港珠澳大桥特定类型突发事件，主要是影响港珠澳大桥两个部分以上或者整体、需要三方或者其中两方互相配合予以处置的突发事件，例如灾害性天气（大风、低能见度等）、重大交通事故、恶意破坏事件、重大动植物疫情等。

结合香港气象部门的意见，粤港澳三地政府相关主管部门就大风、低能见度等灾害性天气的参考标准、临界值、交通管理措施等采取统一和客观的标准，便于三地互相协调配合处置灾害性天气突发事件。在此基础上，灾害性天气应急专项预案应具体落实影响大桥运作的天气情况（如大风、低能见度等）的相关临界值，三地气象部门与其他应急救援部门之间，以及三地之间的通报和联络机制等。

对于三地气象部门与其他应急救援部门之间的联系，按照属地原则，港珠澳大桥主体部分的气象观测及预报应主要由珠海市气象局负责，而香港接线的气象观测及预报则由香港天文台负责，各方内部可以遵循既有的机制。

三地联动应急专项预案由港珠澳大桥应急专门工作小组指定三地政府有关主管部门制定，并报应急联合工作小组批准同意，应急联合工作小组批准同意后报三地委备案，由有关主管部门组织实施。有关主管部门在制定三地联动应急专项预案过程中，应明确专项预案中应急组织体系及各组成机构的不同职责及分工，应急决策权、决策原则和决策程序、应急响应程序，以及相应的应急措施。

2）第二层级：珠海市、香港和澳门特别行政区政府分别就各自行政区域内的大桥部分制定的突发事件应急预案

珠海市、香港和澳门特别行政区政府按照适用属地法律管理的原则，可以根据三地法律对应急救援组织职责、分工、程序，以及机制的规定，针对各自行政区域内的大桥部分可能发生的突发事件，结合其性质、特点和可能造成的危害制定应急预案。珠海市、香港和澳门特别行政区政府各自可以协调、调动的应急救援力量和资源，对突发事件应对措施进行规定。

由于大桥各部分情况存在较大差异，如果珠海市、香港和澳门特别行政区政府认为既有的突发事件应急预案（应变计划）已经足以应对各自行政区域内的大桥部分可能发生的突发事件，也可以不另行制定应急预案。

港珠澳大桥主体部分位于广东省行政区域内，按照属地原则，有关港珠澳大桥主体部分的应急救援职责由珠海市政府有关主管部门负责。根据珠海市政府相关部门的意见，港珠澳大桥管理局在珠海市政府应急管理办公室指导下，在充分征求各口岸查验、交通管理、路政维护、消防、卫生等单位意见的基础上，编制统一的港珠澳大桥主体部分突

发事件处置预案,确保情景设想全面,职责分工明确,指挥协调流程清晰。

港珠澳大桥主体部分突发事件处置预案应为珠海市市级专项应急预案,由港珠澳大桥管理局牵头编制,报三地委审批及在珠海市应急管理办公室备案后组织实施。

另外,珠海市政府有关主管部门还可以就港珠澳大桥主体部分各类突发事件制定应急行动方案。

3)第三层级:港珠澳大桥管理局内部安全方案

港珠澳大桥管理局内部安全方案是港珠澳大桥管理局作为港珠澳大桥主体部分业主,就港珠澳大桥主体部分制定的、规定港珠澳大桥管理局自身和协议单位的安全监管制度和应急处置义务的内部方案。

2.1.4　港珠澳大桥三地联动紧急救援组织体系

应急救援组织体系的重要特征为:三地应急救援组织体系均由应急救援行动的领导/决策机构、协调机构、指挥机构、执行机构组成;不同级别的突发(公共)事件或紧急事故由应急救援组织体系相应的组织层级进行处置;高效的应急救援组织体系应当尽量限制体系内的联系层次;三地应急救援部门之间有效的协调决策和通报机制对于组织体系协同效用的发挥非常重要。

根据港珠澳大桥项目特点、国内外跨海桥隧的经验,以及前述应急救援组织体系的重要特征,在三地联动救援组织体系及联动架构基础上,初步构建港珠澳大桥应急救援组织体系,如图2.1-4所示。

港珠澳大桥应急救援组织体系由三地政府层面(横向)和港珠澳大桥管理局层面(纵向)两个层面的组织体系构成。

2.1.4.1　三地政府层面

由于联络员制度较为松散,在三地政府层面建立三地委-港珠澳大桥应急联合工作小组-港珠澳大桥应急专门工作小组的组织体系。

1)港珠澳大桥应急联合工作小组

(1)组成

港珠澳大桥应急联合工作小组隶属于三地委,由粤方、香港和澳门三方分别设置工作组,并设组长和联络员岗位,各工作组成员为粤方、香港和澳门特别行政区政府分管应急救援的主管部门负责人。粤方工作组组长为珠海市政府分管副市长,联络员为珠海市政府分管副秘书长,香港和澳门的工作组组长和联络员分别为相应级别的负责人。

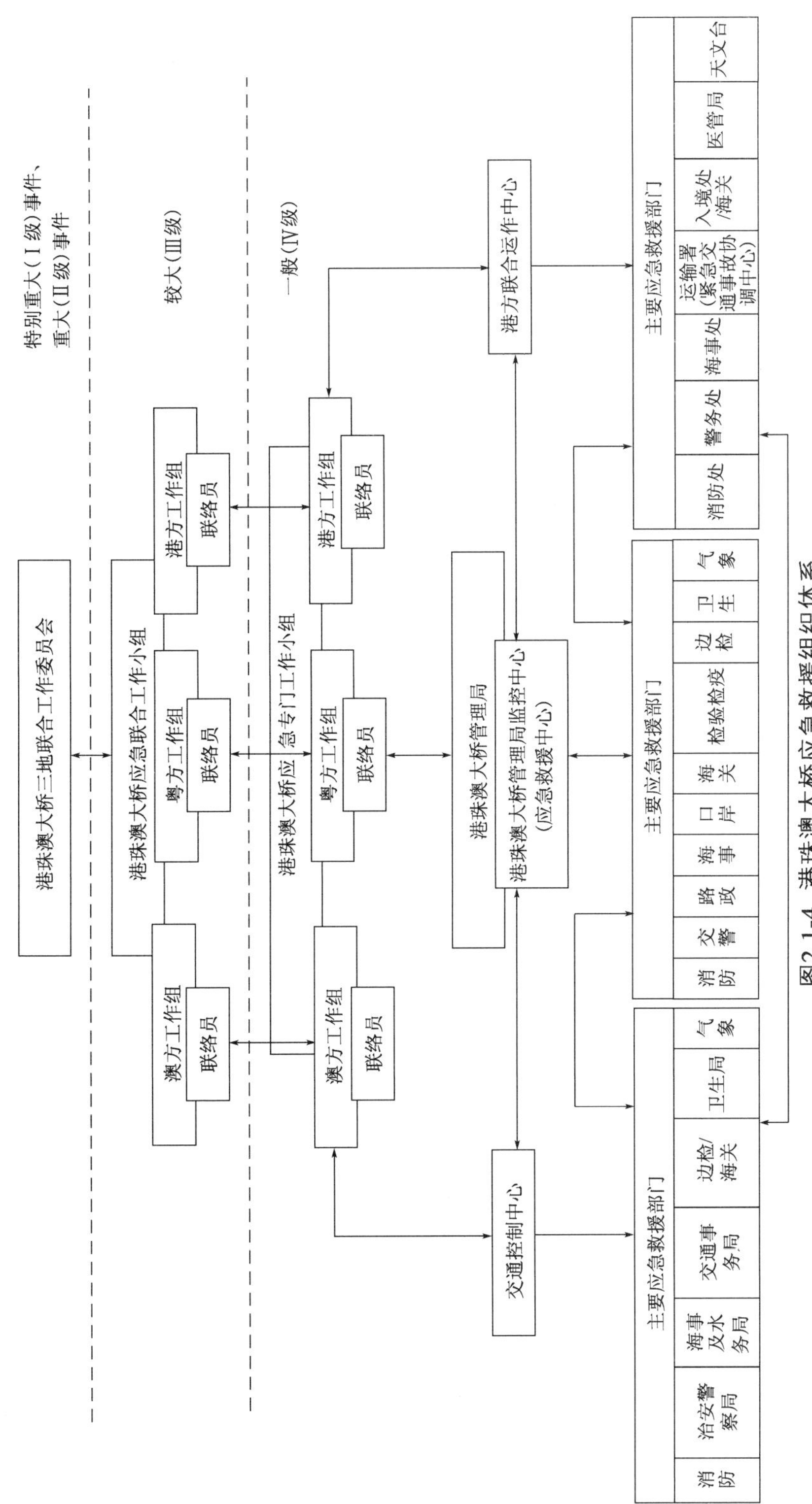

图2.1-4　港珠澳大桥应急救援组织体系

注:港方联合运作中心负责统一香港口岸、连接线以及连接线一段隧道监控信息。

(2)职能

参照英吉利海峡隧道安全管理局和深圳湾口岸联合工作小组的职能设置,港珠澳大桥应急联合工作小组的职能如下:

①处理三地政府达成的有关应急救援的相关协议安排在履行过程中的争议,若涉及未能解决的争议或问题以及重大决定,报请三地委处理或确认。

②组织开展港珠澳大桥重大事故的调查,并向三地委提交报告。

③协调港珠澳大桥较大级别及较大级别以上突发事件的应急处理。

④发生较大级别及较大级别以上突发事件时,启动三地联动应急总体预案,成立三地联合应急指挥部。

⑤将突发事件及应急救援工作进展情况及时向三地委报告,必要时请求启动更高级别响应。

(3)工作机制

非紧急情况下:港珠澳大桥应急联合工作小组采取定期会议制度,由三方轮流主持。必要时可由一方提议召开临时会议(开通初期会议可较频密,如每3个月召开一次,若情况许可,可改为每半年召开一次会议)。

紧急情况下:发生突发事件时,由一方联络员直接向其他两方联络员通报情况,由其他两方联络员联系各自主要救援部门,协调安排各项救援及应对措施。

2)港珠澳大桥应急专门工作小组

(1)组成

公安(警察)部门与其他主要应急救援部门之间已具备较为成熟的运作模式,建议三方均由公安(警察)部门负责人担任三方工作组组长和联络员。但是,由于珠海市突发事件应急委员会是珠海市政府设立的珠海市突发事件应对工作的领导机构,珠海市应急管理办公室为其日常办事机构,因此,建议粤方工作组组长由珠海市应急管理办公室负责人担任,联络员由具体负责港珠澳大桥应急救援工作的珠海市公安部门或者消防部门负责人担任。由于香港连接线属于新界南总区的管辖范围,建议港方工作组组长由香港警务处新界南总区指挥官担任,联络员由粤港分界线处的新界南总区下辖警区指挥官担任;澳方工作组长和联络员的设置可参考港方。

(2)职能

参考深圳湾口岸运作专责小组的职能设置,港珠澳大桥应急专门工作小组职能如下:

①组织三地政府有关主管部门及港珠澳大桥管理局共同制定并完善港珠澳大桥突

发事件三地联动应急总体预案及专项预案。

②定期组织港珠澳大桥突发事件的应急救援演练。

③协调港珠澳大桥一般级别突发事件的应急处理。

④经三地政府有关主管部门通过本方联络员上报,由三地应急工作组组长共同决定港珠澳大桥封闭的临时交通安排。

⑤将突发事件及应急救援工作进展情况及时向港珠澳大桥应急联合工作小组报告,必要时请求启动更高级别响应。

在三地联合应急指挥部领导指挥下,开展应急救援工作。

(3)工作机制

非紧急情况下:港珠澳大桥应急专门工作小组采取不定期会议制度,初期会议召开较为频密(如每月或隔月举行),由三方轮流举行。需要时可由一方提议召开临时会议。

2.1.4.2 港珠澳大桥管理局层面

根据三地协议,港珠澳大桥管理局作为三地政府成立的主体部分项目法人(业主),负责主体部分建设、运营、维护和管理;在发生重大质量、安全、消防、卫生防疫、自然灾害等紧急事件时,港珠澳大桥管理局可作出临时决定,采取紧急措施予以处理,并及时报告三地委;如主体部分或各区部分有安全、交通事故、紧急抢修等紧急需要的,项目法人或各区部分管理机构可关闭或局部关闭主体部分或其各区部分,禁止公众使用。

鉴于港珠澳大桥主体部分的关键性,借鉴国内其他跨海大桥,并考虑港珠澳大桥管理局作为主体部分的项目法人(业主)地位,就港珠澳大桥主体部分构建以珠海市政府及珠海市突发事件应急委员会统一领导、珠海市负责大桥主体部分的各行政管理部门(同时也是主要应急救援部门),以及港珠澳大桥管理局协调配合的应急救援组织体系。即珠海市政府及珠海市突发事件应急委员会统一领导、综合协调珠海市政府有关部门和下级人民政府开展港珠澳大桥的应急处置工作,各相关应急救援部门履行各自职能,港珠澳大桥管理局作为项目法人(业主)积极配合,并起一定的协调作用。

(1)港珠澳大桥管理局

在此种体系下,港珠澳大桥管理局作为港珠澳大桥的项目法人,其应急救援义务具体包括:

①制定、完善和落实安全管理制度、操作规程和内部应急预案。

②落实应急救援所必需的机械设备和物资。

③加强对养护、排障等协议单位和经营单位的应急培训，组织、督促其按时进行应急演练。

④积极配合并协调珠海市负责大桥主体部分的各应急救援部门履行各自的应急救援职能。

⑤与其他两方应急救援部门协调配合，开展应急处置工作。

⑥遇台风、大风、大雾（霾）等灾害性天气或其他突发事件（如交通事故、火灾等）严重影响道路交通安全时，可封闭或者局部封闭主体部分，并尽快通知其他两方应急救援部门，具体级别和措施由相应的应急预案和行动方案确定。

⑦负责突发事件的先期处置和信息报告。

⑧配合参与各类应急救援事故的调查处理。

（2）港珠澳大桥管理局大桥监控中心

港珠澳大桥管理局下设大桥监控中心，作为港珠澳大桥主体部分的收集和发布信息的信息中枢。大桥监控中心应急职能具体包括：

①负责对港珠澳大桥主体部分桥面、周边海域进行实时监控，及时掌握大桥运行情况。

②负责大桥信息的收集、汇总和研判工作。

③通过可变信息标志、广播等向大桥通行人员发布突发事件信息。

④与大桥其他各部分监控/控制中心保持24h互通信息。

⑤协调珠海市负责大桥主体部分的各应急救援部门，及时处置大桥主体部分突发事件。

港珠澳大桥管理局大桥监控中心作为大桥主体部分的信息中心，应当与三地口岸、香港段和香港连接线，以及澳门连接线的监控/控制中心保持密切联系，建立高效的信息通报和共享机制。

港珠澳大桥主体部分应急救援中心也设在大桥监控中心，由珠海市公安局交警支队负责组织实施。

应急救援中心应急职能具体包括：利用大桥主体部分安全和安保监控信息系统，收集大桥主体部分现场信息，及时高效受理大桥各类突发事件报警信息（沿桥紧急电话、大桥统一紧急救援电话），及时向珠海的交警、其他各部分监控/控制中心、港珠澳大桥管理局等报告突发事件信息。

(3)珠海市各主要应急救援部门

①会同港珠澳大桥管理局建立完善突发事件应急预案和突发事件处置机制。

②在珠海市港珠澳大桥主体部分突发事件应急预案的基础上,结合部门职能制定、修订港珠澳大桥主体部分突发事件专项应急行动方案。

③监督和指导港珠澳大桥管理局的应急准备和处置工作。

④按照各自职责定期组织应急培训和演练。

⑤一旦发生突发事件,根据应急行动方案,立即进行应急处置。

⑥在珠海市政府及珠海市突发事件应急委员会统一领导下开展应急救援行动。

⑦与其他两方应急救援部门协调配合,开展应急处置工作。

⑧组织、参与各类应急救援事故的调查处理。

2.1.4.3 联动架构

1)信息通报

突发事件信息通报是三地政府有关主管部门和港珠澳大桥管理局开展应急救援联合行动的前提。目前,粤港澳之间已经形成比较成熟的突发事件通报和联络机制。总结起来,主要有两种,其一是通过对口部门热线电话通报,其二是通过联络员通报。

(1)热线电话

对口部门热线电话主要用于发生一般突发事件,需要相应部门实施救援或配合救援的通报联络机制。

例如一方发生突发事件时,初步判断突发事件的影响可能波及其他两方或者需要其他两方支援的,根据突发事件的性质,突发事件所在地一方的主要负责部门应当及时妥善处置,并立即通过热线电话向其他两方与其对口的部门通报。

港珠澳大桥管理局大桥监控中心与香港和澳门的监控/控制中心之间、三地主要救援部门之间,以及监控/控制中心之间应当分别建立热线电话联络机制。结合珠海市口岸查验单位的意见,珠海市口岸局作为口岸协调、管理部门,在突发事件应急处置、协调、保障中发挥非常重要的作用,因此,一旦出现突发事件,由港珠澳大桥管理局大桥监控中心通过珠海市口岸局向口岸查验单位通报,以便相关单位提前做好临时关闭通道、暂停验放、疏散人员和车辆等工作。

(2)联络员

联络员机制主要适用于影响范围广,造成损失严重,需要三地多个职能部门互相配合和支援的各类重大突发事件。

根据三地联动应急总体预案以及专项预案确定的突发事件级别和联动范围，一方发生属于联动范围内的突发事件时，突发事件所在地一方的主要负责部门应当立即通过热线电话通报其他两方与其对口的部门。突发事件级别较高，需要三地多个职能部门互相配合和支援的，突发事件发生地一方的主要负责部门在通报其他两方对口部门的同时上报该方联络员，由该方联络员通报其他两方联络员，其他两方联络员联系各自方有关部门，协调安排应急救援行动。

2）分级响应

针对港珠澳大桥突发事件的性质和级别，三地政府有关主管部门将启动相应的应急响应程序和联动机制：

一般（Ⅳ级）事件，由突发事件所在地应急救援部门按照本方应急预案，开展应急处置行动（如果突发事件发生在港珠澳大桥主体部分，则由港珠澳大桥管理局启动相应的应急行动方案）。需要其他两方或一方有关部门配合和支援事项，如果只涉及一类事故，影响较小，可以由相应应急行动方案的主责部门通过对口部门热线电话联系其他两方或一方有关部门，快速进行应急处置。

如果多种类事故同时发生，或者涉及多个应急救援部门，则由主责部门在通过对口部门热线电话联系其他两方或一方有关部门，立即采取措施先期处置的同时，向港珠澳大桥应急专门工作小组本方联络员报告（如果突发事件发生在港珠澳大桥主体部分，还应向港珠澳大桥管理局大桥监控中心报告），由本方联络员通报其他两方联络员，其他两方联络员联系各自有关部门，协调安排应急救援行动。

较大（Ⅲ级）事件，由港珠澳大桥应急联合工作小组启动三地联动应急总体预案，并成立三地联合应急指挥部，指挥协调应急处置工作。三地联合应急指挥部设在突发事件所在地一方，其他两方也应派员参与。如果突发事件发生在港珠澳大桥两个部分或者两个部分以上，则三地联合应急指挥部设在港珠澳大桥管理局，香港和澳门应派员参与。

应急处置行动需要其他两地政府有关主管部门支援、配合和保障事项，由港珠澳大桥应急联合工作小组本方联络员通报其他两方联络员，其他两方联络员联系各自有关部门，协调安排应急救援行动。

特别重大（Ⅰ级）、重大（Ⅱ级）事件，在广东省、香港和澳门特别行政区政府领导以及三地委指挥、协调下，由三地联合应急指挥部组织实施应急处置工作。

高级别应急响应启动时，低级别应急响应必须启动。

2.1.5 港珠澳大桥三地联动紧急救援合作机制

2.1.5.1 港珠澳大桥跨界救援快速通关机制

跨界救援必然涉及一方人员的通关问题,快速通关机制能够大大节省救援人员和车辆的通关时间,确保其更快地投入抢救,挽救人员生命和财产损失。根据粤澳之间签订的《粤澳紧急医疗和消防救援合作机制协议》,粤澳之间已经就紧急医疗和消防救援建立了快速通关机制,主要为制定紧急医疗和消防救援行动的人员和物品出入境的办法,包括:人员和车辆出入境实施"相对固定,事前备案制度";发生重大灾难性事故时,伤病员出入境问题处理;物品出入境按暂准进出口物品监管;视需要选择粤澳陆路任一口岸出入境;对参与该救援的车辆和物品使用"专用标记"。

三地政府主要救援部门应当参照前述快速通关机制,确定计划投入港珠澳大桥跨界救援行动的救援车辆(消防车、救护车)、设备和人员,在三地政府有关部门事前备案,规定快速通关车辆、设备和人员使用的专用标记和证件类别。一旦跨界救援行动启动,海关、检验检疫和边检(出入境)等查验部门应采取联检方式,对于运送伤员的本地或已经办理备案的救护车辆和人员可以采用简单核对信息的方式查验。在跨界救援行动中,救援车辆和设备必须贴有三地政府有关部门认可的专用标记,救援人员必须携带三地政府有关部门签发的专门证件。对于需要入境抢救的危重伤员,建议海关、检验检疫和边检(出入境)部门参照《粤澳紧急医疗和消防救援合作机制协议》有关规定处理。

特殊情况下,需要增加救援车辆的,未经备案的车辆可以由救援车辆所属地的口岸部门为车辆张贴特殊标识,为救援人员发放特殊工作证,事后再补办相关手续,但不得驶入对方口岸区域内。

珠海口岸查验单位对于珠海公安部门进入港珠澳大桥主体部分执勤和事故处理的,也可以采取前述快速通关机制,但珠海公安部门应按照属地原则执法,尽量避免跨越粤港/粤澳分界线执法。

2.1.5.2 港珠澳大桥跨界救援现场指挥机制

跨界救援现场指挥机制是指在跨界救援行动现场,对事故地点具有管辖权的一方和其他两方救援部门之间指挥权的确定机制。港珠澳大桥跨界救援现场指挥机制应确立两个方面的机制:

其一,对事故地点具有管辖权的一方,救援部门之间应实行现场指挥官制度。由对事故地点具有管辖权的一方主要救援部门根据法律和应急预案的规定,设立现场指挥部,派出或者指定现场指挥官,统一组织、指挥现场应急救援工作。现场指挥官有权决定现场处置方案,协调有关部门的现场应急处置工作,调度现场应急救援队伍。各有关部门和公众应当服从和配合现场指挥官的指挥。现场指挥官一般由三方政府消防或者警务部门的高级官员担任。

其二,对事故地点具有管辖权的一方救援部门拥有现场指挥权,前往增援一方的救援部门须服从对事故地点具有管辖权的一方救援部门现场指挥官的支配。增援一方救援部门先到达事故现场的,在对事故地点具有管辖权的一方救援部门到达后,应向其移交现场指挥权。但是,增援一方的救援部门仍应保持该方救援部门之间内部的指挥体系,即对事故地点具有管辖权的一方救援部门现场指挥官通过向增援一方救援部门指挥人员发出指令,支配其救援人员,而不直接调配增援一方救援人员。特殊情况下,如事故地点发生在边界线上,涉及两方管辖范围时,由有管辖权的两方中先到达的一方或管辖范围较大的一方拥有现场指挥权。

2.1.5.3　港珠澳大桥跨界救援海上搜救合作机制

粤港澳之间的海上搜救合作机制已经形成多年,运行较为顺畅。由于水域广阔,没有明显的边界标志,遇事者随海水移动,因此相对于陆上救援,海上搜救合作更为灵活。三地现有海上搜救合作机制基本足以应对港珠澳大桥相关水域的搜救行动。下一步,三地海上搜救(救援)中心将会与三地客船公司签署搜救合作计划,建立三地救援联网机制,方便三地海上(救援)中心更快调取资料,开展救援。

2.1.5.4　港珠澳大桥陆上跨界救援、消防合作机制

港珠澳大桥由海中桥隧工程(主体部分和香港段)、三地口岸和三地连接线构成,陆上跨界救援、消防合作涉及人员和事项复杂。总体来说,陆上跨界救援、消防合作机制包括接警信息共享和跨界支援两方面的合作。

1)接警信息共享

接警出动是警察、消防等救援部门参与救援的第一个环节,也是极其重要的环节。港珠澳大桥通行对象包括粤港澳三地车辆和居民,而粤港澳三地报警电话各不相同(珠海市 2007 年 1 月后 110、119、122 三号码合并,统一由 110 接警调度;香港警务处紧急事故支援电话为 999;澳门治安警察局紧急求助电话为 999/110/112)。

(1)三地接警中心的通报机制

无论在港珠澳大桥何处发生事故,相关人员出于习惯可能会拨打各自区域的报警电话。因此,应该建立三地接警中心信息共享机制。

三地接警中心接到在港珠澳大桥发生事故相关人员的报警电话后,应当先询问事故相关人员事故发生地点,如果事故发生地点在本方行政区域内,则接警中心分专业调度,立即联系本方负责港珠澳大桥应急救援的有关部门前往事故现场进行救援。

如果事故发生地不在本方行政区域内,则由接警中心同时向本方和对方监控/控制中心报告,由对方监控/控制中心通知救援部门。事故发生地一方应急救援部门接到通报后,应立即前往事故现场开展救援。

(2)大桥监控中心的通报机制

港珠澳大桥管理局大桥监控中心接到事故相关人员报警电话后,同样应当先询问事故相关人员事故发生地点,如果事故发生地点在广东省区域内,则立即联系珠海或内地应急救援部门前往事故现场进行救援。

如果事故发生地点不在广东省区域内,则即时通报事故发生地监控/控制中心。事故发生地一方监控/控制中心接到通报后,应立即联系本方应急救援部门前往事故现场开展救援。

除报警电话外,交通监控视频和路面巡逻也是突发事件信息的重要来源。事故发生地一方监控/控制中心通过交通监控视频发现事故的,应当立即联系本方应急救援部门前往事故现场进行救援;路面巡逻人员发现事故的,应当立即前往救援,并同时通报本方监控/控制中心以及有关部门。

2)跨界支援

港珠澳大桥主体部分将设三个消防站,珠海口岸,东、西人工岛分别设置一个,并派驻相应的消防、救护车辆和人员。跨界救援合作中,主要遵守两方面的原则:

(1)属地为主

一般情况下,港珠澳大桥陆上跨界救援遵循属地管理原则,三地政府各自负责处置发生在港珠澳大桥本方区域内的突发事件,需要另外两方提供援助的,由求助方通过对口部门热线电话(例如珠海市消防指挥中心和香港消防通信中心之间的热线电话)或者本方联络员提出,被求助方积极配合和支援。跨界支援一方救援部门先到达事故现场的,在对事故地点具有管辖权的一方救援部门到达后,应向其移交指挥权。

(2)先救援后通报

对于联系紧密、跨界救援需求较强的特定区域(主要是粤港分界线附近和港珠澳人工岛),相关方政府主管部门(例如消防部门)经商讨并一致同意后,可以就该特定区域建立“先救援,后通报”制度。

2.1.5.5　港珠澳大桥车辆救援机制

车辆救援在高速公路日常运营中使用频率高,是高速公路运营管理的重要内容,也是应急救援处置中的重要组成部分,对保障高速公路安全畅通具有重要作用。发生车辆故障或交通事故后,如不及时实施救援,将故障或事故车辆快速拖离现场,并清理路面障碍,则会导致大范围、长时间的堵车,更有甚者,可能造成更严重的次生事故。因此,港珠澳大桥车辆救援机制主要明确三个方面的内容:

(1)港珠澳大桥车辆救援服务的主体

按照《国家发展改革委、交通运输部关于规范高速公路车辆救援服务收费有关问题的通知》规定,高速公路车辆救援服务工作由高速公路经营管理单位统筹组织实施,具体工作主要由其建立的专职救援队伍承担。港珠澳大桥主体部分的车辆救援服务工作建议由港珠澳大桥管理局组织,建立专职救援队伍承担港珠澳大桥的车辆救援服务工作,具体可以委托给专业的车辆救援服务企业实施。港珠澳大桥香港区域段的车辆救援组织由香港相关部门依据职能范围确定。

(2)港珠澳大桥车辆救援服务点设置

由于港珠澳大桥跨海距离长,除三地口岸的出入口外,沿线未设有其他出入口,高速公路封闭运行的特点更加突出,而且珠海市区的救援车辆和人员难以短时间内赶赴现场。因此,就大桥主体部分,需考虑在珠澳口岸人工岛和东、西人工岛设置车辆救援服务点,配备相应的救援车辆、设备和人员。大桥监控中心接到车辆求助信息或者通过电子和路面巡逻发现事故后,由大桥监控中心调度指挥就近的救援车辆和人员及时赶赴现场,将故障车辆或者事故车辆快速拖离现场,避免出现严重的交通拥堵,影响大桥通行人员行车安全。

(3)港珠澳大桥车辆救援掉头区域设置

港珠澳大桥连接香港、广东和澳门三地,三地政府按照“适用属地法律原则”对各自区域内的大桥部分进行管理,如果内地车辆在港珠澳大桥主体部分发生故障或者交通事故,车辆救援服务机构需要将其拖移至珠海口岸处的大桥出口,香港车辆也存在同样问题,因此,港珠澳大桥应设置相应的掉头区域,便于车辆救援机构快速将故障车辆或者事故车辆拖移至口岸出口。

2.2　港珠澳大桥跨境交通控制的事件管理程序

2.2.1　港珠澳大桥跨境交通控制可行性分析

收集相关资料，包括法律、法规、政策；对国内已运营的跨海工程进行走访调研，吸收先进的经验和方法；对三地进行实地调研，分析三地跨境交通控制的需求，了解三地交通控制管理体系现状，为跨境交通控制可行性的论证提供基础。

在调研的基础上，分析粤港澳三地交通控制体系的现状，三地交通控制的部门和管理模式，并充分分析港珠澳大桥自身的交通监控系统和控制技术，从大桥主体工程和各连接线、口岸的设置位置提出交通控制的关键节点，分析港珠澳大桥在路网体系中与其他主要高速公路的关系。通过资料收集和走访调研可知，港珠澳大桥在跨境交通控制方面有政策、组织部门、运营模式、基础设施、控制技术和跨境控制案例的支撑和支持。在交通控制方面需要多与香港方面沟通，以获取香港城市交通控制的成功经验；在控制预案方面，各方管理模式不同，需要求同存异，制定适合港珠澳大桥特点的交通控制预案，统一领导，各司其职，互相协助。虽然港珠澳大桥跨境交通控制存在困难和挑战，但是在政策支持、部门配合、技术保证的情况下，实现港珠澳大桥的跨境交通控制是可行的。

2.2.2　港珠澳大桥跨境交通控制模式策略

交通控制管理是针对事件的，无论是日常的运营事件还是突发的事故。为此，首先对交通控制管理实施的对象进行分类，再从给出的事件分类中针对港珠澳大桥特点提取对三地联动和跨境交通控制需求的高频率、高风险的事件，作为深入开展管理机制、组织体系、管理程序的主要事件。以大桥交通监控系统设置和大桥主体工程、连接线、口岸设计情况为基础，提出主要的交通控制措施，并根据不同类别的事件给出具体的控制策略。

查阅文献资料、相关预案和内地有关条例，并与港方咨询单位交流、讨论，选择低能见度、强风、交通事故及火灾四个高风险事件制定相应的专项预案，最终形成对强风、低能见度和火灾事件的交通控制分级划分。在借鉴香港青马管制区交通事件分级方法的基础上，通过仿真和理论计算，综合考虑事故占用车道数、事件持续时间、流量饱和度三项指标，对事故交通控制级别进行划分。强风事件下交通控制措施见表2.2-1，低能见度事件下交通控制措施见表2.2-2，火灾事件下交通控制措施见表2.2-3。

强风事件下交通控制措施　表 2.2-1

事件种类	响应级别	指　标	措　施
强风	准备阶段	风速≥30km/h	展示警告信息“强风，小心驾驶”
	Ⅲ	风速≥40km/h	限速 50km/h，可变信息显示“强风、慢驶”
	Ⅱ	风速≥55km/h	限速 50km/h，中线禁行
	Ⅰ	风速≥65km/h	向珠海市交警建议封桥，若交警决定封桥，港珠澳大桥管理局积极配合

低能见度事件下交通控制措施　表 2.2-2

事件种类	响应级别	指　标	措　施
低能见度	准备阶段	能见度小于 350m	发布低能见度警告信息
	Ⅲ	能见度小于 200m	1. 限速 60km/h，保持车距； 2. 中线禁行； 3. 开启隧道广播系统及可变信息板以警示驾驶者浓雾情况，并要求驾驶员开启近光灯和雾灯
	Ⅱ	能见度小于 100m	1. 限速 40km/h，保持车距； 2. 中线禁行； 3. 尽快开启隧道广播系统及可变信息板以警示驾驶者浓雾情况，并要求驾驶员开启近光灯和雾灯
	Ⅰ	能见度小于 50m	1. 限速 20km/h； 2. 中线封闭； 3. 立即开启隧道和收费站广播系统及可变信息板以警示驾驶员浓雾情况，并要求驾驶人开启近光灯和雾灯； 4. 若交警决定封闭大桥，港珠澳大桥管理局积极配合

火灾事件下交通控制措施　表 2.2-3

事件种类	响应级别	指　标	主要措施
火灾	Ⅱ	2 条或 2 条以下车道封闭低于 20min	结合监控中心监视和交警、消防人员处理事故的需求，视情况采取相应措施
	Ⅰ	导致完全封闭，或 2 条或以下车道封闭超过 20min	结合与香港连接线沟通封闭大桥半幅或全幅、隧道全幅的结果，监控中心监视和交警、消防人员处理事故的需求，视情况采取相应措施

根据不同类型的交通事件,可以将交通控制级别由低到高分为Ⅳ级到Ⅰ级四个级别。导致单方向3条车道关闭,事件交通控制级别为Ⅰ级;导致单方向2条车道关闭,事件交通控制级别见表2.2-4;导致单方向1条车道关闭,事件交通控制级别见表2.2-5;不封闭车道,占用路肩施工或救援,事件交通控制级别为Ⅳ级。

单方向2条车道关闭事件交通控制等级　　表2.2-4

V/C	持续时间(min)					
	5	10	15	20	25	30
0.31	Ⅲ	Ⅲ	Ⅲ	Ⅲ	Ⅲ	Ⅲ
0.67	Ⅲ	Ⅱ	Ⅱ	Ⅱ	Ⅰ	Ⅰ
0.86	Ⅱ	Ⅰ	Ⅰ	Ⅰ	Ⅰ	Ⅰ

单方向1条车道关闭事件交通控制等级　　表2.2-5

V/C	持续时间(min)					
	5	10	15	20	25	30
0.31	Ⅳ	Ⅳ	Ⅳ	Ⅳ	Ⅳ	Ⅳ
0.67	Ⅲ	Ⅲ	Ⅲ	Ⅲ	Ⅲ	Ⅲ
0.86	Ⅲ	Ⅱ	Ⅱ	Ⅱ	Ⅰ	Ⅰ

针对不同控制级别,建议通过以下措施实施交通控制:

控制级别为Ⅳ级,在事发路段上游设置静态警示信息与限速标志,诱导过往车辆换道行驶,提示驾驶员慢行,适当控制车速。

控制级别为Ⅲ级,在事发路段上游除设置静态警示信息与限速标志外,通过上游和相邻道路的可变信息设施发布事故信息,事发路段严格控制车速,并加强速度由高到低的平滑过渡。

控制级别为Ⅱ级,除按控制级别Ⅲ级采取限速措施外,对通行车流量进行限制,收费站入口减少收费车道数,相邻道路发布事故信息,并诱导车辆更改出行路线。

控制级别为Ⅰ级,道路全线封闭,相邻道路发布封路信息,疏导外围车辆。

港珠澳大桥主体工程的交通监控系统主要由监控中心/监控所计算机子系统、交通数据采集子系统、气象检测子系统、车牌识别子系统、视频检测子系统、交通控制及诱导子系统、闭路电视子系统、数据传输子系统、视频传输子系统等组成。

港珠澳大桥可行的交通控制措施主要有速度控制、车道控制、流量控制、交通诱导等。

速度控制包括:全线限速、特殊点段局部限速、分车道限速、分车型限速、分级限速、可变限速、临时限速。

车道控制包括：车道关闭、利用对向车道通行。

流量控制包括：主线流量控制、连接线流量控制、相邻路网流量诱导。

交通诱导：通过发布信息，影响驾驶员的路径选择，实现路网交通流均衡分布。

2.2.3　港珠澳大桥跨境交通控制的运作模式

首先分析港珠澳跨境交通控制管理涉及的组织机构从上到下的关系，然后分析具体的相关部门，依据组织体系和相关部门构建运作体系，最后提出高效、快捷、有序的运作模式。

港珠澳大桥跨境交通控制组织体系由四个层级构成，如图 2.2-1 所示。

第一层：国务院。

第二层：三地委、广东省人民政府、香港特别行政区政府、澳门特别行政区政府。

第三层：港珠澳大桥管理局、港方交通管理部门、澳方交通管理部门、珠海侧交通管理部门（包括珠海市交通管理部门与广东省交通管理部门）。

第四层：港珠澳大桥管理局监控管理部门、珠海侧接线监控管理部门、香港侧接线监控管理部门、澳门侧接线监控管理部门。

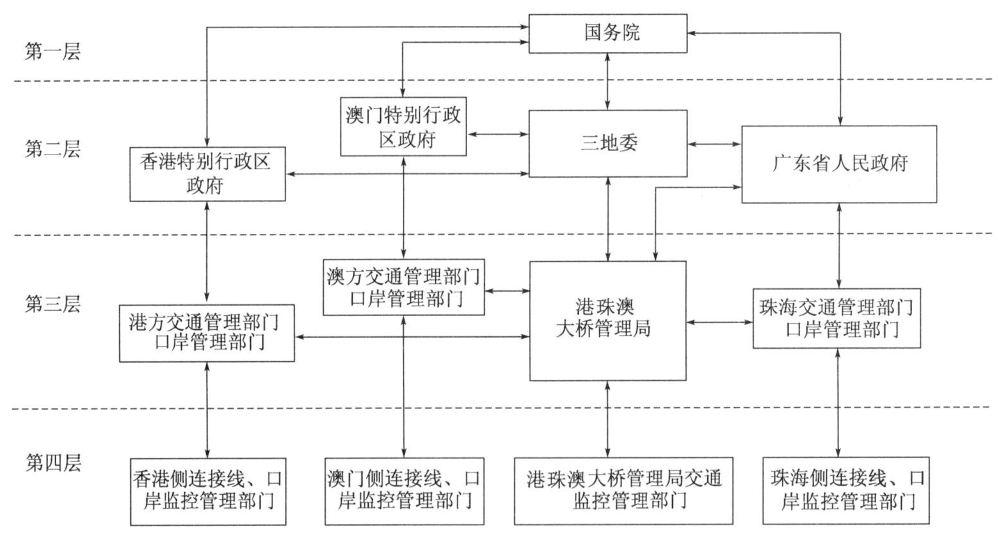

图 2.2-1　交通控制组织体系

根据港珠澳大桥运营期养护管理、交通控制、应急联动救援、信息交互等需求，通过前述对珠海、香港、澳门各方政府部门和管理部门的职能权限分析，结合港珠澳大桥运营期可能发生的事件，依据事件类型初步分析了跨境交通事件涉及的相关部门。由于不同行车方向涉及的部门略有不同,因此分左线(珠海—香港)、右线(香港—珠海)分别建立相关联系部门架构。

(1)设施结构事件下跨境交通控制相关部门见表2.2-6。

设施结构事件下跨境交通控制相关部门 表2.2-6

左线(珠海—香港)			右线(香港—珠海)		
珠海	香港	澳门	珠海	香港	澳门
珠海市应急办	香港口岸	澳门口岸	珠海市应急办	运输署	澳门口岸
珠海市公安局	香港连接线	澳门连接线	珠海市公安局	路政署	
珠海市口岸局		澳门警察总局	珠海市口岸局	香港口岸	
珠海市海事局		保安司	珠海市海事局	香港连接线	
珠海市生态环境局		运输工务司	珠海市生态环境局		
大桥珠海口岸		交通事务局	大桥珠海口岸		
珠海连接线			珠海连接线		
珠海市政			珠海市政		
广东省交通集团					
广东省交通运输厅					

(2)交通运营事件下跨境交通控制相关部门见表2.2-7。

交通运营事件下跨境交通控制相关部门 表2.2-7

左线(珠海—香港)			右线(香港—珠海)		
珠海	香港	澳门	珠海	香港	澳门
珠海市应急办	保安局	澳门口岸	珠海市应急办	运输署	澳门口岸
珠海市公安局	卫生署	澳门连接线	珠海市公安局	保安局	
珠海市口岸局	消防局	澳门警察总局	珠海市口岸局	卫生署	
珠海市海事局	香港口岸	保安司	珠海市海事局	消防局	
珠海市交通运输局	香港连接线	运输工务司	珠海市交通运输局	香港口岸	
珠海市卫生局		交通事务局	大桥珠海口岸	香港连接线	
大桥珠海口岸		治安警察局	珠海连接线		
珠海连接线					
广东省交通集团					
广东省交通运输厅					

(3)灾害气候事件下跨境交通控制相关部门见表2.2-8。

灾害气候事件下跨境交通控制相关部门 表2.2-8

左线(珠海—香港)			右线(香港—珠海)		
珠海	香港	澳门	珠海	香港	澳门
珠海市应急办	运输署	澳门口岸	珠海市应急办	运输署	澳门口岸
珠海市公安局	保安局	澳门连接线	珠海市公安局	保安局	澳门连接线
珠海市口岸局	香港天文台	澳门气象局	珠海市口岸局	香港天文台	澳门气象局
珠海市海事局	香港口岸	澳门警察总局	珠海市海事局	香港口岸	澳门警察总局
珠海市交通运输局	香港连接线	保安司	珠海市交通运输局	香港连接线	保安司
珠海市气象局		运输工务司	珠海市气象局		运输工务司
大桥珠海口岸		交通事务局	大桥珠海口岸		交通事务局
珠海连接线		治安警察局	珠海连接线		治安警察局
广东省交通集团			广东省交通集团		
广东省交通运输厅			广东省交通运输厅		

(4)社会安全事件下跨境交通控制相关部门见表2.2-9。

社会安全事件下跨境交通控制相关部门 表2.2-9

左线(珠海—香港)			右线(香港—珠海)		
珠海	香港	澳门	珠海	香港	澳门
珠海市应急办	运输署	澳门口岸	珠海市应急办	运输署	澳门口岸
珠海市公安局	保安局	澳门连接线	珠海市公安局	保安局	
珠海市口岸局	入境事务处	澳门警察总局	珠海市口岸局	入境事务处	
珠海市海事局	香港海关	保安司	珠海市海事局	香港海关	
珠海市交通运输局	警务处	运输工务司	珠海市交通运输局	警务处	
大桥珠海口岸	香港口岸	交通事务局	大桥珠海口岸	香港口岸	
珠海连接线	香港连接线	治安警察局		香港连接线	
广东省交通集团					
广东省交通运输厅					

(5)环境卫生事件下跨境交通控制相关部门见表2.2-10。

环境卫生事件下跨境交通控制相关部门 表2.2-10

左线(珠海—香港)			右线(香港—珠海)		
珠海	香港	澳门	珠海	香港	澳门
珠海市应急办	运输署	澳门口岸	珠海市应急办	运输署	澳门口岸
珠海市公安局	保安局	澳门连接线	珠海市公安局	保安局	

续上表

左线(珠海—香港)			右线(香港—珠海)		
珠海	香港	澳门	珠海	香港	澳门
珠海市口岸局	香港海关	澳门警察总局	珠海市口岸局	香港海关	
珠海市海事局	卫生署	保安司	珠海市海事局	卫生署	
珠海市交通运输局	香港口岸	运输工务司	珠海市交通运输局	香港口岸	
珠海市卫生局	香港连接线	交通事务局	珠海市卫生局	香港连接线	
珠海市生态环境局		治安警察局	珠海市生态环境局		
大桥珠海口岸		卫生局	大桥珠海口岸		
珠海连接线		环境保护局	珠海连接线		
广东省交通集团					
广东省交通运输厅					

综合上述组织决策体系和相关部门的分析,跨境交通控制的实施涉及多个部门和不同层级的机构,如何将珠海、香港和澳门诸多部门有机地整合起来,形成具有层次清晰的运作体系,在事件发生时能够有效地沟通、联络,减少发布信息的庞大数量,减少不同地区间信息传送的交织、重复,尽快发挥跨境控制措施的实施效果,进而提高跨境交通控制的效率。借鉴深圳湾大桥应急组织体系的成功经验,建议港珠澳大桥跨境交通控制体系中设置联络员岗位,制定联络机制,负责重特大事件情况下的组织协调工作,保证对多部门参与的重大事件交通疏导能够顺利进行。

某些频繁发生的一般事件的控制仍涉及三地交通管控部门,此时,通过三地交通管控部门层级的需求传达及响应耗时耗力,并且信息经过多层传达容易失真。而港珠澳大桥与香港侧接线及珠海交通警察支队的联系密切,因此,建立港珠澳大桥与香港侧接线及珠海交通警察支队的专线联系是十分必要的。

此外,对一些响应触发条件明显、相应措施对港珠澳大桥交通影响程度低的事件(如限速措施),无须进行人为的信息确认,可以以信息平台为基础,实现信息共享,通过预案触发条件的设立,进行自动响应。港珠澳大桥跨境交通控制运作体系如图 2. 2-2 所示。

由三地委(应急协调工作组)负责港珠澳大桥三地联合行动的组织与协调工作。从交通管控与应急组织体系图可以清晰地看出:黑实线连接着三地委(应急协调工作组)联络员及下一层级的港珠澳大桥管理局联络员、三地各自的联络员,表示当处理高等级事件时,港珠澳大桥管理局联络员、三地各自联络员间无法协调一致的事件需上报三地委(应急协调工作组)联络员进行协调。此外,黑实线连接着港珠澳大桥管理局的联络员和三地各自的联络员，表示当处理较高等级事件时，三地需通过联络员相互沟通解决。

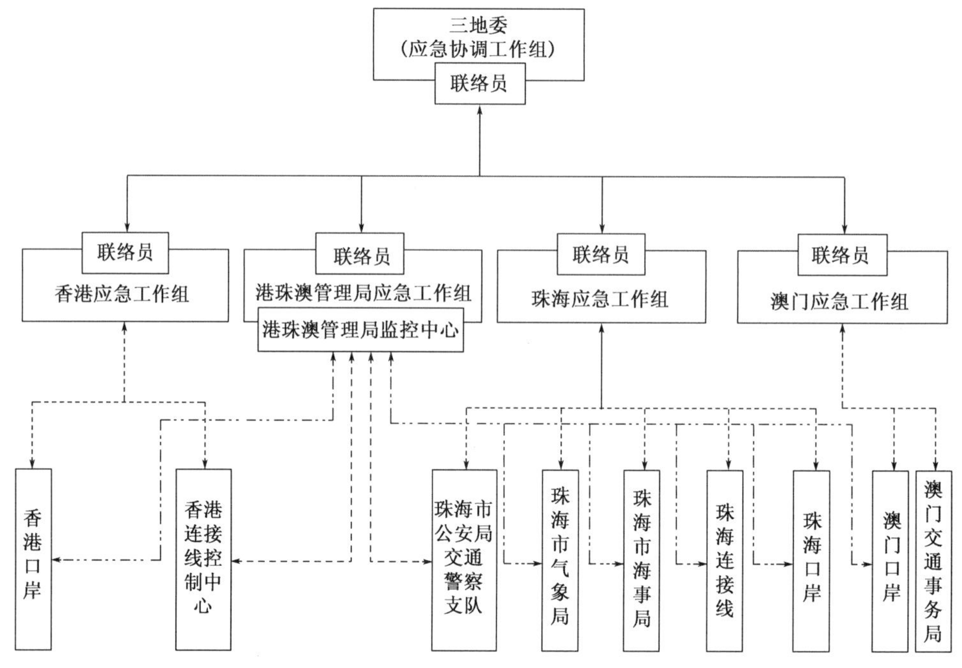

图 2.2-2　交通管控与应急组织体系

长虚线连接着港珠澳大桥管理局监控中心与香港连接线控制中心和珠海市公安局交通警察支队，表示处理日常和低等级事件下的交通控制与应急情况下的信息交互与交通协调控制。

单点划线表示处理日常或低等级事件下的交通控制与应急情况下的信息通报或交互。

短实线表示体系组成部分。

依据事件严重性、交通流影响度以及交通控制范围、涉及的相关部门将大桥事件的跨境交通控制运作模式分为四个层级，其中Ⅰ～Ⅲ级为跨境控制，见表 2.2-11。

跨境交通控制运作模式　　表 2.2-11

层级	交通影响程度	主要控制措施	相关部门	方　式
Ⅰ	特大	封桥	应急协调工作组、三地应急工作组及相关单位、港珠澳大桥管理局	联络员、信息平台

续上表

层级	交通影响程度	主要控制措施	相关部门	方式
Ⅱ	重大	限流	三地应急工作组及相关单位、港珠澳大桥管理局	联络员、信息平台
Ⅲ	较大	全线限速	港珠澳大桥管理局、香港连接线	值班员、信息平台
Ⅳ	一般	局部限速	港珠澳大桥管理局	值班员、信息平台

第Ⅰ级:

第Ⅰ级适用于事件(事故)、恶劣天气事件、设施结构损坏事件等对交通有特大影响,道路通行能力极低或无法通行,此时口岸应立即封闭,桥上车辆在诱导设施的指引下利用最近的中央分隔带开口掉头返回。

第Ⅰ级跨境交通控制范围不仅包括大桥主体工程和各方连接线与口岸,还包括珠海市、香港特别行政区、澳门特别行政区的地方道路网,以及广东省临近港珠澳大桥的高速公路。

第Ⅱ级:

第Ⅱ级适用于重大事件(事故)、较恶劣天气事件、设施结构损坏较严重事件等对交通有重大影响,道路通行能力降低明显,车流发生拥挤,出现排队现象。此时港珠澳大桥管理局应根据交通流检测设备实时监测的交通流参数,控制大桥上的车流速度,同时各连接线也要利用可变信息板对大桥事故动态进行告知,相关口岸限制通关流量。港珠澳大桥管理局监控中心根据事故发生的车道和影响范围,对车道进行关闭控制,在特殊情况下,诱导车流在中分带开口处转向借用对向车道通行。

第Ⅱ级跨境交通控制范围包括大桥主体工程和各方连接线与口岸。

第Ⅲ级:

第Ⅲ级适用于较大事件对交通有较大影响,道路通行能力有一定程度的降低,车流稍有拥挤,偶尔发生排队现象。此时港珠澳大桥管理局通过交通流检测设备实时监测的交通流参数进行分析判断,对车流速度进行严格限制,同时香港连接线配合港珠澳大桥管理局采取相应的限速控制措施,并利用可变信息板对大桥的道路状况进行动态告知。

第Ⅲ级跨境交通控制范围包括大桥主体工程和香港连接线。

第Ⅳ级：

第Ⅳ级适用事件对交通影响较小，道路通行能力略有降低，车流无或稍有拥挤，无排队现象。此时港珠澳大桥管理局仅对事故路段的车速进行限制，局部控制车速。

第Ⅳ级跨境交通控制范围为大桥主体工程。

2.2.4 港珠澳大桥跨境交通控制操作程序

跨境交通控制操作程序包括事件监测、事件预警、事件信息告知、控制响应流程、控制结束与效果总结五个方面。

1）事件监测

（1）事件信息来源

①政府部门公开发布的预警预报信息（如气象灾害预警、地质灾害预警等）。

②在香港、珠海、澳门三地气象信息互通（通过网络实时交换）基础上采集的港珠澳大桥及三地气象（包括台风、暴雨、雷电、冰雹、高温、大雾）信息。

③政府部门告知的预警预报信息。

④对可能发生的重特大事件，经突发事件风险评价、风险评估得出的发展趋势报告。

⑤港珠澳大桥自动监控系统发现的异常交通事件，环境、隧道观景监测及恐怖事件等信息及其评估结果。

⑥养护部门发布的计划性施工作业事件。

⑦长期观测总结的周期性交通事件。

⑧港珠澳大桥巡逻人员、驾驶员和其他人员的报警信息。

⑨出现危及大桥安全的船舶时，船舶交通管理系统（VTS）发出的预警警示信息。

⑩港珠澳大桥监控室值班人员获得的信息。

⑪新闻媒体发布的相关信息。

⑫三地联络员发布的信息。

⑬通过口岸信息共享平台，得到的口岸区交通事故、偷渡边检等信息。

⑭通过连接线信息共享平台得到的连接线交通事件。

⑮香港、珠海、澳门三地警方、海事、边防、医疗、飞行救助、消防等相关部门共享的信息。

（2）事件监测方法

①通过电视、网络、广播、报纸等途径收集政府部门发布的警报信息。

②利用电子装置，如摄像机、视频车辆检测器、微波车辆检测器、气象检测器、桥梁结

构健康检测系统等,并结合相应软件来检测。

③通过电话、火灾按钮、车载报警装置等途径实现的驾驶员和其他人员报警。

④港珠澳大桥管理局内部各职能部门间信息交互,包括与养护小组、巡逻小组、收费部门等进行信息沟通,获取事件信息。

⑤与三地口岸、连接线进行信息交互,获取事件信息。

⑥通过安全评估评价得出的事件发展趋势。

2)事件预警

(1)事件确认的方式包括摄像机视频确认、巡逻车(巡航船)现场确认、求救电话确认和综合确认。

(2)信息发布。信息发布责任主体主要包括以下内容:

①Ⅰ级、Ⅱ级预警信息由相关方联络员组织发布。

②Ⅲ级预警信息由相关方值班员组织发布。

③Ⅳ级预警信息由监控所值班员组织发布。

各有关单位应根据本预案和有关规定,明确预警信息的发布程序、接收方式及责任单位。预警信息发布单位要密切关注事件进展情况,依据事态变化情况适时调整预警级别。预警信息可通过手机、网络、可变信息标志、交通广播、路侧广播、电视、新闻媒体等方式发布。

信息发布内容包括施工作业事件、设施损坏事件、交通拥堵事件、交通事故、异常收费事件、气象灾害预警以及其他突发性事件,具体如下:

①施工作业事件包括施工作业内容、占用车道数、占用车道长度、持续时间、对通行的限制等内容。

②设施损坏事件包括设施损坏事件发生的时间、地点、所占车道、原因、对车辆通行的影响,以及目前的处置措施等。

③交通拥堵事件包括通行速度、区段范围、预计持续时间、对通行的限制等。

④交通事故包括交通事故发生的地点、所占车道、可能持续时间、类型、伤亡情况和对通行的影响等。

⑤异常收费事件包括异常收费事件发生的时间、收费车道、原因、对车辆通过的影响,以及目前的处置措施等。

⑥气象灾害预警信息包括预警时间、预警级别、可能影响的范围、未来发展趋势、发布机关(或信息来源)、可能引起的人员伤亡情况、可能引起的损失情况、警示事项、已采取的措施等。

⑦其他突发性事件包括事件发生的时间、地点、所占车道、类型和对通行的影响等。

(3)预警响应流程如图2.2-3所示。

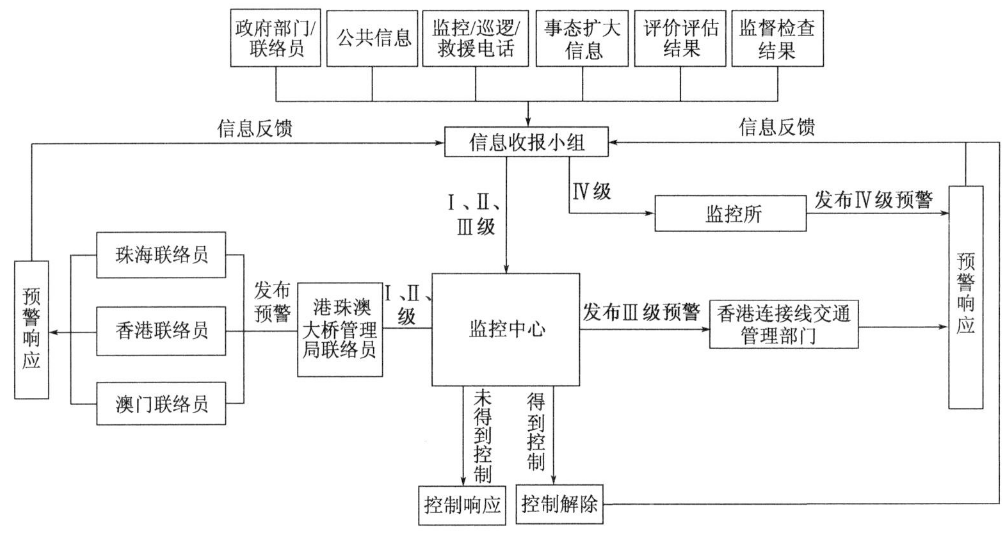

图2.2-3　预警响应流程图

3)事件信息告知

事件信息告知是指通过各种方式将大桥上发生的事件信息在最短时间内使行驶在大桥上和即将驶入大桥的驾驶员获知。事件信息告知的方式主要包括以下七种：

(1)交通广播告知

交通广播是驾驶员在出行过程中经常收听的媒体,在大的路网范围内使用交通广播进行事件告知,可以有效地调节、分配交通流,减少港珠澳大桥在突发事件紧急状态下的交通压力。港珠澳大桥通过交通广播将与事件相关的重要信息传送给驾驶员,使车辆及时预防或避开事件现场,减少交通阻塞,避免发生二次事故。

(2)路侧广播告知

港珠澳大桥在桥梁上和隧道内设置有线广播,以快捷、及时地发布交通管理与控制语音信息,并可进行快捷有效的现场交通疏散和逃生救援指挥。与其他事件告知方式相比,路侧广播系统提供的事件信息具有实时性,信息内容更丰富、更详尽,同时由于使用语音信息,对驾驶员的驾驶干扰较小。特别是在能见度较低的情况下,路侧广播系统提供的事件告知更具备有效性。

(3)可变信息标志告知

为了给突发事件应急救援和应急交通提供交通控制和诱导手段,港珠澳大桥在桥梁中央分隔带开口，东、西人工岛进入桥梁和隧道前设置门架式可变信息标志和车道控制标志，在隧道内间隔一定距离设置悬挂式可变信息标志和车道控制标志。监控中心利用可变信息标志实时地发布事件信息，操作灵活，效果显著。可变信息标志一般用于：

①为驾驶员提供交通、道路和环境状况信息。

②发布天气状况信息。

③告知事件位置、关闭车道、预计持续时间信息。

④发布限速信息。

⑤其他交通诱导信息。

(4)电话告知

港珠澳大桥设置咨询电话，供驾驶员了解路况和事件信息，驾驶员在出行前，可拨打该电话，提前了解港珠澳大桥的交通状况，对出行路线和出行时间做出选择，如果正在发生交通事件，可规避事件发生时段，避免加重交通阻塞。

(5)短信告知

短信告知有两种方式，一是由港珠澳大桥直接进行短信告知，二是通过其他组织机构进行短信告知。

(6)互联网告知

利用无线通信技术实现了通过移动终端对互联网的随时随地访问，这为事件信息的告知提供了良好的途径。互联网可以提供数据、语音和图像等多种形式的事件信息，如摄像机视频、拥挤状况图片、语音报道等，可满足不同驾驶员的需求。

(7)综合告知

通过分析，在事件发生时，应综合利用各种事件告知方式，同时运用交通广播、路侧广播、可变信息标志、电话、短信、互联网方式，进行事件告知。既可综合利用各种告知方式的优点，弥补各自的不足，又可扩大事件告知的范围，提高事件告知的效率。

4)控制响应

结合跨境交通控制运作模式的层级划分，将港珠澳大桥主体范围内事件的联动控制响应级别划分为Ⅰ级、Ⅱ级、Ⅲ级和Ⅳ级，其交通控制流程如图2.2-4～2.2-7所示。下面为四级响应的具体过程：

(1)Ⅰ级响应——三地委响应级别

①信息收报小组收集事故信息，初判为Ⅰ级以上，上报监控中心。

②监控中心总负责人经过级别判断，若符合Ⅰ级响应条件，应立即启动Ⅰ级响应；同时通报港珠澳大桥管理局联络员。

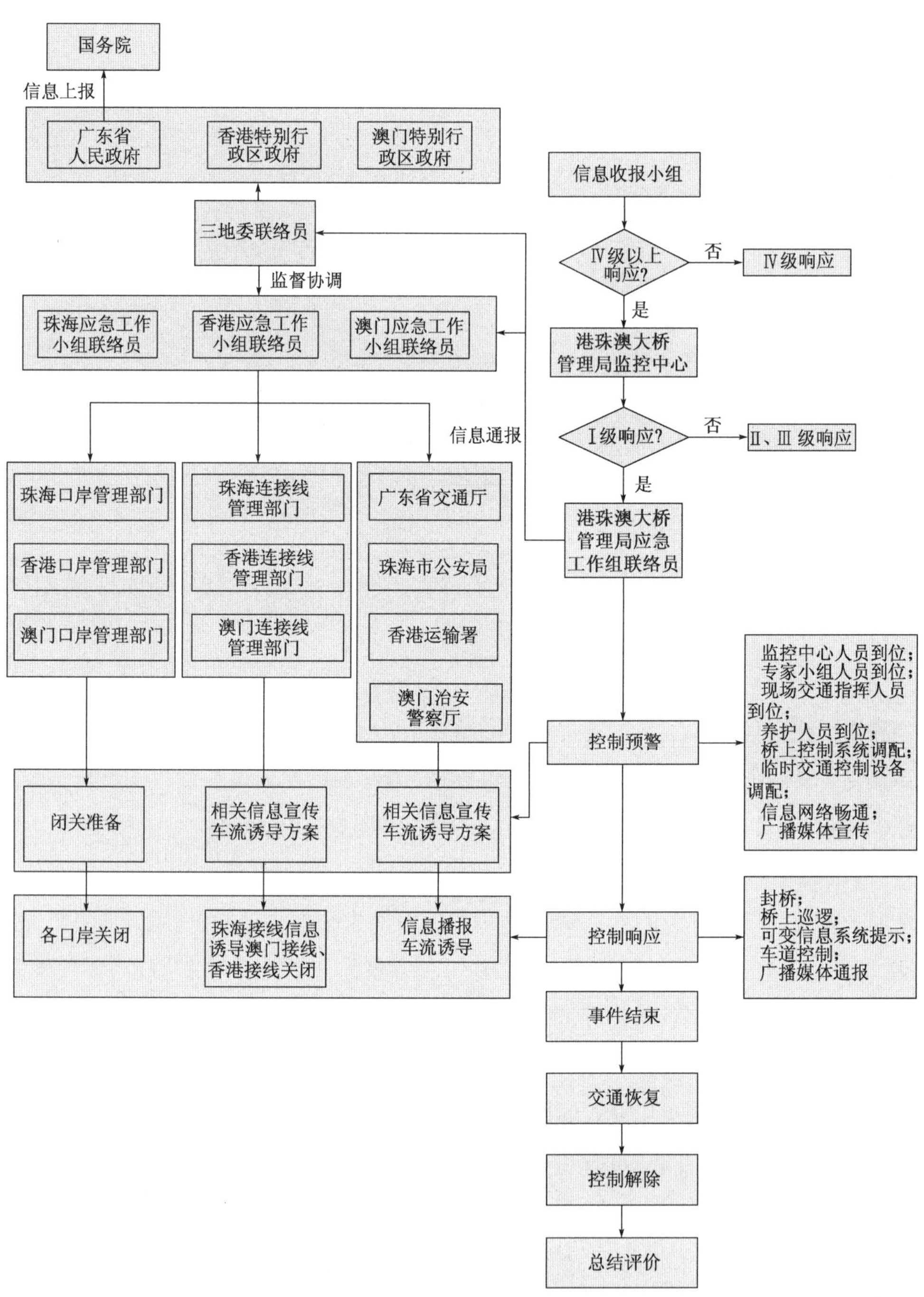

图 2.2-4　Ⅰ级响应跨境交通控制总体流程图

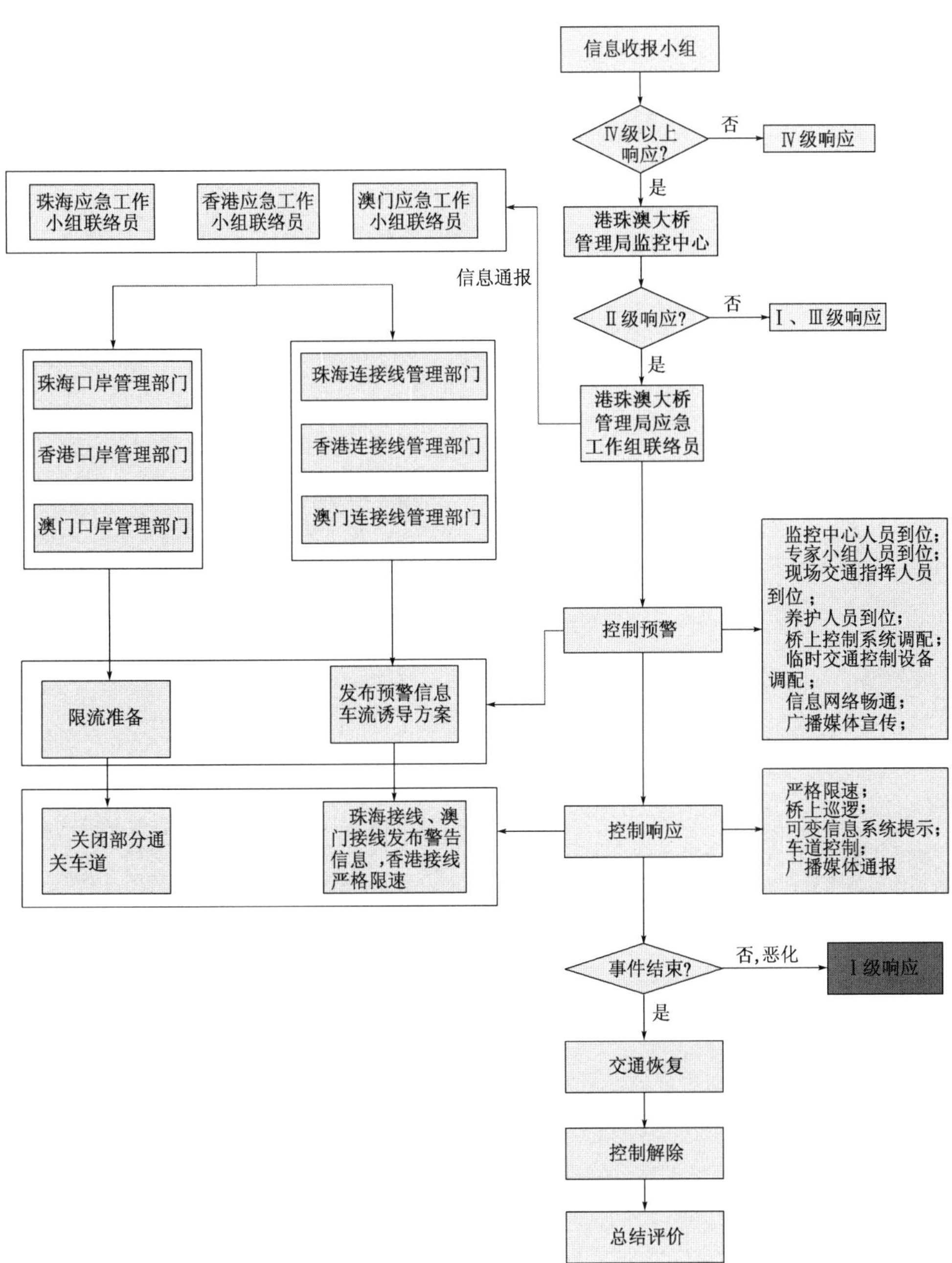

图 2.2-5 Ⅱ级响应跨境交通控制总体流程图

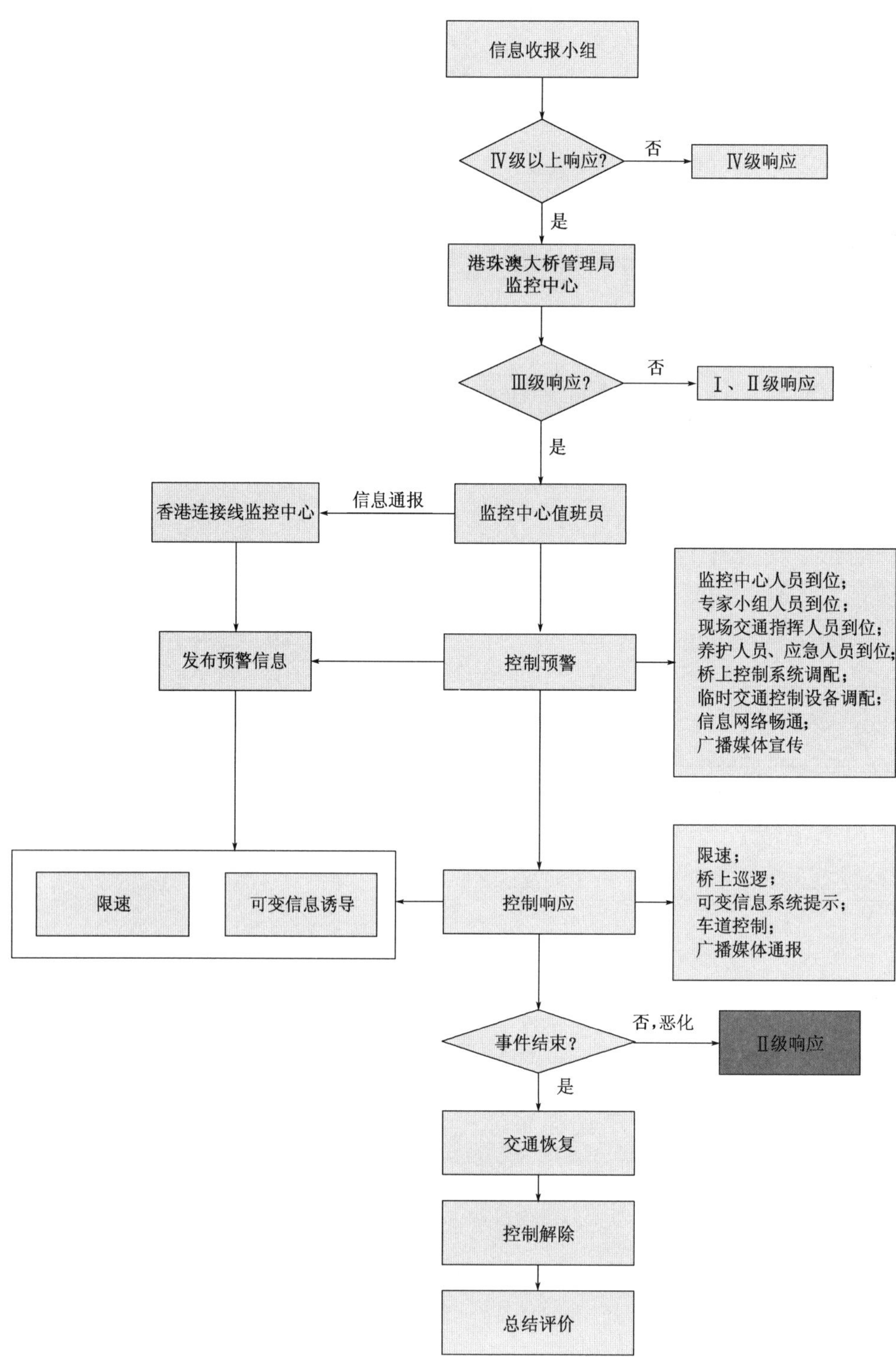

图 2.2-6　Ⅲ级响应跨境交通控制总体流程图

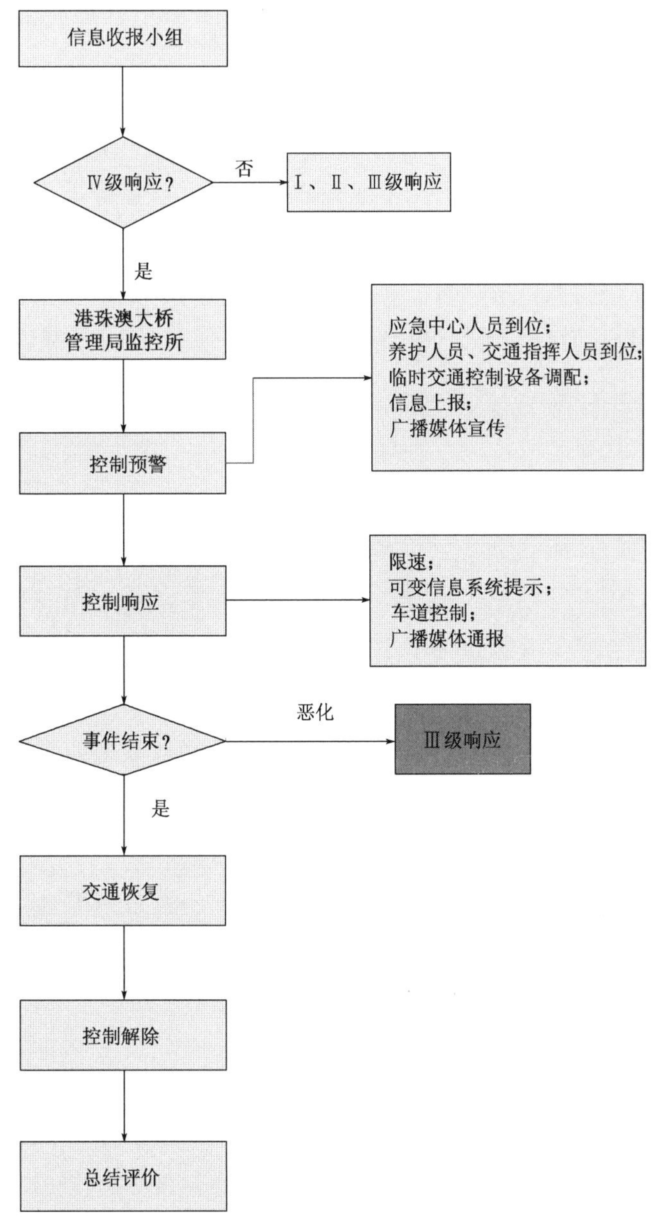

图2.2-7 Ⅳ级响应跨境交通控制总体流程图

③由港珠澳大桥管理局联络员通报粤港澳三地联络员与三地委联络员。

④由三地委监督协调三方交通管控工作。

⑤三地联络将事件情况及控制等级立即告知香港、珠海、澳门口岸与侧接线管理机构;各口岸做好关闭准备,连接线发布信息疏散车流。

⑥港珠澳大桥管理局应急工作组的统一部署,监控中心组织人员到位,信息收报小组确保信息接收发布畅通,现场交通指挥小组做好准备。

⑦监控中心指挥监控所及时在桥梁上通过可变信息标志、路侧广播告知驾驶者桥梁紧急事故情况,交通管制情况以及返回等信息。

⑧在港珠澳大桥管理局应急工作组指挥下,现场交通指挥小组赶赴现场组织交通。

⑨三地委联络员协调三地联络员,统一指挥交通管控。

⑩三地联络员通知珠海、香港、澳门口岸、连接线,以及其他有关部门,告知大桥封闭信息,协调三方控制交通。

⑪口岸管理机构禁止放行出关车辆。

⑫连接线疏散车流,并向驾驶员发布事态信息。

⑬港珠澳大桥管理局应急工作组派人员赶赴事故现场,综合指挥、协调现场交通控制指挥工作。

⑭若事件发生在粤港分界处,香港侧接线管理机构应派现场交通指挥人员到达现场协助指挥交通。

⑮港珠澳大桥管理局应急工作组现场指挥人员密切监视事态进展,若事态得到控制,通行能力恢复,向应急工作组提出控制终止建议,应急工作组决定是否终止控制响应状态,如确定终止响应,发布终止指令,现场工作人员撤离。

⑯终止响应后,由港珠澳大桥管理局联络员通知三地、三地委联络员,终止交通管控,恢复正常运营,由三地委报国务院备案。

⑰由交通控制专家咨询小组组织事故调查和控制措施实施效果评价,并向监控中心提交调查和评价报告。

⑱如有必要,由港珠澳大桥管理局新闻部门组织召开新闻发布会,向民众说明事故情况。

(2)Ⅱ 级响应——三地响应级别

①信息收报小组收集事故信息,初判为Ⅱ级以上,上报监控中心。

②监控中心总指挥经过级别判断,若符合Ⅱ级响应条件,应立即启动Ⅱ级响应;同时通报港珠澳大桥管理局联络员。

③港珠澳大桥管理局联络员通知粤港澳三地联络员,各方联络员负责通报本地区相关部门协调控制交通。

④监控中心组织人员到位,信息收报小组确保信息接收发布畅通,现场交通指挥小

组做好准备。

⑤监控中心指挥监控所及时在桥梁上通过可变信息标志、路侧广播告知驾驶者桥梁紧急事故情况,临时交通管制情况,改道等信息。

⑥在监控中心的统一指挥下,现场交通指挥小组、养护小组赶赴现场组织交通。

⑦三地联络员通知珠海、香港、澳门口岸以及其他有关部门,告知事态信息及控制需求,协调配合港珠澳大桥管理局控制交通。

⑧三地各口岸根据事故信息对进入口岸的车流量和连接线车辆行驶速度实施适度控制,并向驾驶者发布事态信息。

⑨港珠澳大桥管理局应急工作组派人员赶赴事故现场,全力协助珠海市公安局开展现场交通控制指挥工作。

⑩若事件发生在粤港分界处,香港侧接线管理机构应派现场交通指挥人员到达现场协助指挥交通。

⑪港珠澳大桥管理局应急工作组现场指挥人员密切监视事态进展,若事态得到控制,通行能力恢复,向应急工作组提出控制终止建议,应急工作组决定是否终止控制响应状态。如确定终止响应,发布终止指令,现场工作人员撤离。

⑫控制响应终止后,由港珠澳大桥管理局联络员通知三地联络员,终止交通管控,恢复正常运营。

⑬若事态扩大,超过本级响应条件,港珠澳大桥管理局应急工作组现场指挥人员上报联络员,由联络员和应急工作组负责人决策是否提高应急响应级别。

⑭由交通控制专家咨询小组组织事故调查和控制措施实施效果评价,并向监控中心提交调查和评价报告。

⑮如有必要,由港珠澳大桥管理局新闻发布小组组织召开新闻发布会,向民众说明事故情况。

(3)Ⅲ级响应——监控中心控制响应级别

①信息收报小组收集事故信息,初判为Ⅲ级及以上,信息收报小组将事态信息上报监控中心。

②监控中心总指挥根据事态信息进行控制级别判断,若符合Ⅲ级响应条件,应立即启动Ⅲ级响应。

③监控中心指挥监控所及时在桥梁上通过可变信息标志、路侧广播告知驾驶者桥梁紧急事故情况,临时交通管制情况,改道等信息。

④同时监控中心组织各相关人员到位,信息收报小组确保信息接收发布畅通,现场

交通指挥小组做好准备。

⑤在监控中心的统一指挥下，现场交通指挥小组、养护小组赶赴现场组织交通。

⑥监控中心值班员通知香港侧接线监控中心值班员配合大桥的控制策略发布变换车道，限速、谨慎慢行等诱导信息，并确认香港连接线接收到信息。

⑦若事件发生在粤港分界处，香港侧接线管理机构应派现场交通指挥人员到达现场协助指挥交通。

⑧大桥现场交通指挥小组密切监视事态进展，若事态得到控制，通行能力恢复，向监控中心提出控制终止建议，监控中心决定是否终止控制响应状态，若确定终止响应，发布终止指令，撤离现场工作人员；并通知香港连接线监控中心控制结束。

⑨若事态扩大，超过本级响应条件，监控中心应上报管理局应急指挥中心进行决策。

⑩由交通控制专家咨询小组组织事故调查和控制措施实施效果评价，并向监控中心提交调查和评价报告。

⑪如有必要，由大桥新闻发布小组组织召开新闻发布会，向民众说明事故情况。

（4）Ⅳ级响应——监控所控制响应级别

①信息收报小组采集事故信息，完成控制级别初判。

②若判断为Ⅳ级响应，信息收报小组向监控所发布信息并上报监控中心做好交通管控监视工作。

③监控所立即核实事件情况、交通影响程度，通知现场交通指挥小组赶赴事故现场指挥交通，并通过沿线交通控制设施发布事件信息与限速值，警示过往车辆。

④监控所密切监视事态发展，若事态得到控制，控制响应结束，监控所上报监控中心备案。

⑤若事态扩大，监控所向监控中心报告，扩大交通控制范围。

5）控制结束与效果总结

（1）控制结束条件

①救援车辆驶离现场。

②现场其他人员被送至安全场所。

③故障车辆被拖至安全地点。

④排队诱导疏散，通行能力恢复。

⑤路面遗撒物被清除。

⑥受损路面修复，可通行车辆。

⑦路侧受损设施维修完毕，工程车辆驶离现场。

⑧沿线交通监控设施运行正常。

⑨气象条件不影响车辆安全通行。

⑩连接线、口岸以及其他邻近区域控制禁令解除。

(2)控制结束程序

满足Ⅳ级响应终止条件时,由监控所决定是否终止控制响应状态。如确定终止响应,发布终止指令。

满足Ⅲ级响应终止条件时,由现场交通指挥小组向监控中心提出控制响应终止建议,监控中心决定是否终止响应状态。如确定终止响应,发布终止指令,并告知连接线管理部门。

满足Ⅰ、Ⅱ级响应终止条件时,由联合指挥中心现场指挥人员向跨境交通控制联合指挥中心提出控制响应终止建议,跨境交通控制联合指挥中心决定是否终止响应状态。如确定终止响应,发布终止指令,并告知珠海、香港、澳门跨境交通控制联合运作小组。

(3)控制实施效果总结

控制响应终止后,总结评估小组负责编写控制响应总结。控制响应总结应至少包括但不限于以下内容:

①事故情况。包括事故发生时间、方向、地点、所占车道、影响范围、车数车型、事故形态、人员伤亡情况、财产损失、气象情况、事故发生初步原因。

②控制方案实施过程。

③记录重要时间指标。包括接警到达现场,事件排除时间、排队消散时间,控制解除时间等。

④控制过程中使用的设备资源、数量、人员安排情况。

⑤控制过程中遇到的问题、取得的经验和应吸取的教训。

⑥评估联动控制的有效性,提出对预案的修改建议。

⑦需向事故调查处理小组移交的相关事项。

2.3　港珠澳大桥三地信息交换体系

2.3.1　港珠澳大桥三地相关通信与信息系统现状

三地信息交换体系涉及与港珠澳大桥管理相关的众多管理机构,为了研究三地信息交换体系如何为港珠澳大桥日常管理、跨境应急救援和跨境交通控制起到基础性支撑作用，对三地口岸和连接线的相关建设管理机构和政府部门的通信网络现状、通信系统建设方案、信息管理系统建设现状等内容进行分析。

(1)珠海连接线与香港连接线机电系统

港珠澳大桥数字光纤通信专网是实现信息交换的基础性硬件设施。港珠澳大桥主体工程在东、西两端分别与香港连接线、珠海连接线相连，为大桥主体工程数字光纤系统与两侧连接线通信系统之间的互联互通提供了可能性。

(2)三地政府机构通信及信息系统

在港珠澳大桥跨境运营和管理的过程中，三地交通运输主管部门将参与港珠澳大桥应急救援与跨境交通控制，从而产生信息交换的需求。因此，针对珠海市交通信息监控中心、香港交通监控中心等进行调研，调研内容包括交通信息采集机制、交通信息发布机制、内部网络与外部网络之间的通信方式等。

(3)三地公用通信网络接入条件

对三地公共通信网络[互联网、移动通信网络(2G、3G)、公众电话网(PSTN)等]的接入条件现状进行分析，包括手机信号覆盖条件、手机跨境漫游条件、互联网接入条件(如VPN、DDN、ADSL)，并针对行业专网的使用现状分析，如公安部门无线集群系统、海事部门无线调度系统、海事卫星电话系统等。

港珠澳大桥三地信息交换系统，需要统一信息交互的标准，包括事件分类定级标准、跨境控制标准、跨境救援预案标准；配合大桥管理体制和信息交互体系，统一信息交互的流程，梳理包括与三地委等上层组织的交互流程，以及与港方、澳方平行部门的交互流程，还有与珠海市相关部门之间的交互流程。

2.3.2　港珠澳大桥三地信息交换与共享需求分析

科学地分析港珠澳大桥运营期三地口岸和连接线的相关建设管理机构和政府部门对港珠澳大桥建设管理的信息交换与共享需求，尤其是对港珠澳大桥应急管理和跨境交通控制方面的信息交换与共享需求。是构建三地信息交换系统的基础。

1)总体需求分析

(1)三地信息交换的需求类型

根据信息交换业务的来源及服务对象，将港珠澳大桥三地信息交换的需求总结为竣工后需求、运营期日常管理需求、运营期应急需求、运营期跨境交通控制需求四大类。

(2)三地信息交换的信息类型

根据现状分析和前期调研,将三地需要的信息类型总结提取为计算机数据、电话和音视频三类,具体内容如下:

①计算机数据。

计算机数据类型的信息交换包括:事件消息,如交通事故事件消息、火灾事故事件消息、低能见度事件消息等;交通流数据,如交通量、交通量采集断面方向及桩号、交通量采集时间、放行车辆;交通控制信号,如可变信息标志的运行状态及健康状态;收费信息,如车辆的基本信息和统计信息等;交通情况简报;气象信息;图片。

所有的数据业务,均以文件为最小业务传输单元,以 XML(可扩展标记语言)为编码语言,即每个数据业务,其最小传输与交换单位均为一个 XML 文件。

②电话。

电话信息包括内线直连电话和三方均参与的电话会议,语音数据的传输采用 PCM(脉冲编码调制)方式。

③音视频。

音视频业务基于多媒体技术,通过 TCP/IP 协议(传输控制协议/网络协议)封装业务数据,采用标准 H.264 进行数据编码,基于 SIP 协议(会话初始协议)实现图像的交换与调用。

(3)三地信息交换的手段

根据前期的分析,将三地进行信息交换的手段概括为五类:信息交换系统、电话/传真、邮件、往来公文、会议。一般来说,建设期主要采用电话/传真、邮件、往来公文、会议手段进行信息交换;港珠澳大桥开通运营后,则主要通过信息交换系统、电话/传真手段进行信息交换。

由于电话/传真、邮件、往来公文、会议等都是已经成熟的信息交换形式,且用来进行信息交换的机制都已固定,因此需要确定信息交换系统的运作机制和接口标准。

2)信息交换需求表

针对竣工后需求、运营期日常管理需求、运营期应急需求、运营期跨境交通控制需求等每一类需求,分别提出了两类信息交换需求表:第一类是三地其他部门对港珠澳大桥管理局的信息交换需求,见表 2.3-1,第二类是港珠澳大桥管理局对三地其他部门的信息交换需求,见表 2.3-2。通过这两类信息交换需求表,可以将信息交换的发送单位、接收单位、信息交换内容、信息交换方式、信息传输媒介、业务类型等系统、清晰地展现出来。

交通事故事件下三地其他部门对港珠澳大桥管理局的信息交换需求　　表 2.3-1

事件等级	信息发送单位	信息接收单位	信息业务类型及内容	信息交换方式	信息传输媒介	信息交换时效
一级事件	港珠澳大桥管理局	香港连接线、香港口岸、珠海连接线、珠海口岸、澳门口岸	交通事故事件消息	主动发送	信息交换系统 + 电话	立即
			交通流量数据	请求响应	信息交换系统	实时
			事件路段监控视频	请求响应	信息交换系统	实时
		三地委	交通事故事件消息	主动发送	信息交换系统 + 电话	立即
		广东省交通运输厅、珠海市交通运输局、香港特别行政区运输署、澳门特别行政区交通事务局	交通事故事件消息	主动发送	信息交换系统 + 电话	立即
			交通流量数据	请求响应	信息交换系统	实时
			事件路段监控视频	请求响应	信息交换系统	实时
		新闻媒体	交通事故事件消息	主动发送	信息交换系统	立即
二级事件	港珠澳大桥管理局	香港连接线、香港口岸、珠海连接线、珠海口岸、澳门口岸	交通事故事件消息	主动发送	信息交换系统 + 电话	立即
			交通流量数据	请求响应	信息交换系统	实时
			事件路段监控视频	请求响应	信息交换系统	实时
		三地委	交通事故事件消息	主动发送	信息交换系统 + 电话	立即
		广东省交通运输厅、珠海市交通运输局	交通事故事件消息	主动发送	信息交换系统 + 电话	立即
			交通流量数据	请求响应	信息交换系统	实时
			事件路段监控视频	请求响应	信息交换系统	实时
		新闻媒体	交通事故事件消息	主动发送	信息交换系统	立即

续上表

事件等级	信息发送单位	信息接收单位	信息业务类型及内容	信息交换方式	信息传输媒介	信息交换时效
三级事件	港珠澳大桥管理局	香港连接线、香港口岸、珠海连接线、珠海口岸、澳门口岸	交通事故事件消息	主动发送	信息交换系统+电话	立即
			交通流量数据	请求响应	信息交换系统	实时
			事件路段监控视频	请求响应	信息交换系统	实时

交通事故事件下港珠澳大桥管理局对三地其他部门的信息交换需求　　表 2.3-2

事件等级	信息发送单位	信息接收单位	信息业务类型及内容	信息交换方式	信息传输媒介	信息交换时效
一级事件	香港连接线、香港口岸、珠海连接线、珠海口岸、澳门口岸	港珠澳大桥管理局	交通事故事件消息	主动发送	信息交换系统+电话	立即
			交通流量数据	请求响应	信息交换系统	实时
			事件路段监控视频	请求响应	信息交换系统	实时
	三地委		交通事故事件消息	主动发送	信息交换系统+电话	立即
	广东省交通运输厅、珠海市交通运输局、香港特别行政区运输署、澳门特别行政区交通事务局		交通事故事件消息	主动发送	信息交换系统+电话	立即
			交通流量数据	请求响应	信息交换系统	实时
			事件路段监控视频	请求响应	信息交换系统	实时
二级事件	香港连接线、香港口岸、珠海连接线、珠海口岸、澳门口岸	港珠澳大桥管理局	交通事故事件消息	主动发送	信息交换系统+电话	立即
			交通流量数据	请求响应	信息交换系统	实时
			事件路段监控视频	请求响应	信息交换系统	实时

续上表

<table>
<tr><th>事件等级</th><th>信息发送单位</th><th>信息接收单位</th><th>信息业务类型及内容</th><th>信息交换方式</th><th>信息传输媒介</th><th>信息交换时效</th></tr>
<tr><td rowspan="5">二级事件</td><td>三地委</td><td rowspan="5">港珠澳大桥管理局</td><td>交通事故事件消息</td><td>主动发送</td><td>信息交换系统+电话</td><td>立即</td></tr>
<tr><td rowspan="4">广东省交通运输厅、珠海市交通运输局</td><td>交通事故事件消息</td><td>主动发送</td><td>信息交换系统+电话</td><td>立即</td></tr>
<tr><td>交通流量数据</td><td>请求响应</td><td>信息交换系统</td><td>实时</td></tr>
<tr><td>事件路段监控视频</td><td>请求响应</td><td>信息交换系统</td><td>实时</td></tr>
<tr><td colspan="4"></td></tr>
<tr><td rowspan="3">三级事件</td><td rowspan="3">香港连接线、香港口岸、珠海连接线、珠海口岸、澳门口岸</td><td rowspan="3">港珠澳大桥管理局</td><td>交通事故事件消息</td><td>主动发送</td><td>信息交换系统+电话</td><td>立即</td></tr>
<tr><td>交通流量数据</td><td>请求响应</td><td>信息交换系统</td><td>实时</td></tr>
<tr><td>事件路段监控视频</td><td>请求响应</td><td>信息交换系统</td><td>实时</td></tr>
</table>

3）三地信息交换事件消息一般格式

港珠澳大桥三地之间的信息交换主要以事件消息的形式进行，为便于三地之间的信息交换，三地之间相互交换的事件消息应该有一个固定的格式。该格式经三地相关部门达成一致后，应作为三地之间信息交换的基本模式，三地之间任何事件的信息交换都应遵循该模式。

通过对运营期紧急事件和运营期跨境交通控制等事件消息所含的信息需求进行汇总整理，为了尽可能完整、准确地描述事件消息，创新性地提出了港珠澳大桥三地信息交换事件消息的一般格式。如表2.3-3所示，事件消息的基本格式包括8个部分：事件类别、事件等级、事件时间、时间地点、事件内容、影响范围、持续时间、交通控制措施。

三地信息交换事件消息的一般格式　表2.3-3

事件类别	事件等级	事件时间	事件地点	事件内容	影响范围	持续时间	交通控制措施
……	……	……	……	……	……	……	……

2.3.3 港珠澳大桥三地信息交换系统运作机制

利用港珠澳三地跨境通道形成信息交换平台，在国内尚属首次，在国际也鲜有可参考的案例。根据港珠澳大桥管理局管理体制、应急救援与三地联动预案、跨境交通控制管理程序等，结合港珠澳大桥现状，确定港珠澳三地和连接线的相关建设管理机构和政府部门信息交换的运作机制，包括三地信息交换系统架构、信息的发送机制、接收机制和澄清机制。

1）系统架构

（1）管理体制

三地信息交换系统采取“统一部署、分别管理”的平行管理体制，如图2.3-1所示。三地有关部门按照统一的标准和接口各自建设和管理本地的信息交换系统，并通过信息交换运作机制，实现三地之间信息的交换和共享。

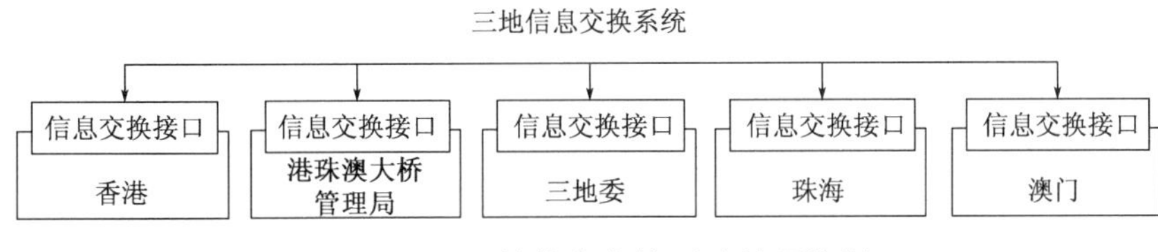

图2.3-1 三地信息交换系统管理体制

在平行管理体制下，如果以后有新的部门需要加入信息交换系统，只需要按照相同的标准和接口完成本地建设，即可顺利接入信息交换系统，具有非常好的扩展性。

（2）系统架构

三地信息交换系统将相关交通数据以规定的格式和标准传到系统内部，然后对数据进行处理，并在数据存储的同时，根据不同用户主体的信息需求情况制定发布机制，将相应的信息按照规范的协议发布给相应的用户，或者提供多种静态和动态的交通信息查询接口，满足用户的信息交换需求。

为实现信息交换系统的总体功能，港珠澳大桥提出了三地信息交换系统的逻辑框架如图2.3-2所示。

①信息输入/输出模块。

信息输入/输出模块通过标准输入接口，按照一定的格式和规则将三地数据信息汇集接入信息交换数据库，实现三地信息交换系统对交通信息的输入，并提供对信息交换数据库的多方式、综合信息查询服务。同时，通过输出接口对三地信息交换系统与三地之间进行数据交换，按照接口规范进行标准化处理及转换，如数据结构、数据类型、数据流向等,与三地信息交换系统进行互联互通,最终实现三地信息交换系统与三地之间交通信息的输入输出。

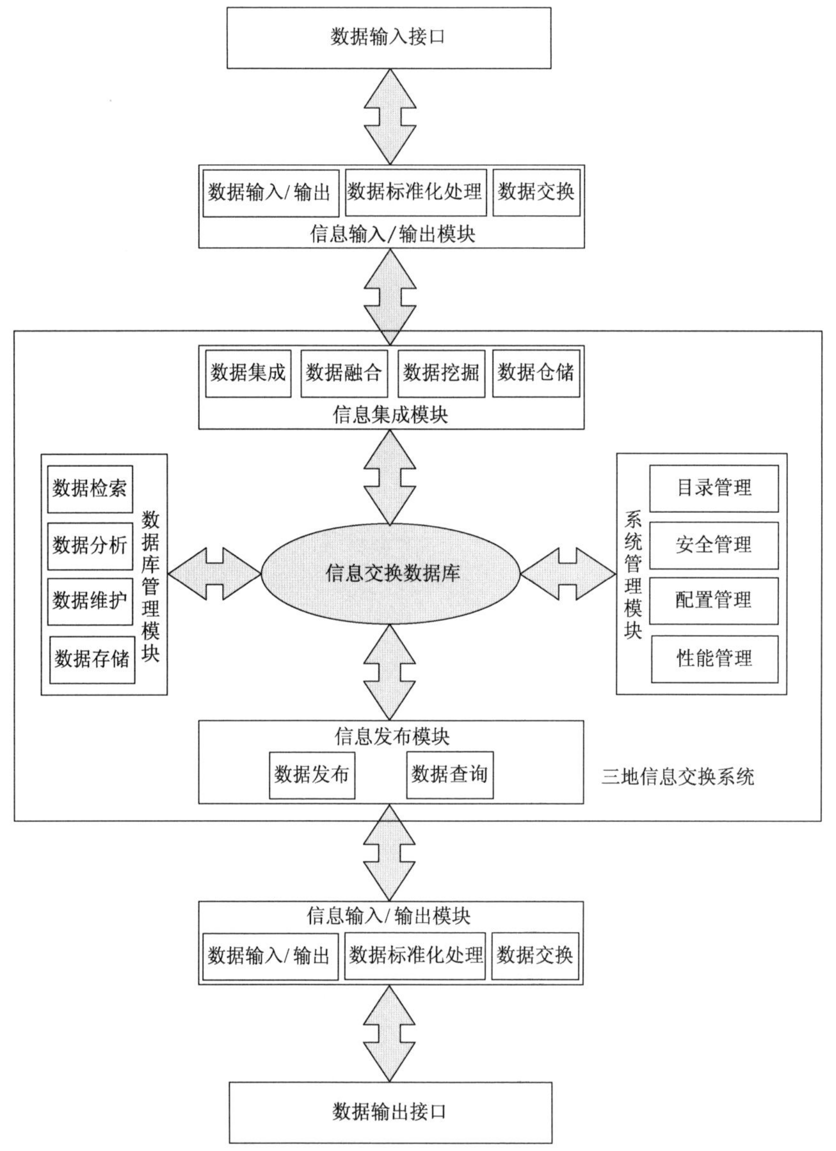

图 2.3-2　三地信息交换系统逻辑框架

②信息集成模块。

信息集成模块通过对输入的数据进行整理、分类、搜索、分析和统计等信息集成处理,形成用户所需的数据结果,以多样化的手段呈现出来,并根据权限不同将结果按需、按事件自动传递给相关人员,实现信息的有效组织和管理。

③信息发布模块。

信息发布模块主要通过标准的通信接口和一定的协议,承担三地信息交换系统与三地之间的数据传输、信息发布等功能,建立简单、可控、易识别的共用信息发布通道。

④数据库管理模块。

数据库管理模块负责对信息交换数据库中的历史数据、实时数据、融合信息数据、发布数据等进行数据检索、分析、维护和存储等管理。该模块将三地经常使用的数据存储在三地信息交换系统的主数据库中,并将交通信息数据按地理分布由所归属的信息交换系统接入并存放,以便将使用频率较低的数据存放在信息交换系统的区域数据库中。

⑤系统管理模块。

系统管理模块包括目录管理、安全管理、配置管理和性能管理。其中,目录管理主要包括管理数据信息、安全信息、Web 服务信息等主要内容,不同用户的资源目录树是可以定制和修改的,具有很好的个性化,并且每个目录分支的信息内容、状态是动态更新的;安全管理中的权限具有多样性,不仅包括系统平台上的具体操作,还包括信息的可见性、数据有关的权限信息,通过用户、角色、权限三者形成三级管理方式,使得安全部分伸缩性很大,易于扩展和管理;配置管理和性能管理则负责各模块的配置,协调模块之间的交互,管理平台日志,监控信息交换系统内部各模块重要硬件设备、软件进程、系统资源的运行使用状况及有关环境状态,收集管理有关的故障信息,并对系统整体运行状况进行评估分析和维护。

2)信息发送机制

(1)信息发送触发条件研究

三地信息交换的数据都以约定的格式进行封装和解析,并存储在信息交换数据库中。根据三地信息交换需求分析的研究成果,三地交换的信息发送分为两大类:主动发送和请求发送。

①主动的信息发送机制。

该类信息发送机制的触发条件是三地信息交换数据库的更新。每当有一条信息被更新到三地信息交换数据库时,就会触发主动的信息发送。可以在信息交换数据库中建立一系列的数据触发器,自动捕捉数据变动情况,供三地实时或定时获取最新的三地交通信息。

②基于请求的信息发送机制。

该类信息发送机制的触发条件是信息请求。每当有一条信息发送请求时,就会触发基于请求的信息发送。当三地信息交换系统接收到信息请求时,会自动在信息交换数据库中进行查询,并反馈查询结果。

(2)信息发送授权问题

在三地信息交换平台中,对不同类别的信息授予不同的发送权限,从而实现对信息资源的保护。具体的实现方法是:

①主动信息发送授权。当信息交换数据库有相关的信息更新时,只要通过内容审查与核实的信息,信息交换平台自动将其发送到指定的信息接收方,主动信息发送不再需要其他授权。

②基于请求的信息发送授权。对于基于请求的信息发送,三地有关的信息提供方负责被请求信息的核实和发送,但所有的信息提供方必须经过三地信息交换平台的身份认证,包括信息提供方身份标识和身份鉴别,只有通过身份认证的合法用户才能进入系统,进行信息发送等操作。

(3)信息内容审查与核实机制

接到信息请求后,三地信息交换系统在发送信息之前,需要进行信息内容的审查与核实,具体包括:

①信息内容审查。

信息内容审查包括信息交换范围审查和合法性审查两部分,信息交换范围审查是指三地信息交换需求分析研究报告给出了三地信息交换的内容,指定了三地信息交换的范围,因此三地信息交换系统应该对发送的信息进行内容审核,确保请求发送的信息都在三地信息交换需求分析报告划定的范围;合法性审查是指三地信息交换系统还应审核发送的信息是否符合三地有关法律法规的要求,只有满足三地相关法律法规要求的信息,才能够进行信息的发送。

②数据检索与核实。

对于通过信息内容审查的信息请求,三地信息交换系统会在信息交换数据库中进行数据检索,并核实检索到的信息是否与请求的信息完全匹配,核实不通过的信息无法完成发送。

(4)信息发送流程

根据信息发送方式的不同,信息发送的流程可划分为主动信息发送流程和基于请求的信息发送流程。

①主动信息发送流程。

如图2.3-3所示,信息交换数据库的更新会触发主动的信息发送流程。

②基于请求的信息发送流程。

如图 2.3-4 所示，当收到一条信息发送请求，就会触发基于请求的信息发送流程。

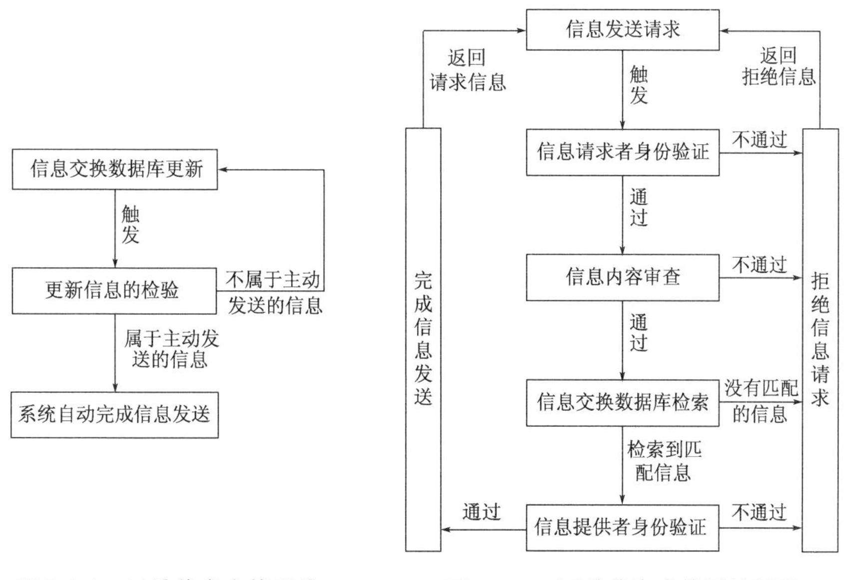

图 2.3-3　三地信息交换系统主动信息发送流程

图 2.3-4　三地信息交换系统基于请求的信息发送流程

3)信息接收机制

(1)信息获取的授权问题。

为保证信息交换的安全，三地信息交换系统必须具有访问控制功能，主要体现在用户注册和权限控制两个方面。

①用户注册。

某个系统(或个人)要加入三地信息交换系统进行信息交换，必须先进行注册，获得系统的授权。若经验证该注册合法，则向该系统(或个人)发放访问通行证。合法的注册用户可以向三地信息交换系统发送信息请求，以获取信息交换数据库中的信息。

②权限控制。

根据访问身份的不同，三地信息交换系统对通过注册的用户设置了不同的访问权限，以确保系统安全和信息安全。访问权限不同的用户具有不同的信息获取权限，比如港珠澳大桥的收费信息，只有注册用户“三地委”才有访问和获取权限。

(2)信息内容的存储、转发及保密机制。

三地信息交换系统对交换的信息具有存储、转发及保密的机制，其具体内容如下。

①信息内容的存储机制。

三地信息交换的数据文件采用 XML 标准格式，XML 标准格式由声明部分和包体部分组成。声明部分声明了三地信息交换的数据文件符合 XML 1.0 规范；包体部分由数据包描述和交换数据组成，其中交换数据由多条数据记录组成，每条数据记录由交换标准规定的交换数据项组成。三地信息交换系统能根据事先定义的 XML 标准格式对采集的数据进行全面审查和过滤，支持对每个业务单独设置审查规则，审查规则粒度细化到每个字段，包括类型、范围、长度、枚举、缺省值、特殊字段、字符编码、图像字段许可等。

三地信息交换数据库采用数据仓库技术对信息进行存储。基于大型关系数据库，数据仓库利用 XML 技术可从异地、异构的数据源和各种数据库提取数据和信息，然后把这些数据转换成预定义的 XML 数据格式存储到三地信息交换数据库中，作为交换/共享信息，实现对所需信息的便捷检索和查询。

②信息内容的转发机制。

三地信息交换系统设计为基于 XML 的数据交换方式。系统设计中采用持久性的数据发布方式，利用 XML 文档作为数据交换载体，采用消息中间件产品，基于数据总线，按照 XML 格式进行数据的在线实时交换与存储转发。这种转发机制不会占用大量的网络带宽，可以跟踪事务，并且通过将事务存储到磁盘上实现网络故障时系统的恢复。数据的发送方和接收方无须同时在线，从根本上实现数据传输的异步性和安全性。

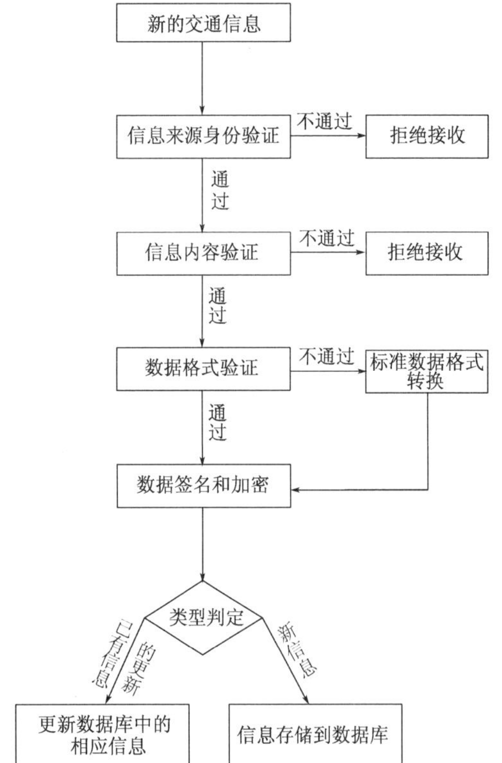

图 2.3-5　三地信息交换系统信息接收流程

③信息内容的保密机制。

为提高信息传输和交换的安全性，三地信息交换系统需要建立信息内容的保密机制。经过前期调研，三地信息交换系统采用身份认证和数据加密相结合的双重保密机制，可有效实现信息传输和交换的安全性。

(3)信息接收流程如图 2.3-5 所示。

(4)信息接收的反馈确认机制。

三地信息交换系统在完成信息的接收后，需对信息提供方进行反馈确认。对于普通信息,三地信息交换系统成功接收后,自动向信息提供方发送确认消息。对于重要信息,三地信息交换系统成功接收后,除了自动向信息提供方发送确认消息外,还应通过正式函件的形式进行确认。

4)信息澄清机制

(1)信息澄清的触发条件

①主动发送信息的澄清。对于交通情况简报、公众出行服务信息、安全环保管理信息、事件消息等需要主动发送的信息,三地运营管理部门根据本部门对这些信息的更新频率,即时或定期对三地信息交换数据库中的相应信息进行更新。

②请求发送信息的澄清。对于通行车辆信息、交通监控信息、交通流量数据等信息,采取请求响应的信息发送方式。对于已发送成功的请求信息,如果该条信息出现较大变化,或信息的变化将对信息请求者产生较大影响时,信息提供者应尽快将该条信息更新到三地信息交换数据库中。

(2)信息澄清机制的流程

信息接收方应该建立信息澄清档案,全程记录信息澄清的过程。根据信息澄清触发条件的不同,信息澄清机制的流程可划分为主动发送信息的澄清流程和请求发送信息的澄清流程,分别如图2.3-6、图2.3-7所示。

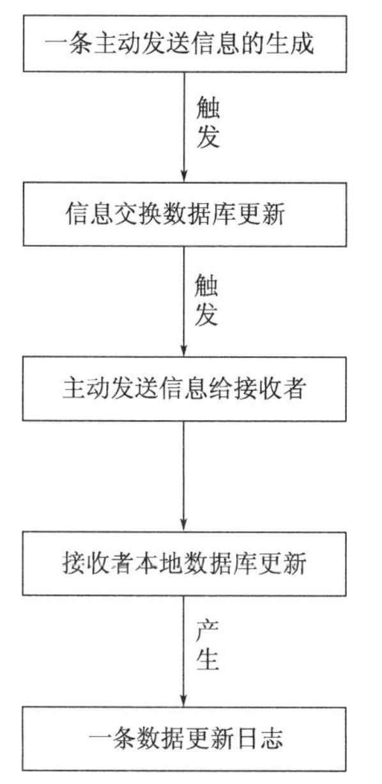

图2.3-6 三地信息交换系统主动发送信息的澄清流程

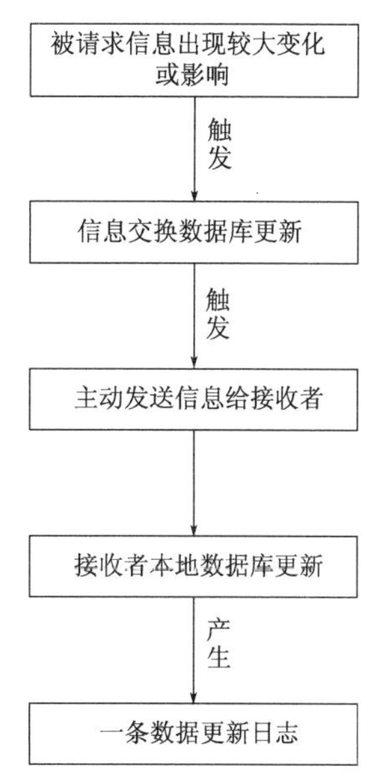

图2.3-7 三地信息交换系统请求发送信息的澄清流程

2.3.4 港珠澳大桥三地信息交换接口标准

制定港珠澳大桥三地信息交换接口标准能够为港珠澳大桥的运营管理工作提供保障,下面通过确定物理层通道配置、语音业务交换技术接口、音视频业务交换技术接口、数据业务交换系统架构、数据业务交换系统接口和数据业务交换技术接口进行说明。

1)物理层通道配置

(1)电话业务

①电话业务需配置数字程控交换系统联网的数字中继电路,包括四个通道。

②港珠澳大桥通信中心至广东省通信中心配置 2 ×2M 基干电路。

③港珠澳大桥通信中心至珠海市话局配置 2 ×2M 直达电路。

④港珠澳大桥通信中心至香港侧配置 2 ×2M 直达电路(占用 4 芯独立光纤)。

⑤港珠澳大桥通信中心至澳门侧配置 1 ×2M 直达电路(占用 2 芯独立光纤)。

(2)数据业务

数据业务需配置广域网联网的数据传输通路,包括五个通道:

①港珠澳大桥监控中心至广东省监控中心配置 3 ×10/100M 以太网接口,广东省监控中心配置公共互联网通道或者 VPN 通道至广东省各个数据业务交换部门。

②港珠澳大桥监控中心至珠海连接线配置 1 ×10/100M 以太网接口,珠海连接线配置公共互联网通道或者 VPN 通道至珠海市各个数据业务交换部门。

③港珠澳大桥收费中心至省联网收费管理中心配置 1 ×10/100M 以太网通路。

④港珠澳大桥监控中心至香港方配置 1 ×10/100/1000M 以太网通路,香港方配置公共互联网通道或者 VPN 通道至香港各个数据业务交换部门。

⑤港珠澳大桥监控中心至澳门方配置 1 ×10/100/1000M 以太网通路,澳门方配置公共互联网通道或者 VPN 通道至澳门各个数据业务交换部门。

(3)音视频业务

音视频业务需配置以下三个通道:

①港珠澳大桥监控中心组播 8 ~16 路图像至广东省监控中心(每路图像带宽 4M),配置 2 ×10/100M 以太网通路。

②港珠澳大桥监控中心组播 8 ~16 路图像至香港方(每路图像带宽 4M),配置 1 ×10/100/1000M 以太网通路。

③港珠澳大桥监控中心组播 8 ~16 路图像至澳门方(每路图像带宽 4M),配置 1 ×10/100/1000M 以太网通路(与数据业务共用此通路)。

2)语音业务交换技术接口

三地语音业务交换,以港珠澳大桥数字程控交换系统作为语音交换平台。数字程控交换系统主要为联合指挥中心、现场指挥中心、口岸、养护、消防、驻守部队、跨境救援、跨境交通控制等开展工作提供办公电话、调度指令电话等综合服务,完成网内所有电话业务员的交换、接续以及与数字集群系统语音网关、珠海市话网的连接。

港珠澳大桥通信中心应设置一套数字程控交换机,数字程控交换设备支持 NO.7 和 NO.1 信令,并配置 2 路 NO.7 信令通过 E1 接口与广东省通信中心的程控交换机进行语音通信互联,与市话公网通过 2 路 NO.7 信令 E1 数字中继线相连,实现港珠澳大桥与本地市话网及香港、澳门的语音通话。

(1)电话号码编号规则

编号计划应符合中国国家标准以及本地公用网的相关规定(号码制度)。

首位字母编号如下:“0”为进市话网字冠;“1”为特服;“2 ~ 7”用于用户首位号;“8”为全国交通网长途号字冠;“9”为预留。

用户首位号根据广东省高速公路网相关要求,全省按区域分配;新业务服务项目通过用户进行登记和撤销;业务电话系统采用 5 位数字等位自动电话编号,用于用户间的接续;在系统投入运营时,交换设备能通过人机命令进行号码修改。

(2)信号方式

信号的一般要求符合原中国邮电部《邮电部电话交换设备总技术规范书》(YDN 065—1997)的要求。网络信号需要程控交换设备之间的所有 2Mb/s 传输链路采用共路信令系统,选用 NO.7 信令;用户信号需要交换网采用双音多频按键(DTMF)话机,DTMF 话机所采用的频率组合符合《邮电部电话交换设备总技术规范书》(YDN 065—1997)的技术要求。

(3)接口要求

数字中继接口 A 应符合 ITU-T G.703,G.704,G.705,Q512 要求;用户接口 Z 应符合 ITU-T Q.517 要求;用户环阻≤1800Ω(包括话机电阻);用户环阻≤3000Ω(在特殊情况下,包括话机电阻);馈电电流≥18mA;话机与 PCM 光端机为二线模拟接口;IP 接口可接入 IP 网络(局域网);IP 接口可接入 IP 网络(因特网);用户扩展接入单元接口用于连接主设备和用户扩展接入单元。

3)音视频业务交换技术接口

(1)三地音视频业务交换平台架构

如图 2.3-8 所示,音视频业务交换平台架构参考《公路网图像信息管理系统 平台

互联技术规范　第 1 部分:总则》(GB/T 28059.1—2011)的规定。

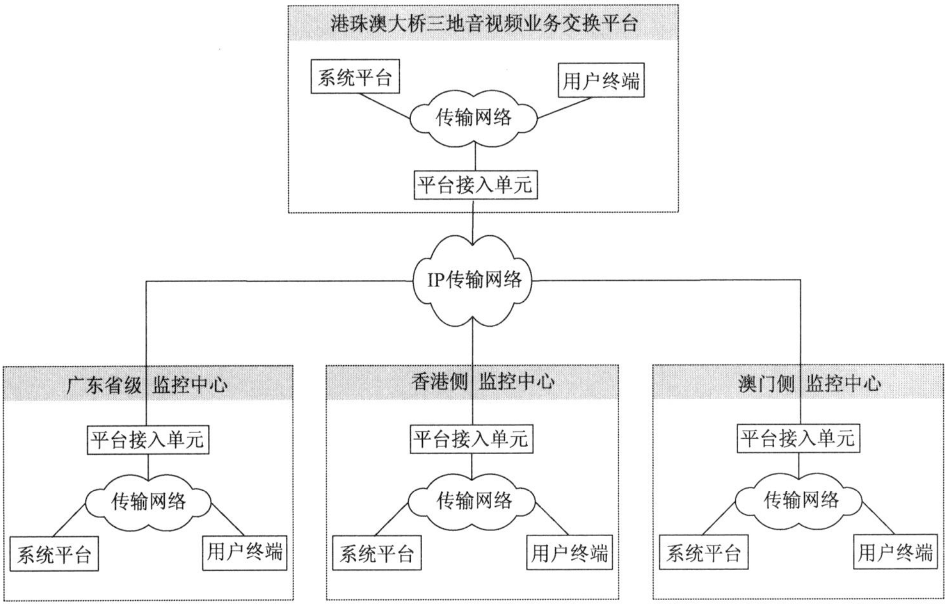

图 2.3-8　三地音视频业务交换平台架构

三地音视频业务联网上下级平台间的互联基于 IP 网络,在应用层上实现,上级平台与下级平台之间采用 SIP 协议实现互联。基于 SIP 的图像信息管理平台是指具有 SIP 服务器,且其中的监控资源、用户终端、管理平台等支持相关接口定义与通信控制协议的图像信息管理平台。三地音视频业务平台接入单元是实现三地音视频业务跨区域互联共享接口的逻辑实体,可以独立的设备形式存在,或内置于已有的管理服务器中。平台接入单元负责实现联网过程中的控制命令和视音频数据的传输和转换,联网接口采用 RFC 3261 和 RFC3265 协议。

三地音视频业务交换系统进行视频/音频/数据等信息传输时,接口部分的传输过程应遵循统一的通信协议,通信协议的结构如图 2.3-9 所示。

接口部分在进行视音频传输及控制时应建立两个传输通道:信令/控制通道和视音频流通道。信令和控制通道用于在平台接入单元之间建立会话并传输控制命令,采用 RFC 3261 SIP 会话初始协议;视音频流通道用于传输视音频数据,经过压缩编码的视音频流采用 RTP/RTCP/RTSP 协议传输。

(2)音视频格式与编码

音视频格式与编码执行《公路网图像信息管理系统　平台互联技术规范　第 2 部分:视频格式与编码研究》(GB/T 28059.2—2011)的规定。

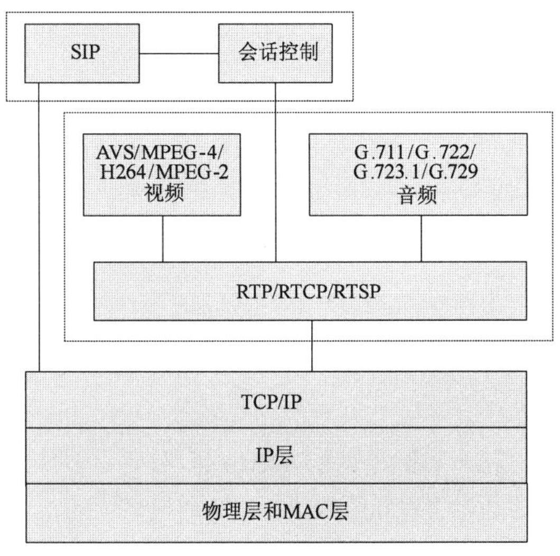

图 2.3-9　三地音视频业务交换通信协议结构

视频图像编解码采用符合国际标准的 H.264 协议。图像分辨率不低于 D1 标准。传输的音频信号应按照《信息技术　具有 1.5Mbit/s 数据传输率的数字存储媒体运动图像及其伴音的编码　第 3 部分：音频》(GB/T 17191.3—1997)音频第二层的规定执行。音频的码流率采用 64kb/s 音频码流率作为标准码率。

网络适配方式采用 TCP/IP 协议，传输层采用 TCP 和 UDP 数据报文格式，组播业务采用组播成员管理协议 IGMP V2，视频流适配采用视频流直接封装到 UDP 或 TCP 中的方式，通过管理配置协议可设置协议方式及端口。使用 TCP 方式时，client/server 方式可设置。最大数据包小于或等于 16K，UDP 端口号 20000-20099，TCP 端口号 20000-20099。

(3)接口与通信控制协议

在三地音视频业务交换系统中，港珠澳大桥监控中心设置为“上级平台接入单元”；广东省监控中心、香港方监控中心、澳门方监控中心以及其他有视频交换需求的监控中心，均设置为“下级平台接入单元”。

具体接口与通信控制协议执行《公路网图像信息管理系统　平台互联技术规范　第 3 部分：接口与通信控制协议》(GB/T 28059.3—2011)的规定。

4)数据业务交换系统架构

(1)数据交换网络分层模型

数据交换业务技术接口分层模型如图 2.3-10 所示。

第四层应用层。定义数据包结构和会话管理的标准，对应 ISO 的应用层、表示层和会话层。本标准中，应用层定义了三地数据交换业务的类型及相关技术接口标准。

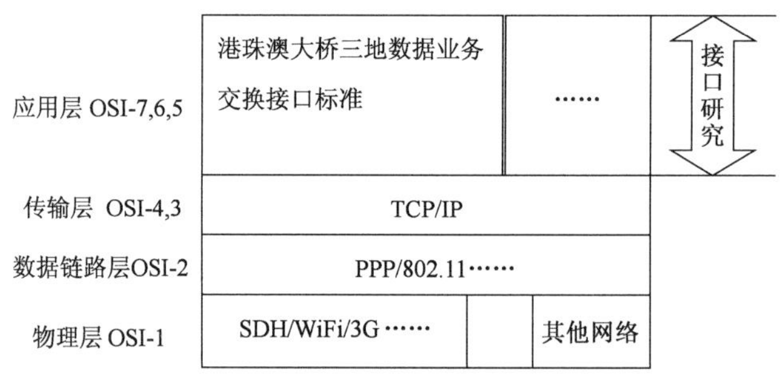

图 2.3-10　数据交换业务技术接口分层模型

第三层传输层。定义数据包拆分、组装和路由的标准,采用 TCP/IP 标准,对应于 ISO 的传输层和网络层。

第二层数据链路层。定义数据包传输方法标准,对应于 ISO 的链路层。

第一层物理层。定义数据通信的传输媒体及互联设备,对应于 ISO 的物理层。

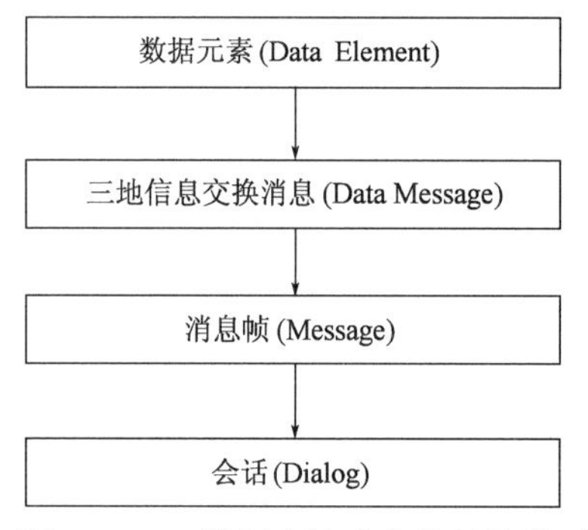

图 2.3-11　数据交换业务的协议构成

(2)协议数据单元(PDU)结构

三地信息交换数据业务的协议构成如图 2.3-11 所示。

5)数据业务交换系统接口

(1)系统接口基本要求

①接口应实现对外部系统的接入提供企业级的支持,在系统的高并发和大容量的基础上提供安全可靠的接入。

②提供完善的信息安全机制,以实现对信息的全面保护,保证系统的正常运行,应防止大量访问以及大量占用资源的情况发生。

③提供有效的、系统的可监控机制,接口的运行情况可监控。

④保证在充分利用系统资源的前提下,实现系统平滑的移植和扩展,同时在系统并发增加时提供系统资源的动态扩展。

⑤在进行扩容、新业务扩展时,应能提供快速、方便和准确的实现方式。

(2)系统接口通信方式

港珠澳大桥跨境通道运营管理信息交换系统接口可以采用的通信方式包括:

①同步请求/应答方式。客户端向服务器端发送服务请求,客户端阻塞等待服务器端返回处理结果。

②异步请求/应答方式。客户端向服务器端发送服务请求,与同步方式不同的是,在此方式下,服务器端处理请求时,客户端继续运行;当服务器端处理结束时,返回处理结果。

③会话方式。客户端与服务器端建立连接后,可以多次发送或接收数据,同时存储

信息的上下文关系。

④广播通知方式。由服务器端主动向客户端以单个或批量方式发出未经客户端请求的广播或通知消息,客户端可在适当的时候检查是否收到消息并定义收到消息后所采取的动作。

⑤事件订阅方式。客户端可事先向服务器端订阅自定义的事件,当这些事件发生时,服务器端通知客户端事件发生,客户端可采取相应处理。事件订阅方式使客户端拥有了个性化的事件触发功能,极大方便了客户端及时响应所订阅的事件。

⑥文件传输。客户端和服务器端通过文件的方式来传输消息,并采取相应的处理。

⑦可靠消息传输。在接口通信中,基于消息的传输处理方式,除了可采用以上几种通信方式外,还可采用可靠消息传输方式,即通过存储队列方式,客户端和服务器端来传输消息,采取相应处理。

(3)系统接口安全要求

为了保证信息交换系统的安全运行,各种接口方式都应该保证其接入的安全性。系统应在接入点的网络边界实施接口安全控制。接口的安全控制在逻辑上包括安全评估、访问控制、入侵检测、口令认证、安全审计、防恶意代码、加密等内容。

(4)传输控制要求

信息交换系统应采用传输控制手段降低接口网络负担,提高接口吞吐能力,保证系统的整体处理能力,具体手段包括:

①负载均衡为了确保接口服务吞吐量最大,接口应自动地在系统中完成动态负载均衡调度。

②伸缩性与动态配置管理:由系统自动伸缩管理方式或动态配置管理方式实现队列管理、存取资源管理,以及接口应用的恢复处理等。

③网络调度:在双方接口之间设置多个网络通道,实现接口的多数据通道和容错性,保证当有一网络通道通信失败时,进行自动切换,实现接口连接的自动恢复。

(5)系统接口类型,三地数据业务交换系统接口技术如表2.3-4所示。

三地数据业务交换系统接口技术　　表2.3-4

编　号	三地信息交换业务类型		系统接口推荐采用技术
1	数据业务	事件消息	消息中间件技术
2		交通流数据	消息中间件技术
3		收费数据	交易中间件技术
4		交通情况简报	消息中间件技术

6)数据业务交换技术接口

(1)数据类型定义及数据编码。

基本数据类型、自定义数据类型、数据元素定义分别见表 2.3-5 ~ 表 2.3-7。在港珠澳大桥跨境通道运营管理信息交换系统中,应用层数据的编码采用 XML 技术。事件信息发送(事件消息)以事件分类分级为基础,以事件参数为主要内容,以 XML 技术为编码标准。

三地信息交换的基本数据类型　表 2.3-5

数据类型	说明
BOOLEAN	布尔类型,具有两个值(0 和 1)的简单类型
INTEGER	整数类型,值是零、正整数或负整数的简单类型
UTF8 String	UTF8 串类型,用来定义支持 UTF8 编码的字符串
Numeric String	UTF8 串类型,但限定只能为数字

三地信息交换的自定义数据类型　表 2.3-6

数据类型	字节数	说明
BOOLEAN::=BOOLEAN	1	布尔型
BYTE::=INTEGER(-128..127)	1	1 字节字符
UBYTE::=INTEGER (0..225)	1	1 字节无符号字符
SHORT::-INTEGER(-32,768 .. 32,767)	2	2 字节整型
USHORT::=INTEGER (0 .. 65,535)	2	2 字节无符号短整型
LONG::= INTEGER(-2, 147, 483, 648.., 147, 483, 647)	4	4 字节整型
ULONG::=INTEGER (0 ..4,294,967,295)	4	4 字节无符号整型
NAME::=UTF8String (SIZE (1..100))	≤100	专用于名称的文本,最多 100 个字符,UTF8 编码
SHORTMSG::= UTF8String (SIZE(1…300))	≤300	短文本,最多 300 个字符,UTF8 编码
LONGMSG::= UTF8String (SIZE(1…2000))	≤2000	长文本,最多 2000 个字符,UTF8 编码
TELEPHONE::=NUMERICSTRING(SIZE(1..16))	≤16	电话号码,最多 16 个数字字符,UTF8 编码

续上表

数据类型	字节数	说明
DATE::= Numeric String(SIZE(4))	4	日期表示格式,共计4个字节,用ABCD表示,则AB表示年份,C表示月份,D表示日期。例如2013年8月21日,应表示为A=20,B=13,C=8,D=21
TIME::= Numeric String(SIZE(3))	3	时间表示格式,共计3个字节,用ABC表示,则A表示"时",B表示"分",C表示"秒"。例如19点23分7秒,应表示为A=19,B=23,C=7

三地信息交换数据元素定义　表2.3-7

名称	标识符	数据类型	说明
车牌	CP	SHORTMSG	包括车牌上的全部字符;如果悬挂两地牌照,需包括两地牌照上的全部字符
车型	CX	SHORTMSG	含"客车""货车""特种车辆"三类
车辆用途	CLYT	SHORTMSG	说明车辆的用途
车辆质量	CLZL	UBYTE	车辆(包含货物)的实际总体质量,单位为t
车辆长度	CLCD	UBYTE	单位为m
车辆宽度	CLKD	UBYTE	单位为m
车辆高度	CLGD	UBYTE	单位为m
运输物品	YSWP	SHORTMSG	说明危化品车辆运输物品的名称及主要性状描述
运输物品质量	WPZL	UBYTE	单位为t
驾驶员姓名	JSYXM	SHORTMSG	
驾驶员性别	JSYXB	SHORTMSG	
驾驶员年龄	JSYNL	SHORTMSG	
车辆所属公司	WHPGS	SHORTMSG	
行车方向	XCFX	UBYTE	开往香港方向为0;开往珠海/澳门方向为1;开往香港和珠海双方向为2
桩号	ZH	USHORT	

续上表

名　称	标 识 符	数 据 类 型	说　明
车道	CD	UBYTE	最内侧车道为1,中间车道为2,最外侧车道为3,应急车道为4,其他车道(含匝道)为5
小时交通量	XSJTL	USHORT	单向小时交通量,单位为辆;应与行车方向同时使用
风速	FS	UBYTE	单位为m/s
能见度	NJD	UBYTE	单位为m
气象预报	QXYB	SHORTMSG	描述气象预报信息
气象预警	QXYJ	SHORTMSG	当预测出现恶劣气象条件时,描述气象预警信息
交通控制信号	JTXH	SHORTMSG	描述具体交通控制信号内容
路况简报	LKJB	LONGMSG	实时描述大桥整体路况信息
风险识别	FXSB	LONGMSG	用于定期风险评估与防范,描述风险识别信息
风险分析	FXFX	LONGMSG	用于定期风险评估与防范,描述风险分析和风险评价的内容
风险控制	FXKZ	LONGMSG	用于定期风险评估与防范,描述控制风险的措施
现场勘查	XCKC	LONGMSG	用于安全责任事故处理信息交换,描述现场勘查记录信息
事故分析	SGFX	LONGMSG	用于安全责任事故处理信息交换,描述事故分析记录
改进措施	GJCS	LONGMSG	用于安全责任事故处理信息交换,描述拟定改进措施
白海豚环境	HTHJ	LONGMSG	用于白海豚监测信息交互,描述破坏中华白海豚资源及生存环境的行为,或者其他突发性事件,造成或者可能造成保护区污染或者其他破坏的信息
白海豚监测	HTJC	LONGMSG	用于白海豚监测信息交互,描述监测发现受伤、搁浅和因误入港湾而被困的白海豚信息

续上表

名称	标识符	数据类型	说明
地质灾害预警	DZYJ	LONGMSG	当预测出现地质灾害发生条件时,描述地质灾害预警信息
VTS 预警	VTSYJ	LONGMSG	出现危及大桥安全的船舶时,港珠澳大桥管理局通过 VTS 船舶交通管理系统采集并发布 VTS 预警信息
交通阻断	JTZD	SHORTMSG	描述交通阻断的原因及哪些车道阻断
事件地点	SJDD	SHORTMSG	描述事件发生的位置
事件内容	SJNR	SHORTMSG	
交通控制措施	JTKZ	SHORTMSG	
事件级别	LEVEL	UBYTE	

(2)日常管理中的消息交换技术接口如表 2.3-8 所示。

日常管理中的三地消息交换类别及代码　　表 2.3-8

编号	日常管理消息类别	类别代码
1	车辆基本信息	RC-01
2	重点营运车辆信息	RC-02
3	交通量信息	RC-03
4	实时气象信息	RC-04
5	交通控制信息	RC-05
6	大桥通行状况信息	RC-06
7	VTS 预警	RC-07

(3)突发事件及跨境交通控制中的事件消息如表 2.3-9 所示。

三地信息交换事件消息代码　　表 2.3-9

事件分类	设施结构事件	交通运营事件	灾害气候事件	社会安全事件	环境卫生事件
类别代码	JG-01 ~ JG-14	JT-01 ~ JT-09	QH-01 ~ QH-08	AQ-01 ~ AQ-08	WS-01 ~ WS-08

2.4 本章小结

(1)首次提出了适用于港珠澳大桥运营期紧急事件应急救援运作机制、交通控制与管理组织架构以及信息交换的工作机制。

(2)在港珠澳大桥运营风险辨识的基础上,对港珠澳大桥运营期紧急事件和风险类型进行分析,提出了各类事件的分类分级标准,形成了一套跨境通道交通管理紧急事件分类评价体系;根据三地救援体系现状、三地救援资源现状、三地救援通信现状和三地救援制度现状,并借鉴内地和香港大型跨境通道在组织体系和运作模式方面的经验,保证了三地联动运作模式下救援力量在跨境救援行动中的一致性、协调性和有效性;在三地运作模式的基础上,制定详细的港珠澳大桥三地联动紧急救援预案,主要包括紧急事件通报预警程序、紧急事件信息沟通程序、联动救援决策指挥程序、联动救援实施协调程序、紧急状态交通管控程序、紧急事件善后处理程序等内容,并据此制定港珠澳大桥管理部门与三地有关部门的定期联动紧急救援演练程序。

(3)为了实现跨境交通控制的可行性,整理港珠澳大桥在运营管理期间可能面临的不同运营事件及风险,对跨境交通事件进行分类与分级,并针对各类跨境交通事件提出相应的控制模式策略;提出了跨境交通控制设施的体系框架与协调机制,编制了港珠澳大桥不同运营事件下跨境交通控制预案,形成跨境交通控制管理标准流程;最终形成了港珠澳大桥跨境交通控制事件管理程序手册。

(4)根据港珠澳大桥跨境通道建设管理相关单位的通信网络、系统、管理以及接口现状,为了满足港珠澳大桥应急管理与交通控制下信息交互需求,分析了港珠澳大桥运营期相关管理单位信息共享、交互机制,制定并形成了三地信息交换的运作机制和信息交换技术接口标准。

CHAPTER THREE

第3章

跨境隧-岛-桥集群工程节能减排关键技术

3.1　跨境隧-岛-桥集群工程节能减排指标体系

3.1.1　节能减排指标体系

结合国内外相关资料及相关工程经验，根据港珠澳大桥的工程特点及隧-岛-桥集群工程采用的节能减排技术，建立跨境隧-岛-桥集群工程节能减排指标体系。节能减排指标分为约束性指标和指导性指标，按照是否需要计算，指标分为定量指标和定性指标，包括节能指标、减排指标和管理性综合指标三个准则层指标组，各准则层指标组又分别包括各自的分项指标。跨境隧-岛-桥集群工程运营期节能减排指标设置见表3.1-1。

跨境隧-岛-桥集群工程运营期节能减排指标体系　表3.1-1

目标层(O)	要素层(E)	指标层(C)	备　注
跨境隧-岛-桥集群工程运营期节能减排指标体系(O)	节能指标(E_1)	运营总能耗(C_1)	定量
		单位长度运营维护能耗(C_2)	
		可再生能源使用量(C_3)	
		可再生能源使用比例(C_4)	
		节能措施节能量(C_5)	
		节能措施节能比例(C_6)	
	减排指标(E_2)	温室气体排放量(C_7)	定量
		废水排放量(C_8)	
		COD 排放量(C_9)	
		CO 排放量(C_{10})	
		NO_x 排放量(C_{11})	
		单位长度温室气体排放量(C_{12})	
		单位长度废气排放量(C_{13})	
		单位长度 COD 排放量(C_{14})	
		单位长度 CO 排放量(C_{15})	
		单位长度 NO_x 排放量(C_{16})	
	管理性综合指标(E_3)	节能减排管理机构设置情况(C_{17})	定性
		能源计量工具配备情况(C_{18})	
		环境监测设施配备情况(C_{19})	
		环境事故应急处置能力(C_{20})	
		节能减排公报发布情况(C_{21})	

1)节能指标

(1)运营总能耗(C_1)

运营总能耗是指港珠澳大桥集群工程在运营期间消耗能源的总体情况,包括运营期间设施的运营、养护及维修过程中所进行的能源消耗,其计算表达式为:

$$C_1 = \sum_{i=0}^{n} a_i N_i \tag{3.1-1}$$

式中,C_1 为运营总能耗;a_i 为能量 i 折算标准煤的系数;N_i 为能量 i 的消耗量。

(2)单位长度运营维护能耗(C_2)

单位长度运营维护能耗是指港珠澳大桥集群工程在运营期间消耗总能量与运营道路长度的比值,其计算表达式为:

$$C_2 = \frac{C_1}{L} \tag{3.1-2}$$

式中,C_2 为单位长度运营维护能耗;L 为运营道路长度。

(3)可再生能源使用量(C_3)

可再生能源使用量是指港珠澳大桥集群工程在运营期间所使用的风能、太阳能、水能等可再生能源的使用量,其计算表达式为:

$$C_3 = \sum_{i=1}^{n} N_i \tag{3.1-3}$$

式中,C_3 为可再生能源使用量;N_i 为可再生能源 i 使用量。

(4)可再生能源使用比例(C_4)

可再生能源使用比例是指港珠澳大桥集群工程在运营期间所使用的再生能源与总能源消耗的比值,比值结果越大,说明节能效果越好,其计算表达式为:

$$C_4 = \frac{C_3}{C_1} \tag{3.1-4}$$

式中,C_4 为可再生能源使用比例。

(5)节能措施节能量(C_5)

节能措施节能量是指港珠澳大桥集群工程在运营期间所采用的节能措施比传统节能措施节约的能量,其计算表达式为:

$$C_5 = \sum_{i=1}^{n} (N_{ri} - N_{pi}) \tag{3.1-5}$$

式中,C_5 为节能措施节能量;N_{ri}为工程采用的节能措施;N_{pi}为传统的节能措施。

(6)节能措施节能比例(C_6)

节能措施节能比例是指港珠澳大桥集群工程在运营期间采用节能措施节约的能量与总能源消耗的比值,其计算表达式为:

$$C_6 = \frac{N_s}{C_1} \tag{3.1-6}$$

式中,C_6 为节能措施节能比例;N_s 为工程采用的节能措施节约的能量。

2)减排指标

(1)温室气体排放量(C_7)

温室气体排放量是指港珠澳大桥集群工程在运营期间消耗能源所产生的温室气体,其计算表达式为:

$$C_7 = \sum_{i=1}^{n} N_i \tag{3.1-7}$$

式中,C_7 为温室气体排放量;N_i 为工程在运营期间消耗能源 i 所产生的温室气体。

(2)废水排放量(C_8)

废水排放量是指港珠澳大桥集群工程在运营期间隧道与人工岛及综合管理区域污水的排放量,其计算表达式为:

$$C_8 = \sum_{i=1}^{n} N_{yi} \tag{3.1-8}$$

式中,C_8 为废水排放量;N_{yi} 为工程在运营期间区域 i 所产生的污水排放量。

(3)COD 排放量(C_9)

COD 排放量是指港珠澳大桥集群工程在运营期间隧道与人工岛及综合管理区域排放的污水中 COD 的含量,其计算表达式为:

$$C_9 = \sum_{i=1}^{n} N_{CODi} \tag{3.1-9}$$

式中,C_9 为污水中 COD 含量;N_{CODi} 为工程在运营期间区域 i 所产生的排放污水中 COD 的含量。

(4)CO 排放量(C_{10})

CO 排放量是指港珠澳大桥集群工程在运营期间消耗能源所产生的 CO 的排放量,其计算表达式为:

$$C_{10} = \sum_{i=1}^{n} N_{COi} \tag{3.1-10}$$

式中,C_{10} 为 CO 排放量;N_{COi} 为工程在运营期间能源 i 所产生的 CO 的排放量。

(5) NO_x 排放量(C_{11})

NO_x 排放量是指港珠澳大桥集群工程在运营期间消耗能源所产生的 NO_x 的排放量，其计算表达式为：

$$C_{11} = \sum_{i=1}^{n} N_{NOi} \tag{3.1-11}$$

式中，C_{11} 为 NO_x 排放量；N_{NOi} 为工程在运营期间能源 i 所产生的 NO_x 排放量。

(6) 单位长度温室气体排放量(C_{12})

单位长度温室气体排放量是指港珠澳大桥集群工程在运营期间消耗能源所产生的温室气体与其运营道路长度的比值，其计算表达式为：

$$C_{12} = \frac{C_7}{L} \tag{3.1-12}$$

式中，C_{12} 为温室气体排放量；L 为运营道路总长度。

(7) 单位长度废气排放量(C_{13})

单位长度废气排放量是指港珠澳大桥集群工程在运营期间隧道与人工岛及综合管理区域污水的排放量与其运营道路长度的比值，其计算表达式为：

$$C_{13} = \frac{C_8}{L} \tag{3.1-13}$$

式中，C_{13} 为单位长度废气排放量；L 为运营道路总长度。

(8) 单位长度 COD 排放量(C_{14})

单位长度 COD 排放量是指港珠澳大桥集群工程在运营期间隧道与人工岛及综合管理区域排放污水中 COD 含量与其运营道路长度之间的比值，其计算表达式为：

$$C_{14} = \frac{C_9}{L} \tag{3.1-14}$$

式中，C_{14} 为单位长度 COD 排放量；L 为运营道路总长度。

(9) 单位长度 CO 排放量(C_{15})

单位长度 CO 排放量是指港珠澳大桥集群工程在运营期间消耗能源所产生的 CO 的排放量与其运营道路长度的比值，其计算表达式为：

$$C_{15} = \frac{C_{10}}{L} \tag{3.1-15}$$

式中，C_{15} 为单位长度 CO 排放量；L 为运营道路总长度。

(10) 单位长度 NO_x 排放量(C_{16})

单位长度 NO_x 排放量是指港珠澳大桥集群工程在运营期间消耗能源所产生的 NO_x 的排放量与其运营道路长度的比值，其计算表达式为：

$$C_{16} = \frac{C_{11}}{L} \tag{3.1-16}$$

式中，C_{16}为单位长度 NO_x 排放量；L 为工程在运营的道路总长度。

3）管理性综合指标

（1）节能减排管理机构设置情况（C_{17}）

节能减排管理机构设置情况主要是指从节能减排机构设置、节能减排人员的职能与配置、节能减排方案以及节能减排机构建设等方面进行评价的情况。

（2）能源计量工具配备情况（C_{18}）

能源计量工具配备情况主要是指港珠澳大桥工程中是否配备能源计量工具。

（3）环境监测设施配备情况（C_{19}）

环境监测设施配备情况主要是指港珠澳大桥工程中是否配备环境监测设施。

（4）环境事故应急处置能力（C_{20}）

环境事故应急处置能力主要是指港珠澳大桥工程中是否制定详细的环境事故紧急预案，环境事故应急处理的人员职能及安排，以及是否具有环境保护的预防性措施。

（5）节能减排公报发布情况（C_{21}）

节能减排公报发布情况主要是指港珠澳大桥工程中是否制定详细的节能减排公报发布的办法及规范，是否对节能减排的相关节约能源、可再生能源以及污染排放等数据进行有效的统计。

3.1.2　节能减排核算体系和方法

运营期的能源消耗、温室气体排放和污染物排放量由行驶车辆、工程配套设施正常运转等环节和工程养护各项环节产生，均分别由各自的内源性和外源性能源消耗、温室气体排放和污染物排放量组成。计算模型如下：

$$\begin{cases} C_2 = C_{2C} + C_{2Y} = C_{2CN} + C_{2CW} + C_{2YN} + C_{2YW} \\ C_{2CN} = k\sum_{i=1}^{n} C_{2CNi} = k\sum_{i=1}^{n}\sum_{j=1}^{m} B_{CNij} Y_{CNij} \\ C_{2CW} = k\sum_{i=1}^{n} C_{2CWi} = k\sum_{i=1}^{n}\sum_{j=1}^{m} B_{CWij} Y_{CWij} \\ C_{2YN} = k\sum_{i=1}^{n} C_{2YNi} = k\sum_{i=1}^{n}\sum_{j=1}^{m} B_{YNij} Y_{YNij} \\ C_{2YW} = k\sum_{i=1}^{n} C_{2YWi} = k\sum_{i=1}^{n}\sum_{j=1}^{m} B_{YWij} Y_{YWij} \end{cases} \tag{3.1-17}$$

式中，C_2 表示运营期能源消耗、温室气体排放和污染物排放量（静态值）（内源、外源)(t);C_{2C}表示运营期车辆运输、工程配套设施运转的能源消耗、温室气体排放和污染物排放量(t);C_{2Y}表示运营期工程养护能源消耗、温室气体排放和污染物排放量(t);C_{2CN}表示运营期车辆运输、工程配套设施运转的内源性能源消耗、温室气体排放和污染物排放量(t);C_{2CW}表示运营期车辆运输、工程配套设施运转的外源性能源消耗、温室气体排放和污染物排放量(t);C_{2YN}表示运营期工程养护的内源性能源消耗、温室气体排放和污染物排放量(t);C_{2YW}表示运营期工程养护的外源性能源消耗、温室气体排放和污染物排放量(t);C_{2CNi}表示第 i 项车辆运输、工程配套设施运转的运营养护工作的年内源性能源消耗、温室气体排放和污染物排放量(t/a);C_{2CWi}表示第 i 项车辆运输、工程配套设施运转的运营养护工作的年外源性能源消耗、温室气体排放和污染物排放量(t/a);C_{2YNi}表示第 i 项工程养护的运营养护工作的年内源性能源消耗、温室气体排放和污染物排放量(t/a);C_{2YWi}表示第 i 项工程养护的运营养护工作的年外源性能源消耗、温室气体排放和污染物排放量(t/a);B_{CNij}、B_{CWij}、B_{YNij}、B_{YWij}分别表示车辆运输、工程配套设施运转、工程养护的内、外源性能源消耗、温室气体排放和污染物排放系数(t/工程量单位);Y_{CNij}、Y_{CWij}、Y_{YNij}、Y_{YWij}分别表示车辆运输、工程配套设施运转、工程养护的可引起内、外源性能源消耗、温室气体排放和污染物排放的第 i 工作类别 j 环节工作量;$i=1,2,\cdots,n$,即车辆运输、工程配套设施运转、工程养护等运营工作中的各个类别;$j=1,2,\cdots,m$,即各个不同车型、不同燃料种类、不同机械类别、不同建材类别等所使用的量;k 表示工程使用年限。

3.2 长大沉管隧道通风照明节能减排关键技术

3.2.1 沉管隧道通风系统物理模型试验

3.2.1.1 沉管隧道通风物理模型试验系统设计

对于公路隧道通风模型试验,大多数相似条件可以不作为主要因素,因此做以下假定:

1)流体不可压缩

在以空气为介质的试验中,当风速小于0.3倍马赫数时,气流压缩性影响可以忽略不计。在公路隧道通风中,《公路隧道通风照明设计规范》(JTJ 026.1—1999)推荐主隧道内风速为6~8m/s,送排风道内风速宜小于18m/s,送风口风速不大于30m/s,因此在公路隧道通风中可以忽略气流的压缩性影响。

2)流体为等温流动

在正常工况下,公路隧道通风中风机供风的温度与隧道内气体温度相差不大,隧道内空气温度较为稳定,因此假定隧道内气流运动为等温流动,从而流体密度和黏性为定值。

3)流体流动为稳定流

隧道通风中遇到的风流类型,大部分属于稳定流或可简化为稳定流。

4)流体为连续介质

将流体视为连续介质,质点间无空隙,单位时间内流程各断面通过的流体质量不变,服从连续性定律。对于密度为常量的稳定流,即各断面的流量不变,此原理即称为连续性定律。

5)流体流动遵守能量守恒定律

不可压缩稳定流流体在管道内渐变流动时,其压力与速度沿流程各断面的变化(包括摩阻损失)服从能量守恒定律。

通过以上假设,公路隧道通风可以理想化为黏性不变的不可压缩流体在重力场中有压管流运动。两个流动系统的动力相似条件可由无量纲形式的纳维-斯托克斯(Navier-Stokes)方程导出。结论表明,要使两个几何相似的封闭系统中不可压缩流体动力相似,仅需这两个系统的雷诺数相同。

自模区——对于黏性流体流动,按其临界雷诺数 Re 的数值分为第一自模区和第二自模区。黏性流体流动时,雷诺数 Re 大于第一临界值时的范围称作第一自模区;雷诺数 Re 大于第二临界值时,流体流速分布、流动状态不再发生变化,且彼此相似,与雷诺数 Re 无关,称为第二自模区。

对于第一自模区,在拉格朗日数 La 与雷诺数 Re 无关时,作为流动流体进入第一自模区的标志,如图 3.2-1 所示。当所研究区域流动流体的欧拉数 Eu 与雷诺数 Re 无关时,作为流动流体进入第二自模区的标志,如图 3.2-2 所示。

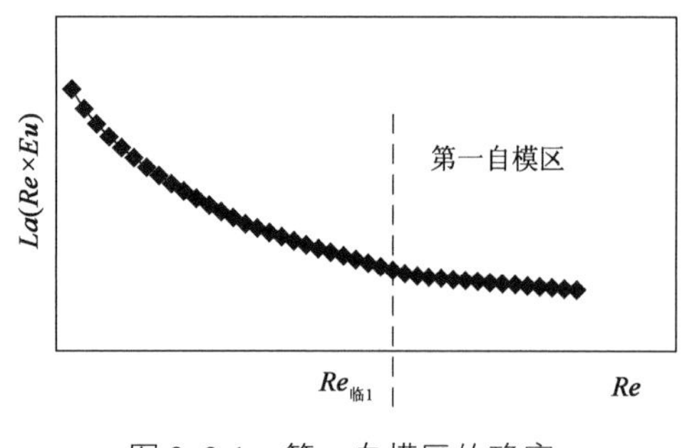

图 3.2-1　第一自模区的确定

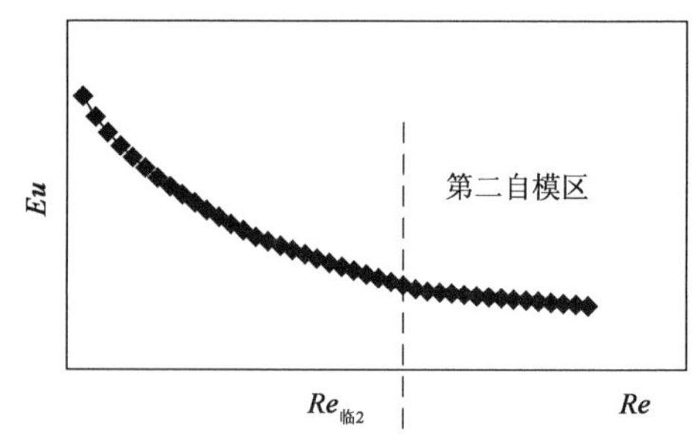

图 3.2-2　第二自模区的确定

对于研究对象,雷诺数 Re 达到多少才能进入第二自模区,只有在模型建立后,通过试验才能得知。这给模型设计带来困难,设计模型时,要根据雷诺数 Re 的第二临界值及风机的容量来确定模型尺寸。一般情况下,只能通过参照类似试验模型的雷诺数 Re 第二临界值近似地估计所要研究的试验模型雷诺数 Re,也可以先做小模型求出雷诺数 Re 的第二临界值后,再设计正式模型。

确定第二自模区 $Re_{临2}$ 的试验过程:

(1)选择确定所研究的区域。

(2)在此区域内测定流体的速度 v,研究区域的压降 Δp,选定区域的当量直径,流体的 ρ、μ 等物体参数。

(3)分别计算一组雷诺数 Re 和欧拉数 Eu,在直角坐标中将其描绘成曲线。

(4)当雷诺数 Re 和欧拉数 Eu 无关时,雷诺数 Re 即为第二临界雷诺数 Re 值。

对于较为复杂的流动,某一区域已进入自模区,并不意味着整个系统均已进入自模区。此时,只有确保所研究的区域进入自模区,才可保证研究的正确性。

1)模型率选取

港珠澳大桥海底隧道全长6700m,在前期试验模型的试制作中曾考虑1∶8、1∶9和1∶10三种比尺。其中1∶8的比尺模型做完后,由于横向挠度太大,整体稳定性较差,最终放弃此比尺模型。1∶10的模型试制作后,排烟道面积较小,对后期的试验操作有影响。最终从试验条件、可行性及可操作性上综合考虑,通过多次试验比较取1∶9作为试验比尺,但按照比尺1∶9得出隧道模型长744.4m,在室内模型试验中,隧道模型长度太大。

对于隧道长细比较大结构,若想对其进行缩尺模型试验,则必须在不同的方向上采用不同的比例尺,即变率模型。变率模型试验中变率的选取对试验结果的可信度和可修正性有着重要的影响。根据水工物理模型仿真试验,在进行河流的淤积或冲刷试验时,通常取模型变率不大于8。隧道通风物理模型试验中,变率的选取可参考水工模型试验,同时结合实际隧道和试验室条件进行选取,根据隧道通风物理试验的经验,可取长度方向变率 $k=4$,则隧道模型长度为166.39m。

隧道、风道原型和模型横断面主要设计参数见表3.2-1、表3.2-2。

隧道原型、模型断面主要设计参数 表3.2-1

项　目	高度(m)	底宽(m)	断面积(m^2)	当量直径(m)
原型	7.128	14.55	103.72	9.569
模型	0.792	1.617	1.28	1.063

风道原型、模型断面主要设计参数　　表3.2-2

项　目	高度(m)	底宽(m)	断面积(m^2)	当量直径(m)
原型	4.1	4.5	16	4.18
模型	0.548	0.404	0.221	0.464

2)模型材料的选择

了解模型材料的性质及其对试验结果的影响,并进行合理选择,是完成模型试验的一个重要条件。从试验技术角度考虑,模型材料的可加工性对加快试验进度和降低试验费用有着重要影响。

可用于制造隧道通风模型的材料较多,从试验观测需要考虑,拟选用透明材料。常用的透明材料主要有工程塑料、有机玻璃、树脂类聚合物等。经对比测试,有机玻璃的透明度优于工程塑料和树脂类聚合物。有机玻璃是一种各向同性的均质材料,可以用一般的木工工具进行加工,可以用胶黏合成整体,由于材料本身透明,连接处的缺陷极易发现。从模型材料获取的便利性考虑,目前市场上有多种规格的有机玻璃板、有机玻璃管、有机玻璃棒等原材料,给模型的制作提供了方便。黏合剂可用氯仿溶剂,操作简单。综上,选用有机玻璃制作隧道通风模型。

3)模型制作与安装

整体制作隧道通风模型从生产工艺、运输、安装和经济性上讲是不现实的,为提高模型加工、运输和试验的便利性,将隧道模型分成每段1.2m进行加工,每段都开送排风(烟)口,送排风(烟)口分1型、2型、3型三种。排风口主要设计尺寸见图3.2-3,隧道模型正视图见图3.2-4,模型总体示意图见图3.2-5。

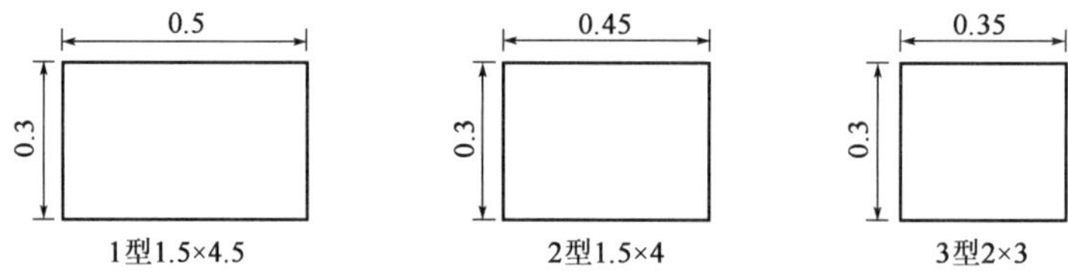

图3.2-3　排风口示意图(尺寸单位:m)

(1)1型送排风(烟)口:①设计原型尺寸4.50m×1.50m,原型面积6.75m^2;②设计模型尺寸0.50m×0.17m,模型面积0.0835m^2;③模型高度设计为0.30m,高度可变,排风(烟)口大小可变,面积可调范围为0.0835~0.15m^2。

(2)2型送排风(烟)口:①设计原型尺寸4.00m×1.50m,原型面积6.00m^2;②设计模型尺寸0.45m×0.17m,模型面积0.0765m^2;③模型高度设计为0.30m,高度可变,排风(烟)口大小可变,面积可调范围为0.0765~0.135m^2。

(3)3 型送排风(烟)口:①设计原型尺寸 3.00m×2.00m,原型面积 6.00m^2;②设计模型尺寸 0.34m×0.22m,模型面积 0.0748m^2;③模型高度设计为 0.30m,高度可变,排风(烟)口大小可变,面积可调范围为 0.0748~0.102m^2。

图 3.2-4　隧道模型正视图

图 3.2-5　模型总体示意图

3.2.1.2　动力系统设计与选型

通过隧道通风模型需风量计算和模型沿程阻力损失计算,隧道通风模型送风井的沿程阻力损失大于排风井的沿程阻力损失,所以在送、排风井选择不同功率的风机。试验选用 4kW 风门可调离心式送风机和排风机各两台。风机性能参数见表 3.2-3。轴流风机侧视图如图 3.2-6 所示,轴流风机正视图如图 3.2-7 所示。

风机性能参数　　表 3.2-3

风机类型	转速(r/min)	推力(N)	流量(m^3/s)	输出速度(m/s)	电机功率(kW)	噪声声压(dB)
L4-72S-6P-4	1450	919	3.2	14.2	4	61
L4-72P-6P-4	1450	836	3.4	17.3	4	64
SDS112K-4P-22	1470	938	29	29.4	22	68
SDS112K-4P-30	1470	1140	32	32.5	30	70

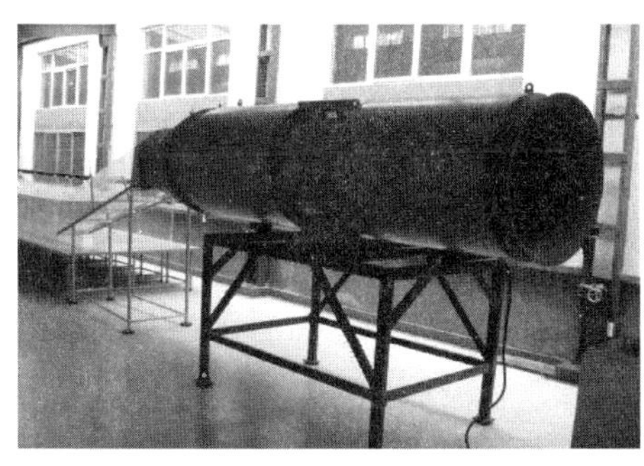

图 3.2-6　轴流风机侧视图

图 3.2-7　轴流风机正视图

根据轴流风机的控制特点,通过试验得出不同排风量与送风量比例下各测试断面风速大小。经测试,通过调节风门的大小,隧道风道模型入口处最大风速可达到30m/s,排风口处最大风速可达到20m/s,均满足模型设计的风速要求。

3.2.1.3　数据采集系统设计与安装

数据采集测试系统包括采集软件、压力测试元件、风速测试元件、压电转换适配器等设备和装置。

1)软件测试系统

在隧道通风模型试验中,通风模拟是一个动态过程,隧道模型内的风速、动压、静压等都是动态变化的数据,因此准确及时的数据采集关系到隧道通风模型试验的成败。试验数据采集监控系统采用美国国家仪器(NI)公司推出的 LabVIEW 语言编写。

LabVIEW 是一种程序开发环境,由美国 NI 公司研制开发的,类似于 C 和 BASIC 开发环境,但是 LabVIEW 与其他计算机语言的显著区别是:其他计算机语言都是采用基于文本的语言产生代码,而 LabVIEW 使用的是图形化编辑语言 G 编写程序,产生的程序是框图的形式。

LabVIEW 的核心思想即软件就是仪器,软件是一种虚拟仪器。虚拟仪器实际上是一个按照仪器需求组织的数据采集系统。虚拟仪器的研究中涉及的基础理论主要有计算机数据采集和数字信号处理。目前在这一领域内,使用较为广泛的计算机语言是美国 NI 公司的 LabVIEW。

虚拟仪器(virtual instrumention)是基于计算机的仪器。计算机和仪器的密切结合是目前仪器发展的一个重要方向。粗略地说这种结合有两种方式:一种是将计算机装入仪器,其典型的例子就是所谓智能化的仪器。随着计算机功能的日益强大以及其体积的日趋缩小,这类仪器功能也越来越强大,目前已经出现含嵌入式系统的仪器。另一种方式是将仪器装入计算机,以通用的计算机硬件及操作系统为依托,实现各种仪器功能,测试系统主界面如图 3.2-8 所示,测试系统断面及风速分布如图 3.2-9 所示。

图 3.2-8　测试系统主界面

该系统输出结果为 Tdms 格式,通过程序转化为可用 Microsoft 的 Excel 报表形式,不但方便了数据的整理,而且还可实现对象的链接和嵌入(OLE)。比如,可将 Excel 工作表嵌入 Word

文档,还可在 Excel 工作表中插入图形图像。

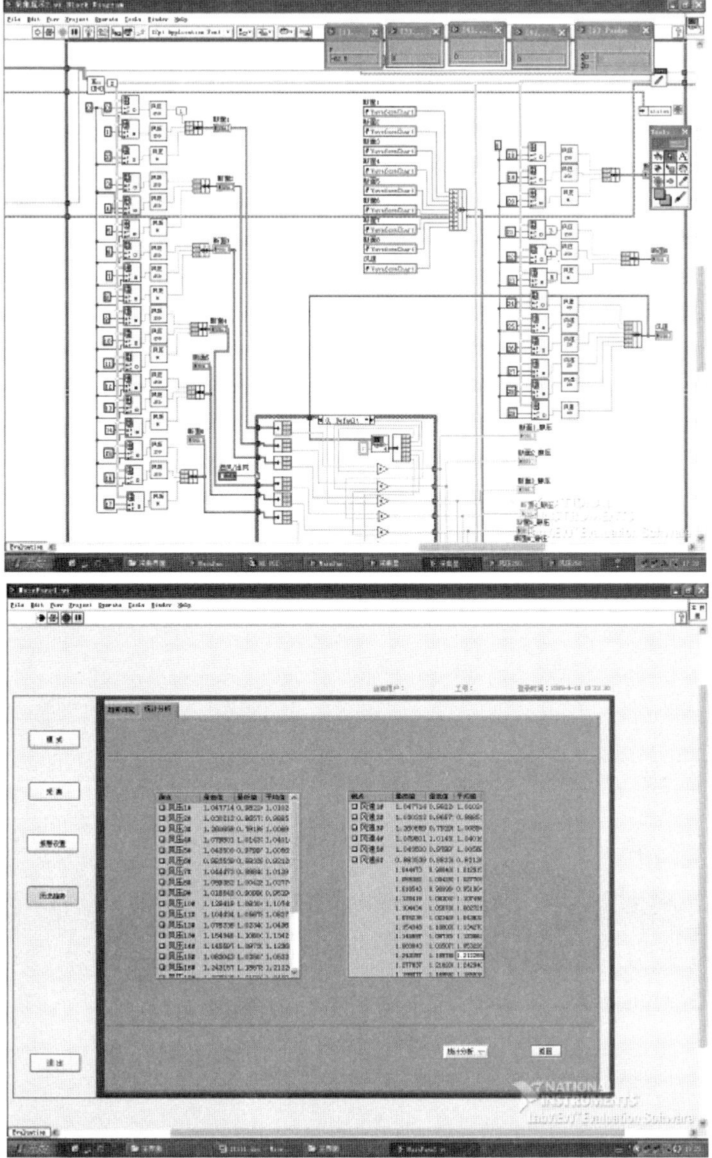

图 3.2-9 测试系统断面及风速分布

压力测量前端采用导风测压管,通过压电转换可以分别测量全压、风速测试仪器动压。每一个测试断面中设置 3 个测点,分别位于隧道拱顶和边墙处,风道内也安装有压力及风速测试元件。压电转换器固定在模型的顶部,通过屏蔽线把压电转换器连接到适配器,如图 3.2-10 所示。

隧道通风物理模型系统和数据采集系统安装完后,为进一步测试在实际工况运行时系统的稳定性、实时性和可靠性,通过试验进行检测。试验结果表明该测试系统运行稳定,采集数据准确、快速,能很好地满足试验要求。

图 3.2-10　调理适配器检验与测试试验

2)压力测试仪器选取

试验选取 Alpha Instruments(阿尔法仪器)的 361 系列微差压传感器。可测量差压或表压(静压),并将压力信号转换为相应的直流电信号,输出为 4 ~ 20mA,0 ~ 5VDC, 0 ~ 10VDC,也可以特制为其他可能的输出形式。风压测试仪器如图 3.2-11 所示,风速测试仪器如图 3.2-12 所示。

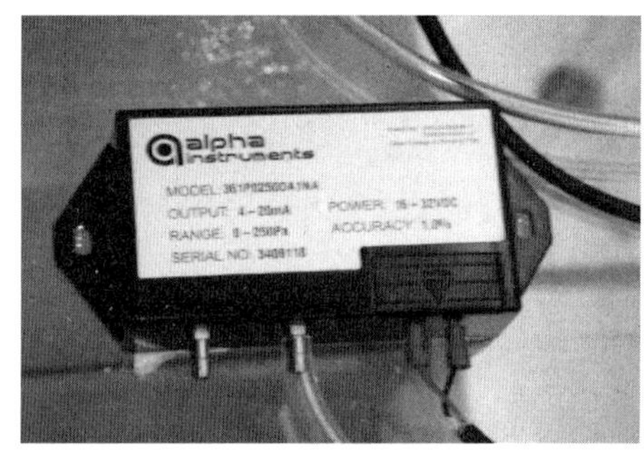

图 3.2-11　风压测试仪器

图 3.2-12　风速测试仪器

3.2.1.4　阻力隔栅设计

港珠澳大桥海底隧道原型全长 6700m,单洞隧道高 7.128m,行车道宽 14.55m,面积为 103.72m^2,风道高 4.1m,宽度为 4.5m,面积为 16m^2。按照比尺 1∶9 隧道模型长 744.4m,在室内模型试验中,隧道模型长度太大。根据隧道通风物理试验的经验,可取长度方向变率 $k=4$,则隧道模型长度为 166.39m。

在室内模型试验中,166.39m 的长度仍然存在测点调整等试验操作问题,采用阻力隔栅来进一步缩减长度。由于隔栅间距不应小于 3 倍当量直径,取隔栅间距为 3.6m。

阻力隔栅安装后,应在距离阻力隔栅不小于 5m 处设置测点测量阻力损失,以确定等效长度。通过数值模拟试验确定模型长度 72m,用阻力隔栅 19 个,符合试验要求。其中阻力格栅的形状和规则分为两种类型,见图 3.2-13 和图 3.2-14,在后续的试验中可以调整阻力格栅的个数。

图 3.2-13 钢丝网隔栅

图 3.2-14 有机玻璃隔栅

针对港珠澳大桥海底隧道通风整体模型试验,综合考虑变率模型法和等效模拟法的技术可行性、经济性、适用性等,选取等效模拟法进行通风物理模型试验。

应用等效模拟法进行隧道通风整体模型试验,需按摩阻等效理论,在模型隧道的适当部位安装可调节阻力隔栅,获得等效阻力而取得相应长度。因为阻力隔栅属于局部阻力性质,隧道正常通风段流体运动为稳定流,所以隔栅并不影响系统整体的流动相似。

由摩阻等效理论,可以推导等效摩阻系数计算公式。设等效模拟隧道通风模型段长为 L_m,摩阻损失系数为 λ_m,当量直径 D_m,模型断面平均流速为 v_m,隧道模型内空气密度为 ρ,则该段隧道通风模型阻力损失 ΔP_m 为:

$$\Delta P_m = \lambda_m \cdot \frac{L_m}{D_m} \cdot \frac{1}{2}\rho v_m^2 \tag{3.2-1}$$

阻力隔栅损失系数为 ξ_f,则对模型流体通过阻力隔栅的压力损失 ΔP_f 为:

$$\Delta P_f = \xi_f \cdot \frac{1}{2}\rho v_m^2 \tag{3.2-2}$$

因为要求摩阻等效,所以令 ΔP_m 与 ΔP_f 相等,即:

$$\Delta P_m = \Delta P_f \tag{3.2-3}$$

把式(3.2-1)和式(3.2-2)带入式(3.2-3)得:

$$\xi_f = \frac{\lambda_m \cdot L_m}{D_m} \tag{3.2-4}$$

在比尺为 1∶9 的隧道通风模型中,$D_m = 1.063$m,取 $\lambda_m = 0.025$,带入式(3.2-4)得:

$$\xi_f = 0.0235L_m \tag{3.2-5}$$

式(3.2-5)中 L_m 单位为 m。

针对港珠澳大桥海底隧道通风整体模型试验,应用等效模拟法进行隧道通风整体模型试验时,按式(3.2-5)在隧道通风模型的稳定流段安装阻力隔栅,即可获得相应长度的等效阻力。隔栅的损失系数可参照《公路隧道通风照明设计规范》(JTJ 026.1—1999)中表 A.0.5-2 出入口隔栅损失系数与有效面积比的关系、表 A.0.5-3 金属网筛损失系数与有效面积比的关系,初步确定隔栅的有效面积。

当需要获得的隧道模型长度较大时,可以采用多组阻力隔栅串联。试验研究表明,如阻力隔栅直接连接,相互干扰的结果使局部损失可能出现大幅度的增大或减少,变化的幅度约为所有单个正常局部损失总和的 0.5 ~ 3 倍;如阻力隔栅之间有一段长度不小于三倍当量直径的连接段,干扰结果可以忽略。

在隧道通风模型中采用多组阻力隔栅串联时,隔栅间距不应小于 1.08m,试验取隔栅间距为 3.6m。

阻力隔栅安装后,应在距离阻力隔栅不小于 $5D_m$ 处设置测点测量阻力损失,以确定等效长度。本模型取距离阻力隔栅 6.4m 处设置测点,测点 1、测点 2 分别位于阻力隔栅的两侧,测点 1 位于上风侧。测量两点的静压 P_{f1}、P_{f2},风速 v_1、v_2。由式(3.2-4)推导出:

$$\xi_f = \frac{P_{f1} - P_{f2}}{\frac{\rho}{6}(v_1^2 + v_2^2 + v_1 \cdot v_2)} \tag{3.2-6}$$

应用式(3.2-6)计算得到阻力隔栅与两测点间的沿程阻力和 ξ_f,由式(3.2-4)得:

$$L_m = 42.5\xi_f \tag{3.2-7}$$

则测点 1 和测点 2 的间距等效为隧道通风模型的长度 L_m,或由式(3.2-8)直接求得测点 1 和测点 2 之间的等效长度 L_m:

$$L_m = \frac{42.5(P_{f1} - P_{f2})}{\frac{\rho}{6}(v_1^2 + v_2^2 + v_1 \cdot v_2)} \tag{3.2-8}$$

根据摩阻等效理论,应用等效模拟法对港珠澳大桥海底隧道通风整体模型试验的模型长度进行优化,在隧道模型的正常通风段安装多组阻力隔栅,获得等效阻力而取得相应长度;同时结合试验条件,选取隧道模型长度为 72m。

3.2.2 沉管隧道洞口污染气体串流

运用 CFD 软件评估原洞口遮光棚设置方案在正常运营通风条件下,污染气体串流的影响范围及两洞之间串流量。结合数值模拟结果对原设计方案进行各种优化方案的数值模拟，分析污染气体扩散路径，提出港珠澳大桥沉管隧道洞口污染气体串流干预方案。

本部分采用计算流体力学软件 Ansys Fluent 建立与实际隧道尺寸比为 1：1 的数值模型，采用与隧道设计风速相同的边界条件对洞口污染气体的扩散路径进行数值模拟分析。图 3.2-15 为港珠澳大桥沉管隧道遮光棚段效果图。

图 3.2-15 港珠澳大桥沉管隧道遮光棚段效果图(初设方案)

为研究污染气体在洞口区域扩散路径，根据隧道洞口及遮光棚的实际形式，建立与实际隧道尺寸比为 1：1 的数值模型，采用一氧化碳作为示踪气体进行分析。

隧道出口处无风时，对原方案的污染空气串流情况进行模拟，其 CO 的浓度如图 3.2-16 所示。

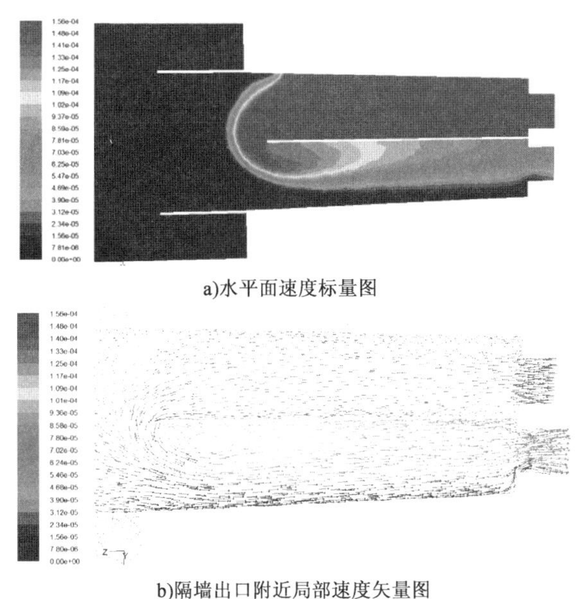

a)水平面速度标量图

b)隔墙出口附近局部速度矢量图

图 3.2-16 隧道洞口区域 CO 浓度分布图

由图 3.2-16 可以看出，下游隧道入口处的 CO 浓度较高，并且在隔墙附近的浓度最大。这是由于上游隧道的大部分污染空气由人工岛上的风塔排出，少量污染气体从洞口排出，其风速为 3m/s。由于下游隧道入口的风速为 7m/s，所以上游的污染空气会进入下游的隧道,这可以由图 3.2-16b)明显看出。

数值模拟得到检测污染空气的检测断面 1、2 的 CO 浓度分别为 150×10^{-6}、55.3×10^{-6},可知上游隧道内的污染空气约有 80% 进入了下游的隧道,因此有必要采取措施来降低隧道之间的串流对下游隧道的影响。为达到敞开段设计的优化,具体措施有增加隔墙的长度、遮光棚顶端开口及增加隔墙的长度 + 遮光棚顶端开口这三种方法,通过经济技术比较得到最优的方案。

通过对原方案及改进后的几种方案分别进行数值模拟,各方案的检测断面 2 的 CO 浓度见表 3.2-4。

各方案通风效果比较　　表 3.2-4

方　　案	原　方　案	隔墙加长 8m	遮光棚开口	隔墙加长 + 遮光棚开口
CO 浓度($\times10^{-6}$)	55.3	36.8	54.6	35.5

各方案通风效果比较柱状图如图 3.2-17 所示。

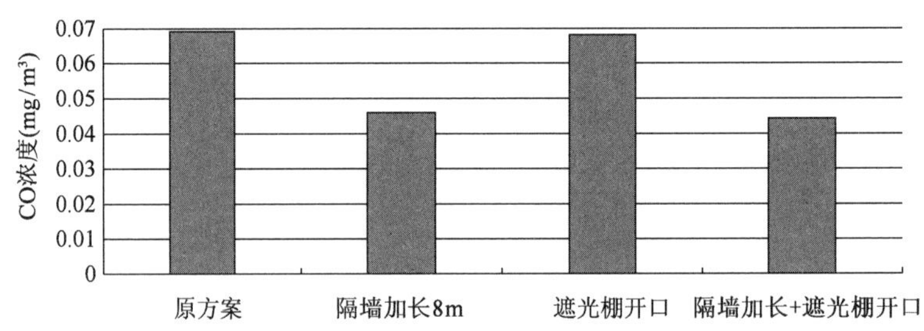

图 3.2-17　各方案通风效果比较图

由图 3.2-17 可以得出以下结论:

(1)由于左、右线隧道的横向间距较小,使得上游隧道的污染空气对下游隧道入口的空气产生影响。

(2)原方案的隔墙布置形式与改进后的隔墙加长布置形式相比,其下游隧道内的污染空气减少较为明显。

(3)由于遮光棚段顶端开口对下游隧道内的污染空气减少不明显,因此不建议采用该方法。

综上可知,隔墙加长就能明显地改善下游隧道内的空气质量,因此建议对敞开段隔墙加长。

数值模拟得到检测污染空气的检测断面 1 的 CO 浓度均为 150×10^{-6},检测断面 2 的 CO 浓度如表 3.2-5 所示。

检测断面 2 的 CO 浓度　　表 3.2-5

方　案	原方案 (-8m)	隔墙加长 8m	隔墙加长 20m	隔墙加长 30m	隔墙加长 40m	隔墙加长 50m
CO 浓度 ($\times10^{-6}$)	55.3	36.8	23.6	17.4	13.1	10.5

由图 3.2-18 也可以看出，随着隔墙长度的增加，其污染空气进入下游隧道的含量降低，在隔墙加长 20m 以后，隔墙长度对隧道污染空气的串流影响是减少的，即随着隔墙加长，污染空气进入下游隧道的含量是呈负指数下降，但下降不如隔墙加长 20m 以内的明显。在隔墙加长 35m 以后，可以将下游隧道内的污染空气的含量与上游隧道出口污染空气的含量比，即串流量评价因子控制在 25% 以内。因此在设计中，可以根据实际条件及相关规范对下游隧道内污染空气的含量要求及规定来选用不同的隔墙长度。

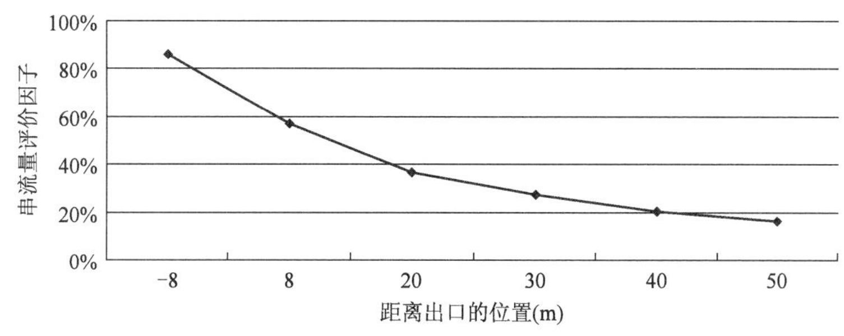

图 3.2-18　不同隔墙长度的通风效果比较图

注：图中距离出口的位置表示为以遮光棚段出口处为基准点，距离该基准点的位置。串流量评价因子表示上游隧道污染气体串流进入下游隧道的含量与上游隧道污染空气含量的比值。

由前面的计算可知，隔墙加长能明显改善下游隧道污染空气的质量，减少两隧道之间的串流。由于隔墙加长影响了总体的景观效果，故该方案实施的可能性很小。因此还必须考虑在不影响总体景观效果的情况下，进行敞开段的优化设计。

由图 3.2-19 可以看出，与遮光棚顶端开二道口（纵向长度为 5m 的长条状）相比，其下游的污染空气浓度较低。上游的大量污染空气均随着风流排出大气。数值模拟得到检测污染空气的检测断面 1 的 CO 浓度均为 150×10^{-6}，检测断面 2 的 CO 浓度为 3.7×10^{-6}，可知上游隧道污染空气有 5.76% 进入了下游隧道，改方案后通风效果改善非常明显。

综上可知，在下游隧道的遮光棚上开口，在不影响总体景观的情况下，就能很明显地改善整条隧道的通风效果，因此建议港珠澳大桥沉管隧道的敞开段右线隧道顶端遮光棚开三道长条状口,这样基本上能解决上下游隧道串流的问题。

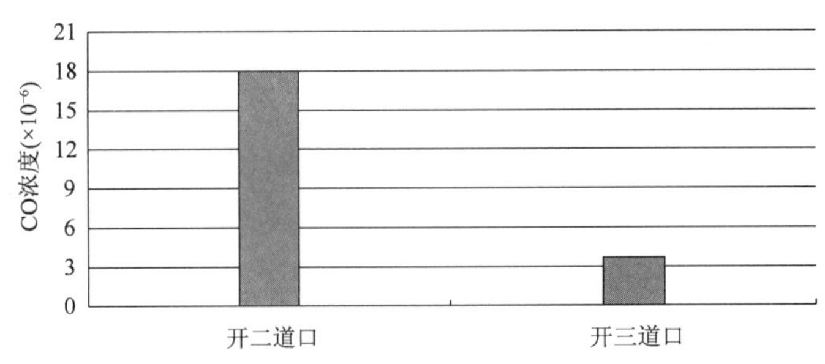

图 3.2-19　两种方案测点 2 的污染空气浓度对比图

3.2.3　射流风机节能技术

射流风机的射流作用不仅与风机本身的性能有关,还与风机布置位置等外部条件有关。因此有必要对射流风机的纵向布设间距、横断面不设计间距,从而对射流风机损失折减系数的影响进行研究,以达到射流风机位置布置的优化。采用计算流体力学软件 Ansys Fluent 软件对沉管隧道射流风机布置方式与损失折减效率之间的关系进行研究。

建立三维数值分析模型时应充分考虑风机的射流效果影响范围。取模型的纵向长度为600m,压力检测断面 1、2 分别取在距射流风机出、进口约 20m 位置。其模型及模型网格划分如图 3.2-20、图 3.2-21 所示。

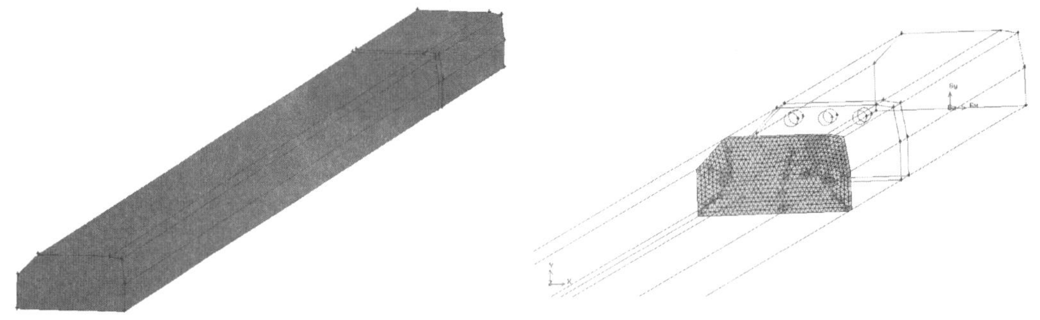

图 3.2-20　隧道三维模型图　　　　图 3.2-21　模型网格划分图

分别设置射流风机的下缘与拱顶之间的距离 L_1 为 1.5m、1.6m、1.7m、1.8m,对应的风机轴线与拱顶之间的距离 L_2 与射流风机直径 D 的比值为 0.75、0.83、0.92、1。计算结果如表 3.2-6 所示。不同风机安装高度单台风机损失系数如图 3.2-22 所示。

不同风机安装高度单台风机损失系数　　表 3.2-6

L_1(m)	1.5	1.6	1.7	1.8
L_2/D	0.75	0.83	0.92	1.00

续上表

p'_j	12.85	12.96	13	13.08
p_j	15	15	15	15
η	0.857	0.864	0.867	0.872

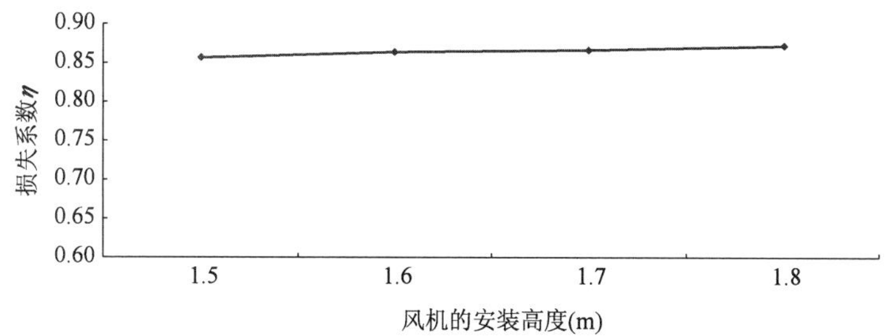

图3.2-22 不同风机安装高度单台风机损失系数

考察中间一台射流风机在隧道的中性线上,其三台射流风机的横向间距分别为1.5m、2m、2.5m、3m、3.5m、4m时,分析不同的横向间距对射流风机损失系数的影响,以此来确定射流风机横向最优间距。由于当三台射流风机的横向间距为4m时,在隧道拱顶上悬挂是不可行的,故不考虑该工况。

对这几种工况分别进行数值模拟,其计算结果如表3.2-7所示。

不同横向间距下的风机损失系数 表3.2-7

横向间距(m)	1.5	2.0	2.5	3.0	3.5
p'_j	25	26	26.7	27.2	27.4
np_j	45	45	45	45	45
η	0.691	0.713	0.729	0.740	0.744

图3.2-23给出了并联风机组在不同的横向间距下的风机效率曲线图。

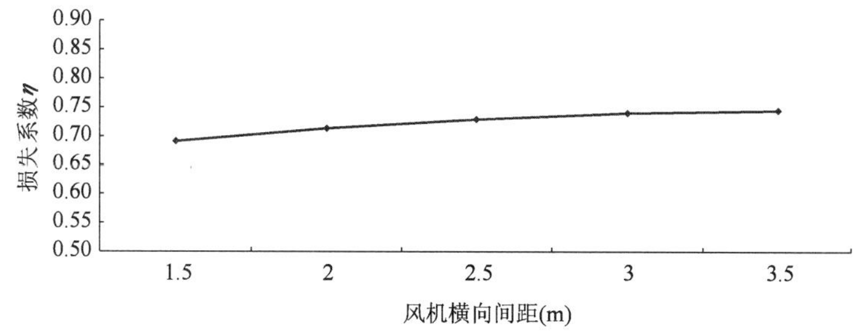

图3.2-23 不同横向间距下的风机损失系数

通过分析射流风机的纵向影响范围可知,隧道中射流风机的影响范围应为风机入口后方25m和风机出口前方155m处。本节分别对射流风机纵向间距为135m、157.5m、

200m 进行计算,从而确定港珠澳大桥沉管隧道射流风机最优的纵向间距。

对这几种工况分别进行数值模拟,其计算结果如表 3.2-8 所示。

不同风机纵向间距的损失系数 表 3.2-8

风机纵向间距(m)	135	157.5	200
p_j'	32.8	33.15	33.37
np_j	45	45	45
η	0.729	0.732	0.742

其曲线图如图 3.2-24 所示。

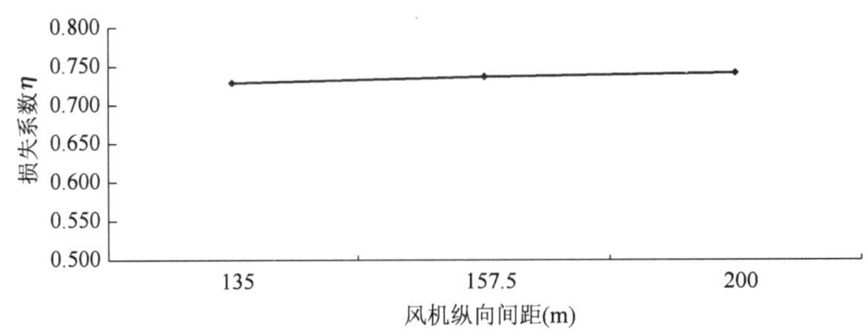

图 3.2-24 不同风机纵向间距的损失系数

由图 3.2-14 可知,随着射流风机的纵向间距增大,其效率是逐渐增大的,当风机纵向间距大于 157.5m 后其增加的幅度较小,这是由于射流升压效果的影响逐渐减小,由图 3.2-24 可以清晰看出,当风机的纵向间距达 135m 以上时,风机之间的气流影响很小,这与前面研究的结论是一致的。因此为了获得理想的升压力效果,射流风机的纵向间距不应小于 135m。

3.2.4 沉管隧道智能化通风系统开发

针对港珠澳大桥长大沉管隧道的特点,利用多目标智能化控制方法与风机变频技术,形成"主动式"的隧道风机控制方式与节能方法,并开发了港珠澳大桥海底沉管隧道节能、低碳的通风系统。

主要研究内容如下:

(1)通过车辆检测仪器,实时检测洞内车辆数和车辆的类型,将该数据输入到风机控制系统中。

(2)根据该车流量及车辆的类型,实时计算各时间段隧道所需的风量。

(3)根据实时的隧道需风量和洞内的 CO、烟雾等检测仪器及洞内的实际情况,对轴流风机和射流风机进行自动控制，确保洞内的空气达到规范容许的浓度，从而实现隧道的运营通风节能。

开发的隧道通风程序系统软件可以实现以下功能：

(1)程序的设计采用可视化编程，能进行交互式操作，使得操作更加简单明了，同时可以通过车辆检测仪器和车辆类型的数据，直接计算出实时的风量和轴流风机的功率，以及射流风机的台数与功率。

(2) 通过计算实时的隧道所需的轴流风机的功率和射流风机的台数与功率，控制风机的自动运行。

(3)对于轴流风机的控制，根据电机的变频调速技术原理，对轴流风机进行变频调速节能。

(4)对于射流风机的控制，确定实时的洞内所需射流风机的台数，从而控制射流风机的开启和关闭的台数。同时保证洞内各组射流风机运行的总时间基本相同，射流风机在总个隧道中开启台数基本保持均匀布置。

在基于 Windows 的平台可视化集成开发环境中，Visual Studio 是 Windows 编程的最佳选择。所以，本系统以 Visual Studio 2012 为开发平台，采用 C#开发语言，研制了港珠澳大桥沉管隧道智能通风系统。程序的技术路线如图 3.2-25 所示。

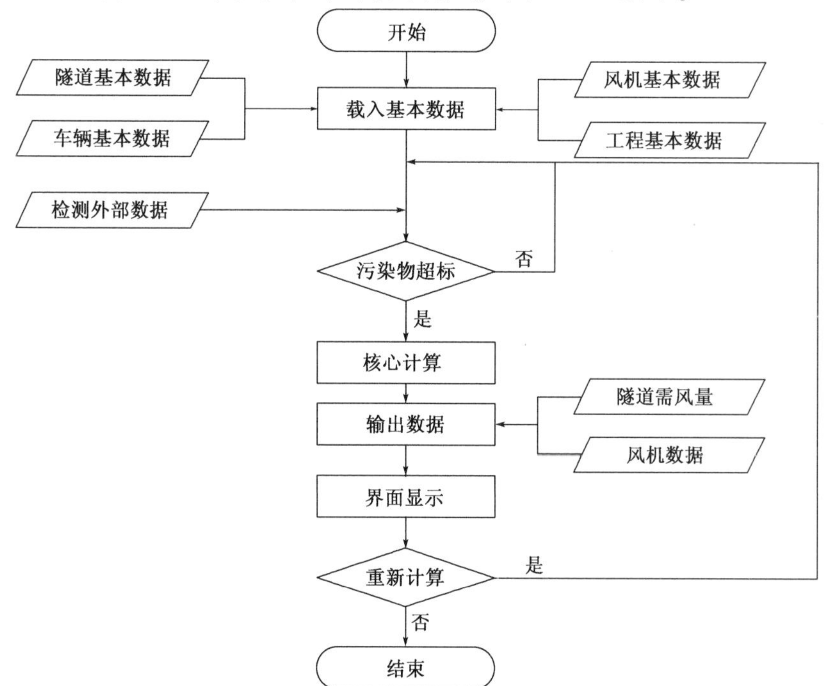

图 3.2-25 隧道智能通风系统程序技术路线

操作系统:Windows XP/Windows 7/Windows 8;

运行环境:Net Framwork 3.5/4.0/4.5。

软件的首页如图 3.2-26 所示。

图 3.2-26　智能化通风模拟系统软件的首页

系统运行的主界面如图 3.2-27 所示。

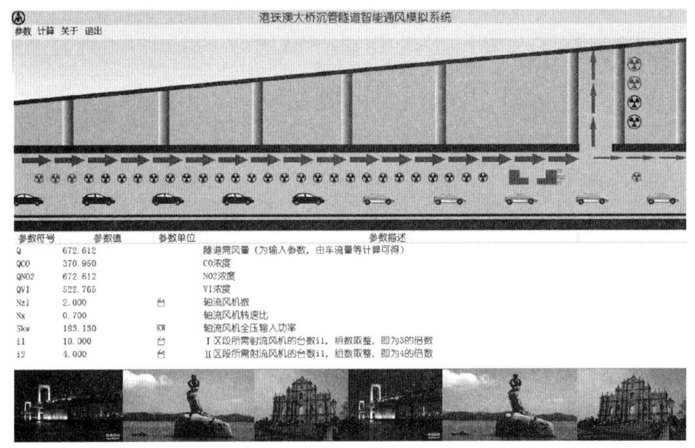

图 3.2-27　系统运行的主界面

3.2.5　沉管隧道照明节能减排关键技术

3.2.5.1　隧道照明系统设计

沉管隧道照明系统是隧道运营期的能源消耗大户,如何实现隧道照明系统节能运营意义重大。目前高速公路隧道照明通常采用的灯具为高压钠灯和 LED 灯两种。

高压钠灯具有发光效率高、寿命长、穿透性强以及不诱虫等诸多优点。其次,高压钠灯的发展经历了几十年,光源及灯具技术相当成熟,在国内外大型工程中已广泛应用,特别是高压钠灯穿透性好的特点，当隧道内车辆排放的烟尘影响行车驾驶员的视觉时，高压钠灯可大大提高隧道亮度。LED 隧道灯具有长寿命、低光衰、高效节能、绿色环保、高显色性等优点。LED 灯具发出的光接近自然光，使物体颜色更真实自然，在车辆进入隧道后，驾驶员可以很快适应光线颜色变化，确保行车安全。另外，LED 隧道灯可以瞬间启动，断电后重新接通电源光源可即刻点亮，降低等待照明系统恢复正常过程中对交通安全可能造成的隐患。

考虑沉管隧道通车运营后隧道照明的经济性，并结合隧道所在地理位置特点及隧道内车辆组成比例，本隧道照明的光源采用高压钠灯和 LED 隧道灯相结合的设计方案。入口段为应对海洋环境中雾气天气的影响，采用透光性更好的高压钠灯和 LED 灯结合方式，入口段加强照明灯具选用高压钠灯和 LED 灯混合布置，过渡段和出口段加强照明灯具选用 LED 灯，中间段基本照明灯具选用 LED 灯。照明控制方式采用手动控制和自动控制两种方式相结合。

3.2.5.2 沉管隧道照明节能影响因素

根据沉管隧道的地理特点，沉管隧道照明节能影响因素主要包括隧道环境、灯具选择、设计方法及控制方法。

1）隧道环境

隧道环境包括洞外环境及洞内环境。洞外环境决定了隧道照明设计的基础参数——洞外亮度 $L_{20}(S)$ 的取值，洞内环境主要包括路面及墙壁材料。

（1）洞外亮度 $L_{20}(S)$

长大沉管隧道内加强照明占了照明总能耗的 50% 以上，其中入口段亮度是根据洞外亮度 $L_{20}(S)$ 与入口段亮度折减系数的乘积取值，其亮度值的大小直接影响长大沉管隧道入口段加强照明和过渡段加强照明的设计规模。

根据《公路隧道照明设计细则》（JTG/T D70/2-01—2014），洞外天空面积百分比越高，洞外亮度取值越大，洞内照明强度就越大，对应电气设备投资及能耗就越高。与山岭隧道相比，长大沉管隧道受其地理条件影响，洞外天空面积百分比通常较高，加之晴天海面水波泛光，也会加大洞外亮度。因此，在进行长大沉管隧道照明设计时，设计人员应先对隧道洞外亮度进行实测，根据实测结果设计洞内照明，并采取合理的减光措施，这样不仅可以避免照明系统设计规模过大而造成电气设备投资上的浪费，而且可以减少运营过程中的能耗。

研究表明，每降低 1000cd/m^2 的洞外亮度取值，可减少 30% 的照明功率，设备投资可减少20%。

(2)路面及墙壁材料

不同路面及墙壁材料由于反射系数和亮度、照度比不同,对隧道内光环境的增益效果亦不同。亮度信息直接影响隧道内驾乘人员的安全性与舒适度,因此从降低能耗及行车舒适性考虑,设计阶段应尽可能采用沥青路面。

另外,采用高反射率的墙面材料,也会使隧道内路面的平均亮度得到提高。美国隧道照明规范ANSV/IESNA RP22-11中建议,“选择易维护、高反射率、非镜面反射且初始反射率至少为50%(如环氧树脂漆)的墙面材料,使用这些材料对计算隧道亮度、亮度均匀度、物体对比等有影响”。国际照明委员会文件CIE 2004中认为,“较高的洞壁反射比非常重要,因为洞壁有助于光的相互反射,并且洞壁照明对乘车者的视觉引导有很大好处。选择隧道表面反射比对照明设备能否达到照明设计标准的效果有重大影响。反射比特性(反射、散播及其他)对照明设备的有效使用具有重大影响”。我国《公路隧道照明设计细则》(JTG/T D70/2-01—2014)指出,“隧道两侧墙面2m高范围内,应铺设反射率不小于70%的墙面材料”,并规定当隧道内通行时间超过135s时,可以将隧道的中间段划分成两个区段,当隧道内墙面的反光系数不小于0.7时,中间段的第二个照明区段的亮度值可设计为前一区段的50%且不低于1.0cd/m^2。

2)灯具选择

选用高效的光源有利于减少电能的消耗,目前隧道常用的光源有高压钠灯、荧光灯和LED灯,高压钠灯具有高效、光通量高、透雾性强、光色柔和、特性稳定等优点,但其显色性较差,不易控制。随着LED灯制造工艺的不断成熟,其特有的高寿命、高光效、低能耗、高显色指数、易于控制等优点已被广泛使用到隧道照明中。与高压钠灯相比,在同等视觉条件下,LED灯可以节电60% ~70%,其显色指数可达75~80,发光颜色更接近于自然光,视觉效果逼真,能够提高道路照明质量。

隧道照明作为一种管状照明结构,要求从灯具发出的光应尽可能地照亮路面区域。因此,要求从灯具出射的光在照明区域形成一种矩形照明,相比较而言,具有蝙蝠状配光分布的灯具既有利于满足矩形光照分布要求,又有利于照明节能。在灯具的造型上,除了选择高光效、高显色性、高寿命的灯具之外,还要考虑灯具配光分布的合理性。

3)设计方法

随着新材料、新工艺和新技术不断涌现,对公路隧道照明系统设计提出了新的要求。目前公路隧道照明设计主要依据《公路隧道照明设计细则》(JTG/T D70/2-01—2014)。设计中存在以下问题:

(1)设计人员以满足规范各项设计指标或参数为目的,缺乏创造性,设计千篇一律,限制了新技术的合理应用。

(2)难以达到安全和节能的合理匹配。规范中一般不明确指出合理的安全目标或标准,而是给出设计的最低标准。因此,这种设计很难做到既经济又合理。照明设计中应充分考虑隧道布灯方法、照明配线设计方法、自然光和人工光结合的隧道布灯方法等。

4)控制方法

不同天气、不同季节及不同时刻的洞外亮度与不同车流量对隧道照明的要求不同,其对照明功率的要求亦不同。目前,我国隧道多采用晴天、阴天、重阴天(及傍晚)、夜间和下半夜五级调光方式,这种亮度等级考虑了一定的车流量因素,但是没有考虑季节因素,因此照明能耗仍然存在相当大的优化空间。

采用隧道照明智能控制方式,根据不同季节、不同天气的洞外亮度及不同车流量的情况对照明灯具进行实时控制,可实现真正意义上的按需照明。这种控制方式随着 LED 控制技术的不断成熟已成为可能,LED 的工作电流在额定范围内可大可小,实现无极调光方式,起到相当显著的节能效果。

3.2.5.3 沉管隧道照明节能补灯方法

采用自然光隧道照明的方式会受到天气和早晚日照的影响,在实际隧道照明过程中往往采用自然光和人工光相结合的方式进行隧道照明,从而大大减少隧道耗电量,并降低沉管隧道运营维护成本。自然光和人工光结合的隧道布灯方法的具体步骤介绍如下。

(1)步骤一:按照白天照明方式对隧道每个照明段布灯,具体按下列步骤进行。

第 1 步,获取隧道宽度 W 和隧道外亮度 L;测量隧道各照明段的长度,获得入口段的长度 D_1、过渡段 1 的长度 D_2、过渡段 2 的长度 D_3、过渡段 3 的长度 D_4、出入口段的长度 D_5 和中间段的长度 D_6,若没必要设置某个过渡段,则该过渡段的长度为零。

第 2 步,计算各照明段需要的照明光通量。

入口段需要的照明光通量 $G_{入} = L \cdot K_{入} \cdot F \cdot W \cdot D_1$

过渡段 1 需要的照明光通量 $G_{过1} = L \cdot K_{过1} \cdot F \cdot W \cdot D_2$

过渡段 2 需要的照明光通量 $G_{过2} = L \cdot K_{过2} \cdot F \cdot W \cdot D_3$

过渡段 3 需要的照明光通量 $G_{过3} = L \cdot K_{过3} \cdot F \cdot W \cdot D_4$

出入口段需要的照明光通量 $G_{出} = 5B \cdot F \cdot W \cdot D_5$

中间段需要的照明光通量 $G_{中} = B \cdot F \cdot W \cdot D_6$

式中,$K_{入}$、$K_{过1}$、$K_{过2}$、$K_{过3}$分别表示入口段、过渡段 1、过渡段 2、过渡段 3 的折减系数;

F 表示路面反射性能；B 表示中间段需要达到的亮度。

第 3 步，对过渡段 3 进行白天照明布灯，若没必要设过渡段 3，则直接做第 4 步。判断是否有能满足入口段、过渡段 1、过渡段 2、过渡段 3 所需要的照明光通量，且最大导光长度为 $D_1+D_2+D_3+D_4$ 的第一太阳能导光光纤，若有该第一太阳能导光光纤，则从隧道入口段的入口处开始在隧道内铺设长度为 $D_1+D_2+D_3+D_4$ 的所述第一太阳能导光光纤，以满足入口段、过渡段 1、过渡段 2、过渡段 3 所需要的照明光通量。

若没有该第一太阳能导光光纤，则对过渡段 3 进行 LED 照明灯白天照明布灯。

第 4 步，对过渡段 2 进行白天照明布灯，若没必要设过渡段 2，则直接做第 5 步。判断是否有能满足入口段、过渡段 1、过渡段 2 所需要的照明光通量，且最大导光长度为 $D_1+D_2+D_3$ 的第二太阳能导光光纤，若有该第二太阳能导光光纤，则从隧道入口段的入口处开始在隧道内铺设长度为 $D_1+D_2+D_3$ 的所述第二太阳能导光光纤，以满足入口段、过渡段 1、过渡段 2 所需要的照明光通量。

若没有该第二太阳能导光光纤，则对过渡段 2 进行 LED 照明灯白天照明布灯。

第 5 步，对过渡段 1 进行白天照明布灯，若没必要设过渡段 1，则直接做第 6 步。判断是否有能满足入口段、过渡段 1 所需要的照明光通量，且最大导光长度为 D_1+D_2 的第三太阳能导光光纤，若有该第三太阳能导光光纤，则从隧道入口段的入口处开始在隧道内铺设长度为 D_1+D_2 的所述第三太阳能导光光纤，以满足入口段、过渡段 1 所需要的照明光通量。

若没有该第三太阳能导光光纤，则对过渡段 1 进行 LED 照明灯白天照明布灯。

第 6 步，对入口段进行白天照明布灯。判断是否有能满足入口段所需要的照明光通量，且最大导光长度为 D_1 的第四太阳能导光光纤，若有该第四太阳能导光光纤，则从隧道入口段的入口处开始在隧道内铺设长度为 D_1 的所述第四太阳能导光光纤，以满足入口段所需要的照明光通量。

若没有该第四太阳能导光光纤，则对入口段进行 LED 照明灯白天照明布灯。

第 7 步，对中间段进行白天照明布灯。判断是否有能满足中间段、出入口段所需要的照明光通量，且最大导光长度为 D_5+D_6 的第五太阳能导光光纤，若有该第五太阳能导光光纤，则从隧道出入口段的出入口处开始在隧道内铺设长度为 D_5+D_6 的所述第五太阳能导光光纤，以满足中间段、出入口段所需要的照明光通量。

若没有该第五太阳能导光光纤，则对中间段进行 LED 照明灯白天照明布灯。

第 8 步，对隧道的出入口段进行白天照明布灯。判断是否有能满足出入口段所需要的照明光通量，且最大导光长度为 D_5 的第六太阳能导光光纤，若有该第六太阳能导光光纤,则从隧道出入口段的出入口处开始在隧道内铺设长度为 D_5 的所述第六太阳能导光光纤,以满足出入口段所需要的照明光通量。

若没有该第六太阳能导光光纤,则对出入口段进行LED照明灯白天照明布灯。

(2)步骤二:按照夜间照明方式,对隧道内仅铺设太阳能导光光纤的照明段,以中间段进行LED照明灯夜间照明布灯。由于仅在发光终端发光,因此各照明段铺设的太阳能导光光纤只对该照明段提供照明光通量,在对各照明段进行白天照明布灯时,只需要直接满足步骤一第2步中计算的照明光通量即可,步骤一第3~8步的顺序也可以颠倒互换。

①所述进行LED照明灯白天照明布灯按下列步骤进行:

第1步,获取隧道宽度 W、车道数及隧道内的照明高度 h_1 这些基础数据,在该照明高度 h_1 以下的隧道侧壁和路面均需要照明灯的光线照射。

第2步,选择各个照明段的横向布灯方式,根据横向布灯方式确定所需照明灯的横向光束角,并制作所需照明灯。

a.隧道的中间段:

根据隧道的宽度 W 与隧道内的照明高度 h_1 选择横向布灯方式,根据横向布灯方式确定所需照明灯的横向光束角 θ_1。

b.隧道的入口段、过渡段和出入口段:

采用双边对称加中间布灯方式,确定中间照明灯的安装高度 $h_{中}$,根据隧道宽度 W、照明高度 h_1 和中间照明灯安装高度 $h_{中}$,确定双边对称加中间布灯方式下中间照明灯的中灯横向光束角 $\theta_{3中}$。

确定两侧照明灯安装高度 $h_{边}$,根据隧道宽度 W、照明高度 h_1 和两侧照明灯安装高度 $h_{边}$,确定双边对称加中间布灯方式下两侧照明灯的侧灯横向光束角 $\theta_{3边}$。

根据所述中灯横向光束角 $\theta_{3中}$ 制作中间所需照明灯,根据所述侧灯横向光束角 $\theta_{3边}$ 制作两侧所需照明灯。

第3步,确定照明灯纵向光束角 ψ 和隧道纵向布灯间距 s。

②所述进行LED照明灯夜间照明布灯按下列步骤进行:

第1步,获取隧道宽度 W、车道数及隧道内的照明高度 h_1 这些基础数据,在该照明高度 h_1 以下的隧道侧壁和路面均需要照明灯的光线照射。

第2步,根据隧道的宽度 W 与隧道内的照明高度 h_1 选择横向布灯方式,根据横向布灯方式确定所需照明灯的横向光束角 θ_1。

第3步,确定照明灯纵向光束角 ψ 和隧道纵向布灯间距 s。

白天照明时，铺设有太阳能导光光纤的照明段由太阳能导光光纤提供所需的照明光通量，其他照明段由 LED 照明灯提供所需照明光通量。黎明、黄昏和其他隧道外亮度较低时段，仅由太阳能导光光纤照明不能满足铺设有太阳能导光光纤照明段的照明光通量时，调节该照明段的 LED 照明灯，使该照明段的照明光通量满足照明需求。夜间照明时，太阳能导光光纤不能提供光通量，整个隧道照明由各照明段的 LED 照明灯提供，调节各照明段的 LED 照明灯，使各照明段的照明光通量满足中间段所需照明光通量。

3.2.5.4　沉管隧道照明节能控制方法

根据自然光和人工光结合的灯具布设方式，确定自然光和人工光的隧道照明控制方法，以达到充分利用太阳能、满足隧道各照明段的照明光通量，并大大地减少隧道耗电量的研究目的。

基于上述布灯方法的隧道照明控制方法，其关键在于按下列步骤进行：

步骤一：确定隧道各照明段的布灯方式。

布灯方式有两种：第一种，仅布有 LED 照明灯；第二种，布有 LED 照明灯的同时，还铺设太阳能导光光纤。

步骤二：实时检测隧道中各照明段的照明光通量。

步骤三：判断中间段的照明光通量是否小于中间段的所需照明光通量。若小于，则调节中间段的 LED 照明灯，使中间段的照明光通量等于中间段的所需照明光通量；若不小于，则进入步骤四。

步骤四：分别判断隧道中除中间段外，其他照明段的照明光通量是否小于各照明段对应的所需照明光通量。若有照明段的照明光通量小于该照明段的所需照明光通量，则进入步骤五；若各照明段的照明光通量都不小于各照明段对应的所需照明光通量，则回到步骤二。

步骤五：计算除中间段外采用第二种布灯方式的照明段中，太阳能导光光纤提供的照明光通量。

步骤六：分别判断除中间段外采用第二种布灯方式的各照明段中，太阳能导光光纤提供的照明光通量是否小于中间段的照明光通量。若小于，则调节该照明段中 LED 照明灯的照明光通量，使该照明段的照明光通量等于中间段的照明光通量。调节照明段中 LED 照明灯的照明光通量有两种情况：将 LED 照明灯的照明光通量增大、将 LED 照明灯的照明光通量降低。隧道中各照明段在夜间的照明光通量应等于中间段的照明光通量，因此从黄昏到夜间过渡的这段时间，隧道外亮度逐渐降低趋近于零，太阳能导光光纤提供的照明光通量也随之逐渐降低趋近于零，小于中间段的照明光通量，需要增加 LED 照明灯的照明光通量来补充。反之，从夜间到黎明过渡的这段时间，随着隧道外亮度逐渐增加，太阳能导光光纤的照明光通量逐渐变大，需要减少 LED 照明灯的照明光通量来使照明段的照明光通量等于中间段的照明光通量。

若除中间段外的采用第二种布灯方式的各照明段中，太阳能导光光纤提供的照明光通量都不小于中间段的照明光通量，则进入步骤七。

步骤七：按照各照明光通量理论值，调节除中间段外其余仅布有 LED 灯照明段的照明光通量；返回到步骤二。

各照明段的照明光通量理论值为：

入口段需要的照明光通量 $G_{入} = L \cdot K_{入} \cdot F \cdot W \cdot D_1$

过渡段 1 需要的照明光通量 $G_{过1} = L \cdot K_{过1} \cdot F \cdot W \cdot D_2$

过渡段 2 需要的照明光通量 $G_{过2} = L \cdot K_{过2} \cdot F \cdot W \cdot D_3$

过渡段 3 需要的照明光通量 $G_{过3} = L \cdot K_{过3} \cdot F \cdot W \cdot D_4$

出入口段需要的照明光通量 $G_{出} = 5B \cdot F \cdot W \cdot D_5$

中间段需要的照明光通量 $G_{中} = B \cdot F \cdot W \cdot D_6$

隧道各照明段的所需照明光通量即照明光通量理论值，应符合下式的变化规律：

入口段≥过渡段 1≥过渡段 2≥过渡段 3≥中间段≤出入口段

可以看出，中间段是所有照明段中所需照明光通量最低的。确定的隧道中间段的所需照明光通量是一个定值，不会随隧道外亮度的变化而变化，当中间段的所需照明光通量确定后，调节中间段的 LED 照明灯，使中间段的照明光通量等于所需照明光通量，不管中间段采用的是哪种布灯方式，保持中间段的照明光通量恒定为该照明段所需照明光通量。当隧道外亮度趋近于零时，隧道各照明段的所需照明光通量全部等于中间段所需照明光通量。而太阳能导光光纤为隧道提供的照明光通量能随隧道外的亮度自适应的变化，对于隧道内所需照明光通量的不足部分，通过调节隧道内的 LED 照明灯补充，本照明控制方案即依照这个原理来设计。

当照明段的照明光通量不小于该照明段的所需照明光通量时，表明隧道外亮度比较高，此时采用第二种布灯方式的照明段其照明光通量由太阳能导光光纤提供，采用第一种布灯方式的照明段其照明光通量由 LED 照明灯提供。

当照明段的照明光通量小于该照明段的所需照明光通量时，表明隧道外亮度比较低,各照明段的所需照明光通量也随着隧道外亮度降低,采用第二种布灯方式的照明段的太阳能导光光纤此时提供的照明光通量也相应降低。

若太阳能导光光纤提供的照明光通量不小于中间段照明光通量,表明太阳能导光光纤提供的照明光通量仍然满足对应照明段的所需照明光通量,此时除中间段外,采用第一种布灯方式的照明段所需照明光通量也降低,因此调整这些照明段的 LED 照明灯的照明光通量,使之与相邻靠前的照明段的照明光通量一致。

若太阳能导光光纤提供的照明光通量小于中间段照明光通量,表明太阳能导光光纤提供的照明光通量已不能满足对应照明段的所需照明光通量,甚至连隧道照明段的最低照明光通量即中间段的照明光通量也不能满足,此时就需要调节该照明段的 LED 照明灯的照明光通量来补充,使太阳能导光光纤和 LED 照明灯共同提供的照明光通量满足该照明段的最低照明光通量,即中间段的照明光通量。

3.2.6　沉管隧道口部建筑减光关键技术

3.2.6.1　人眼视觉适应曲线

1)现场实测研究

为寻找隧道洞口,根据车速及人眼反应时间,找出正常人进入隧道时对亮度适应时间的变化规律。经分析研究得到沈大高速公路关于人眼在不同亮暗变化下适应的情况,并提出减光技术设计要点。

(1)调查实例

此次隧道减光技术研究对大连 5 个隧道进行了调研,重点对 3 个隧道进行了图像采集、现场测试、主观评价。土羊高速公路全路段要经过 3 个隧道,由东向西依次是金州隧道、革镇堡隧道和夏家河隧道。

①金州隧道。

金州隧道(图 3.2-28)位于沈大高速公路,为四车道大跨径公路隧道。该隧道全长 521m,单洞净宽 19.44m,净高 9.475m。第一次以车速 30km/h 通过,第二次以车速 80km/h(最大时达 95km/h)通过,分别进行摄像,返回并停车拍照记录照度。

入口段行车速度 80km/h,停车视距为 100m,测试时间 16:17,亮度测试结果 1000cd/m^2;隧道内测试值 1.7cd/m^2,2.39cd/m^2。

隧道洞外照度 4630lx,光源全部采用高压钠灯,共安装灯具 148 个(套),灯具横向排布,通过灯具开启数量达到各区段减光。

a)入口

b)出口

图 3.2-28 金州隧道

②革镇堡隧道。

大连土羊高速公路上的革镇堡隧道(图 3.2-29)是一座双洞双向四车道高速公路长隧道,左洞长 1585m,右洞长 1600m,以车速 100km/h 通过,进行摄像。

a)入口

b)出口

图 3.2-29 革镇堡隧道

隧道入口段,测试时间 18:19,洞外平均亮度测试结果 30cd/m^2,隧道入口段亮度 10cd/m^2,隧道内基本段 3cd/m^2。

③石门山隧道。

石门山隧道是大连市西部通道(非高速公路)的中枢环节,石门山隧道全长 3100m,为上下行分离式的双向六车道(图 3.2-30)。以行车速度 100km/h 穿越隧道,进行图像采集和主观评价,在停车视距 158m 处停车,进行亮度、照度测试。

北向入口,测试时间 12:44,测试结果 $L_{20}(s)=5756.12$cd/m^2(车外拍摄);南向入口,测试时间 12:34,由南向北行驶,平均亮度测试值如下:

a. 遮光棚外 2237.15cd/m^2,遮光棚内 684.07cd/m^2。

b. 隧道内测试值 16.78cd/m^2、4.68cd/m^2、4.38cd/m^2、5.04cd/m^2、7.23cd/m^2、334.4cd/m^2。

a)北向出入口

b)南向出入口遮光棚

图 3.2-30　石门山隧道

c. 隧道出口洞外平均亮度 3008.21cd/m²(该测试值均为透过挡风玻璃拍摄所得)。

隧道洞外照度 13080lx;隧道内人工照明光源采用荧光灯,灯具纵向排布有效地避免了斑马效应,通过开启数量的变化实现入口处的分段减光。隧道洞内、洞外如图 3.2-31 所示。

a)洞内

b)洞外

图 3.2-31　隧道洞内、洞外

④茶叶沟隧道。

以车速 100km/h 通过双车道并进行了图像采集。参与人员主观评价,普遍认为很亮。分析认为,测试时间为 18:10,洞外亮度降低,主观感觉洞内变亮。

⑤结论。

以驾驶员主观感受为参考依据(可参考表 3.2-9 内容)。

a. 隧道内分区段的亮度逐级递减,驾乘人员感受不强烈。

b. 重点在于隧道入口处,亮度突变造成短暂视觉功能降低,是在隧道口减光设计中应当重点考虑的问题。

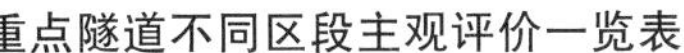

重点隧道不同区段主观评价一览表　　表3.2-9

名称		评价	天气	时间
金州隧道	入口	感觉明亮舒适	阴	16:17
革镇堡隧道	入口	感觉舒适明亮	阴	18:19
	基本段	斑马效应	阴	
石门山隧道	北入口	有约0.5s的漆黑一片现象	晴	12:44
	南入口	无漆黑一片现象		
	北出口	突然变亮		
	南出口	舒适		

(2)对隧道洞口减光技术建议

①设置减光棚的必要性。

以100km/h进入隧道时,瞬间由高亮度变成低亮度,瞳孔来不及扩张,因而进入人眼内的光线不足,造成视看功能的下降,可以通过预先降低一下亮度,使瞳孔在正式进入隧道时已经达到扩张状态。因此,洞外设置减光段是非常必要的,且在出入口处都有设计的必要,不仅实现入口逐级亮度递减,也能在出口达到良好效果。遮光棚形式根据出入口不同可分别设计,建议入口的遮光棚要逐级降低亮度。

②减光段长度的确定。

减光段长度应依据“亮度改变瞳孔完成扩张的用时”来确定,完成瞳孔放大或收缩的生理变化,时间上来讲绰绰有余,即长度满足要求。

③减光量的确定。

由傍晚时对金州隧道穿行感受可知,进入隧道时,没有出现短暂强烈的视看功能降低的情况,因此,金州隧道此时的洞外亮度值(1000cd/m^2)可作为石门山隧道入口减光段结束处的设计亮度,从理论上讲这种方法是合理可行的。石门山隧道正午的洞外平均亮度5756.12cd/m^2(此值与在海面上测得的平均亮度相近),通过这种方法解决了减至多少的问题,减光后达到1000cd/m^2,能避免“一片漆黑”现象的发生。石门山南入口在遮光棚内隔玻璃测得的亮度是684cd/m^2,也没有发生突然眼前发黑的现象,说明这个要求不仅合理,而且是可行的。

④减光段采用逐级减光的方式。

根据亮度图,可以看出外部和内部的亮度差是三倍关系,推断出在进行减光设计时,将减光段分成三段逐级减光,每级以1/3总减光量递减,从而解决了如何减光的问题。

⑤隧道内的分段减光技术分析。

金州隧道(521m)相对较短,石门山隧道(3100m)相对较长;驾驶员高速驶入(100km/h)石门山隧道后,主观感受普遍认为隧道内的光环境非常舒适;因而较长的石门山隧道内的分区段减光值得借鉴。港珠澳大桥设计方案与大连的隧道调研结果比较如图3.2-32所示。

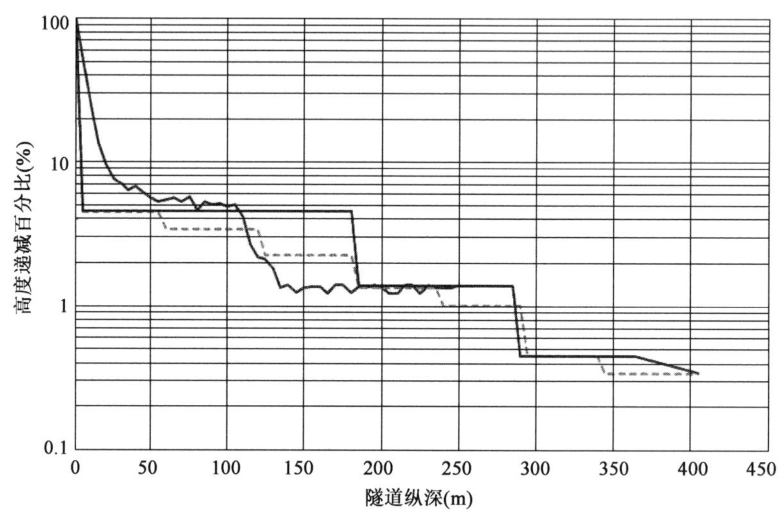

图3.2-32　港珠澳大桥设计方案与大连的隧道调研结果比较

2)试验室验证研究

开展生理光学试验,根据车速及人眼反应时间,获得正常人在隧道外的客观光环境亮度到隧道内暗适应和隧道内的人工照明设计亮度的适应时间变化规律。建立人眼生理光学试验曲线。

(1)试验内容

本试验先将被试者的眼睛暴露于强光下,然后使眼睛处于暗环境中。在暗适应过程中,不时测定对一较低亮度条件下识别目标所需要的时间,所得结果即可绘成曲线。曲线的纵坐标为目标亮度值,横坐标为暗适应时间。试验共分为三组,试验内容如下。

第一组试验的地点选在混响试验室内进行,亮视觉环境由安置在混响试验室内的三只卤钨灯提供。

第二组试验的地点选在模型加工室内进行,亮视觉环境为室外天然光环境。

第三组试验的地点选在光学试验室内进行,亮视觉环境为室外天然光环境。

(2)试验步骤

①第一组试验。

从青年男女中随机抽样 28 名测试对象,分为 3 组。在暗室内,使用三盏卤钨灯创造初始的亮度条件,用可调 LED 创造不同等级的亮度条件,用 BM-5 和 SM 系统两种测光方式读取亮度值。

先要求测试对象在暗室的初始亮度($282.4cd/m^2$)条件下适应 5min,同时向测试对象说明注意事项,使用秒表记录,遮挡要进行视看识别的视标;然后打开可调光的 LED 光源并显示视标,从关闭初始灯光一刻开始计时,当测试对象看到视标朝向时,立即按下秒表,记录辨识出的位置、朝向以及暗适应时间;完成一个亮度条件的测试后,恢复到初始的亮度条件,要求受试者重新适应,并更换图像的顺序,降低亮度,重复上述步骤。

②第二组试验。

试验共有 18 人参加,受试者从亮度为 $4663cd/m^2$ 的室外环境进入亮度为 $0.059cd/m^2$ 的室内环境(模型加工室),记录完全看清门内台阶所用的时间。

③第三组试验。

试验共有 7 人参加,受试者从亮度为 $1000cd/m^2$ 的室外环境进入室内环境(光学试验室),室内台阶处最高亮度为 $0.08cd/m^2$。记录完全看清门内平台、各级台阶及最深处桌子所用的时间。

最终三组试验数据所拟合的暗适应曲线如图 3.2-33 所示。

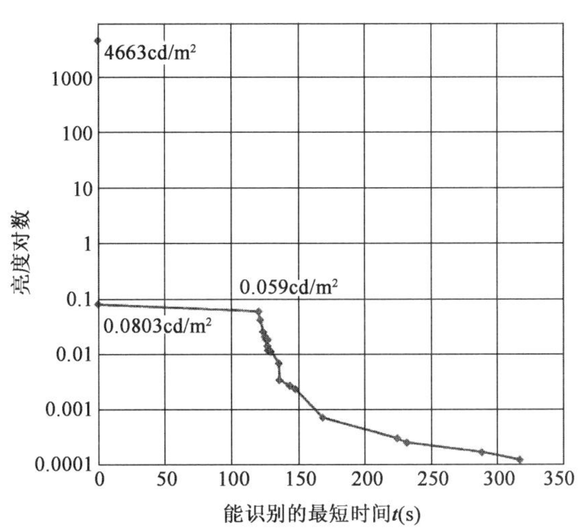

图 3.2-33　试验所得人眼暗适应曲线图($4663 \sim 0.00001cd/m^2$ 亮度变化人眼的暗适应曲线)

(3)初步结论

试验获得的人眼暗适应曲线图与已有学者研究结果基本吻合,其特点是在初期阈值迅速下降，然后趋于平稳，最后逐渐接近平台。这表明在暗环境中，起初阶段明视觉系统敏感性增强，随后暗视觉系统敏感性增强。

3）人眼视觉适应曲线研究的结论

（1）研究依据

①设计时速 100km/h（换算后 28m/s）。

②遮光棚长度为 134m。

③遮光棚入口亮度：$L_{20}(S)=3250\mathrm{cd/m^2}$，即洞外亮度。

④《公路隧道通风照明设计规范》（JTJ 026.1—1999）（以下简称“《规范》”）规定，当设计时速 100km/h 时，各设计段长度分别为：入口段长度 $D_{th}=165\mathrm{m}$；过渡段 1 长度 $D_{tr1}=106\mathrm{m}$；过渡段 2 长度 $D_{tr2}=111\mathrm{m}$；过渡段 3 长度 $D_{tr3}=167\mathrm{m}$。

各设计段亮度分别为：入口段亮度 $L_{th}=k\times L_{20}(S)=0.035\times3250=113.75\mathrm{cd/m^2}$；过渡段 1 亮度 $L_{tr1}=34.13\mathrm{cd/m^2}$；过渡段 2 亮度 $L_{tr2}=11.4\mathrm{cd/m^2}$；过渡段 3 亮度 $L_{tr3}=3.98\mathrm{cd/m^2}$；中间段因行车时间超过 135s，故此段亮度 $L_{in}=0.8\times4=3.2\mathrm{cd/m^2}$。

（2）研究结论

①利用天然光达到节能目的。

本工程洞外接近段采用遮光棚减光措施，遮光棚长度 134m，如果将此段定义为《标准》中所述的入口段，则遮光棚结束即真实洞口处的亮度依《规范》亮度达到 $L_{tr1}=34.13\mathrm{cd/m^2}$ 即可，这样设计可较好利用天然光，减去洞内入口段的照明，达到节能目的。

因遮光棚长度（134m）小于《规范》中入口段长度（165m），依据线性减光规律，建议遮光棚结束即真实洞口处的亮度略高于《规范》规定值，约 $50\mathrm{cd/m^2}$（计算依据为 $165\div134\times34.13=42.03\mathrm{cd/m^2}$，但不宜过低，故取值 $50\mathrm{cd/m^2}$），即按洞外亮度 1/60 设计遮光棚的减光。当遮光棚在设计中按“入口段”处理时，此段内应设计有人工照明，以补充傍晚、夜间、黎明等时段天然光的不足。

②遮光棚的适应性。

本工程洞外接近段采用遮光棚减光措施，遮光棚长度 134m，亮度由 $3250\mathrm{cd/m^2}$ 减至 $50\mathrm{cd/m^2}$，穿过遮光棚用时 4.1s，根据实地调研与试验，满足人眼适应要求。

③遮光棚减光规律。

人眼在低亮度区适应曲线虽然为非线性，但依据相关理论，按照遮光棚结束时亮度 $50\mathrm{cd/m^2}$，即截止亮度为 $50\mathrm{cd/m^2}$，人眼适应曲线基本为线性的，故遮光棚可按线性减光规律设计。

④可去掉过渡段 3，洞内过渡段按 220m，截止时设计亮度 $L_{tr2}=10\mathrm{cd/m^2}$。

⑤中间段亮度在200°视角内 $L_{in}=4cd/m^2$，这是根据大连附近隧道行驶体验得出。

⑥采用铝合金穿孔板作减光材料，板下加均匀扩散透明材料，可使遮光棚下面光线均匀无光斑。

3.2.6.2　沉管隧道口部物理模型

1）模型概况

港珠澳大桥隧道洞口模型制作按照《港珠澳大桥初步设计》图纸1∶10制作。模型总长度为20.6m，隧道模型入口宽6m，出口宽度为5m，总高度（离顶楼地面）为2.07m，入口朝向为西偏北12°，地面坡度为1.9%，遮光段（即隧道接近段）长度为15.6m，隧道段（即隧道过渡段）长度为5m，净空高度为0.5m，单边隧道截面尺寸为2.3m×0.5m，如图3.2-34所示。

a)模型入口正立面1

b)模型入口正立面2

c)模型侧立面

d)模型遮光段内部

图3.2-34　模型实景图

2）测试方法

测试前先在模型遮光段盖上遮光材料。遮光材料分为三种：纯白色布、纱布和浅灰色布。通过盖上不同遮光材料情况下的测试，选取出最适合的遮光材料。

(1)照度测试

模型上安装了可滑动小车,在小车上放置照度测试器,测试器的连接线可达20m长,读数的主机可放置在模型洞口,方便测试读数。从遮光段起始位置开始,每往洞口移动1m,设置一个测试点,拉动小车至测试点位置,开始读数,每次读数3~5个,最后每个测试点的照度值取平均值。

(2)亮度测试

亮度测试主要用成像式亮度计进行测试。距离遮光段起始位置往隧道内方向4.6m处,即隧道中间隔板的起始点,设置第一个亮度测试站点。在这里设置第一个测试站点的原因是:从这个位置开始,视觉开始进入左右两侧都有隔板的位置,可以测试两侧隔板的亮度值。第一个测试站点往隧道内方向每2m设置一个测试站点,在隧道口前后各1m处设置各一个测试站点,测试点一共为8个。在每个测试站点前大概5m的位置拍摄一张照片。然后用成像式照度计在每个测试站点前约5m测试各个测试站点横截面上几个点的单位亮度,这些点包括:左右隔板、顶端遮光板、透光材料(即遮光材料)、地面、隧道洞内和隧道洞上的挡板。最后在电脑上计算出左右隔板、顶端遮光板、透光材料(即遮光材料)、地面、隧道洞内和隧道洞上的挡板这几个点在各张照片上所占位置的百分比,再乘上各自的单位亮度,从而算出每个测试站点的总亮度值以及平均亮度值。用国产亮度计重复测试可校对验证丹麦亮度计的测试数据。亮度测试任一截面测试位置示意图如图3.2-35所示。

图3.2-35　亮度测试任一截面测试位置示意图

3)物理模型亮度、照度测试数据

(1)模型遮光布、穿孔板亮度测试数据见表3.2-10、表3.2-11。

遮光布亮度测试数据表 表 3.2-10

日期时间		10 月 19 日 8:45			11 月 7 日 11:00			11 月 7 日 15:00			11 月 13 日 14:45			暗适应曲线
编号	测点与模型洞口距离(m)	遮光材料	亮度值(cd/m²)	天气情况	遮光材料	亮度值(cd/m²)	天气情况	遮光材料	亮度值(cd/m²)	天气情况	遮光材料	亮度值(cd/m²)	天气情况	亮度值(cd/m²)
1	21.6											4515		
2	19.6											4051		
3	17.6											3152		
4	15.6					2932		纱布	1566			1986		
5	13.6					2123			1157			1965		
6	12.0					1580			1040			1928		570
7	11.6					1061			913			1821		510
8	11.0		309			1109			750			1714		460
9	9.6		280			1209			469			1607		375
10	9.0		233			1160			389			1605		290
11	7.6	纱布	210	晴天少云	纱布	1019	阴天多云		329	阴天多云	无	1688	晴天少云	210
12	7.0		203			1260			338			1737		140
13	6.0		209			1289			348			1771		92
14	5.0		198			1370		纱布+灰布	366			1541		87
15	3.6		189			1356			264			1311		76
16	3.0		185			1350			238			1312		69
17	1.6		140			1340			199					65
18	1.0		111			1290			187					58
19	0.6		70			1226			178					54
20	0.0		30			253			13					50
21	-0.6		19			54			8					

穿孔板亮度测试数据表　　表 3.2-11

日期时间		11 月 30 日 10:40			12 月 3 日 11:00			12 月 15 日 11:40			暗适应曲线
编号	测点与模型洞口距离(m)	穿孔板(穿孔率)	亮度值(cd/m²)	天气情况	穿孔板(穿孔率)	亮度值(cd/m²)	天气情况	穿孔板(穿孔率)	亮度值(cd/m²)	天气情况	亮度值(cd/m²)
1	21.6		12228	晴天多云		25778	晴天多云		912	阴天多云	
2	19.6		9726			22044			920		
3	17.6		7209			13868			505		
4	15.6		2481			3605			128		
5	15		1146			360			161		
6	12	50%	1033		50%	329		10%	128		570
7	9	50%	660		50%	264		10%	110		290
8	6	30%	369		30%	119		30%	127		93
9	3	30%	140		30%	41		30%	128		58
10	1	10%	25		10%	10		50%	71		58
11	0		10			7		50%	20		50

(2)遮光布、穿孔板照度测试数据见表 3.2-12 ~ 表 3.2-14。

遮光布照度测试数据表一　　表 3.2-12

测试日期时间		10 月 19 日 8:45			10 月 19 日 9:45			10 月 19 日 11:00			10 月 19 日 11:30		
编号	测点与洞口距离(m)	遮光材料	照度值(lx)	天气情况	遮光材料	照度值(lx)	天气情况	遮光材料	照度值(lx)	天气情况	遮光材料	照度值(lx)	天气情况
1	15.6	纱布	25600	晴天少云	纱布+灰布	48400	晴天少云	纱布+灰布	10103	阴天多云	纱布	8183	阴天多云
2	15		12567			48200			10103			8173	
3	14		9263			44200			9157			7687	
4	13		6870			16800			5817			5713	
5	12		5910			7930			2713			3147	
6	11		6973			7730			1527			2363	
7	10		5900			7150			1110			1873	

续上表

测试日期时间		10月19日8:45			10月19日9:45			10月19日11:00			10月19日11:30		
编号	测点与洞口距离（m）	遮光材料	照度值（lx）	天气情况	遮光材料	照度值（lx）	天气情况	遮光材料	照度值（lx）	天气情况	遮光材料	照度值（lx）	天气情况
8	9		7430			8060			1280			2380	
9	8		6150			7040			1047			2067	
10	7		7430			7840			1147			2510	
11	6		6120			7150			974			2207	
12	5	纱布	6880	晴天少云	纱布+灰布	6740	晴天少云	纱布+灰布	959	阴天多云	纱布	2347	阴天多云
13	4		5930			6720			905			2233	
14	3		5680			6320			858			2190	
15	2		5310			5940			819			2190	
16	1		4530			4330			641			1860	
17	0		968			452			62			323	

遮光布照度测试数据表二　　表3.2-13

测试日期时间		11月07日11:00			11月07日14:45			11月07日17:15			暗适应曲线
编号	测点与洞口距离（m）	遮光材料	照度值（lx）	天气情况	遮光材料	照度值（lx）	天气情况	遮光材料	照度值（lx）	天气情况	照度值（lx）
1	15.6		28300			19480			1022		
2	15		26100			18230			993		
3	14		21900		纱布	16580			915		
4	13		12760			11590			667		14000
5	12	纱布	7390	阴天多云		6280	阴天多云	纱布	340	阴天多云	11400
6	11		7020			4750			254		9200
7	10		5750			2910			157		7800
8	9		7340		纱布+灰布	2790			149		5800
9	8		5870			2220			120		4000
10	7		7090			2400			128		2800

续上表

测试日期时间		11 月 07 日 11:00			11 月 07 日 14:45			11 月 07 日 17:15			暗适应曲线
编号	测点与洞口距离（m）	遮光材料	照度值（lx）	天气情况	遮光材料	照度值（lx）	天气情况	遮光材料	照度值（lx）	天气情况	照度值（lx）
11	6	纱布	6530	阴天多云	纱布 + 灰布	1940	阴天多云	纱布	104	阴天多云	1840
12	5		6750		纱布 + 灰布 + 白布	1440			74.7		1640
13	4		7690			1019			47.9		1560
14	3		7890			900			40.4		1380
15	2		7040			870			382		1260
16	1		5340			704			329		1160
17	0		4930			667			5.2		1000

穿孔板照度测试数据表　　表 3.2-14

测试日期时间		11 月 30 日 11:20			11 月 30 日 16:10			12 月 03 日 23:20			12 月 03 日 14:20			12 月 15 日 21:20		
编号	测点与洞口距离（m）	穿孔率	照度值（lx）	天气情况	穿孔率	照度值（lx）	天气情况	穿孔率	照度值（lx）	天气情况	穿孔率	照度值（lx）	天气情况	穿孔率	照度值（lx）	天气情况
1	15.6	未遮光	45000	晴天多云	未遮光	14250	晴天多云	未遮光	37900	晴天多云	未遮光	30300	晴天多云	未遮光	44800	晴天少云
2	15		41800			14100			37600			28900			42900	
3	14		36500			14840			33200			27600			40100	
4	13		26600			12600			19870			26600			13450	
5	12	50%	17380		50%	10350		50%	12100		50%	9000		10%	5440	
6	11		18500			6170			8290			7380			2780	
7	10		18980			4880			6800			5210			2120	
8	9		14930			3000			7210			5249			2480	
9	8		16830			3150			7280			5330			18140	
10	7	30%	12030		30%	3710		30%	6090		30%	5080		30%	4660	
11	6		8320			2560			5280			4720			6360	

续上表

测试日期时间		11月30日11:20			11月30日16:10			12月03日23:20			12月03日14:20			12月15日21:20		
编号	测点与洞口距离(m)	穿孔率	照度值(lx)	天气情况	穿孔率	照度值(lx)	天气情况	穿孔率	照度值(lx)	天气情况	穿孔率	照度值(lx)	天气情况	穿孔率	照度值(lx)	天气情况
12	5	30%	6230	晴天多云	30%	1980	晴天多云	30%	4600	晴天多云	30%	3390	晴天多云	30%	3660	晴天少云
13	4		5300			1700			4090			4060			4400	
14	3		5920			1650			4100			3690			16400	
15	2	10%	1760		10%	1450		10%	2300		10%	1670		50%	16260	
16	1		1030			1350			1410			949			4700	
17	0	洞口	366		洞口	673		洞口	655		洞口	364		洞口	794	

(3)遮光率、透光率、反光系数测试数据见表3.2-15、表3.2-16。

11月7日遮光率、透光率测试数据 表3.2-15

测试用遮光材料透光率			
材料	位置	照度值(lx)	透光率
纱布	布上	18080	0.492257
	布下	8900	
纱布+灰布	布上	19660	0.238047
	布下	4680	
纱布+灰布+白布	布上	19500	0.12
	布下	2340	

11月7日反光系数测试数据 表3.2-16

反光系数测试数据							
位置	读数位置	数据1	数据2	数据3	平均值	反射系数	天气情况
两侧挡板	正面读数	4130.00	4070.00	3960.00	4053.33	0.49	阴天多云
	反面读数	1980.00	1970.00	1970.00	1973.33		
地面	正面读数	8650.00	8678.00	8782.00	8703.33	0.77	
	反面读数	6770.00	6750.00	6640.00	6720.00		
遮光板	正面读数	6880.00	6870.00	6860.00	6870.00	0.33	

(4)测试点分析如图3.2-36～图3.2-39所示。

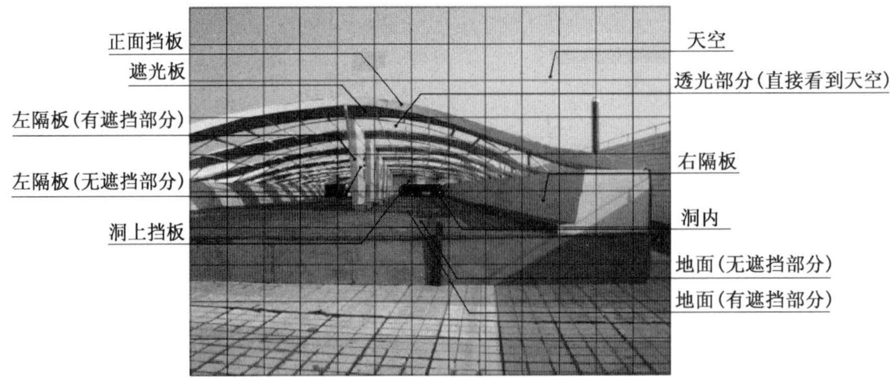

图3.2-36　测点2

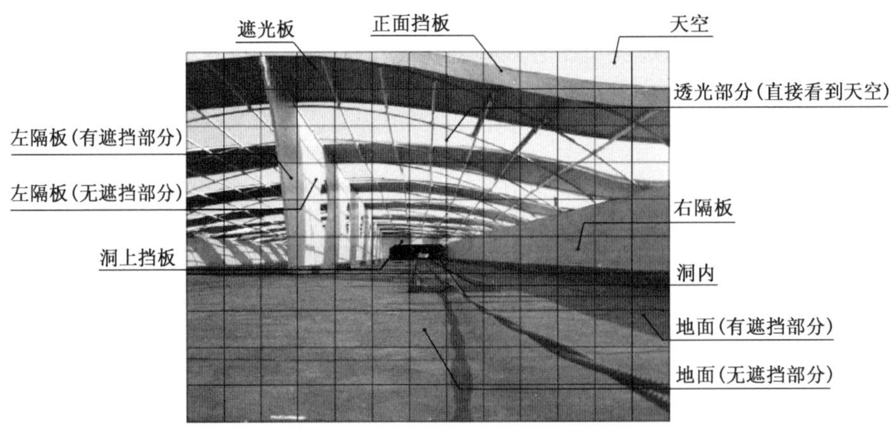

图3.2-37　测点4

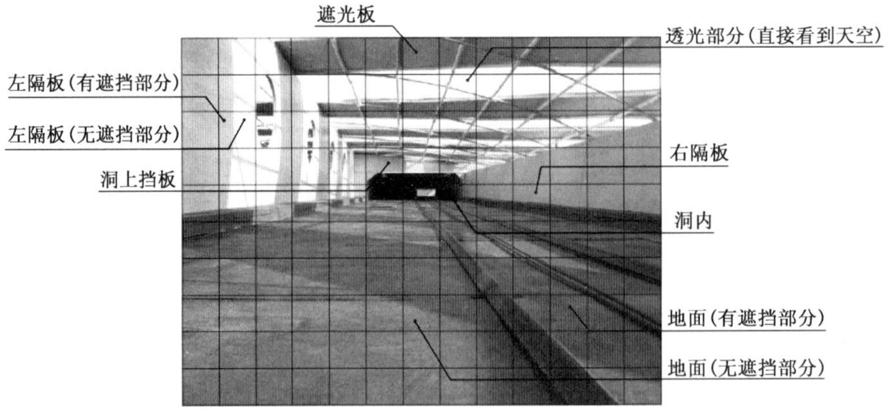

图3.2-38　测点6

图 3.2-39 测点 8

3.2.6.3 沉管隧道洞口内照明设计

1)人眼适应曲线

在隧道口部照明设计中,要解决隧道内、外的亮度之间有一个合理的过渡和衔接问题。依照《公路隧道照明设计细则》(JTG/T D70/2-01—2014)(以下简称"《细则》"),在明视觉范围内,利用人眼视觉特性,再把每段细分成更小的段落,在规范允许 25% 误差内,用 25% 的比例递减亮度。《细则》各照明段亮度与长度及适应曲线如图 3.2-40 所示。

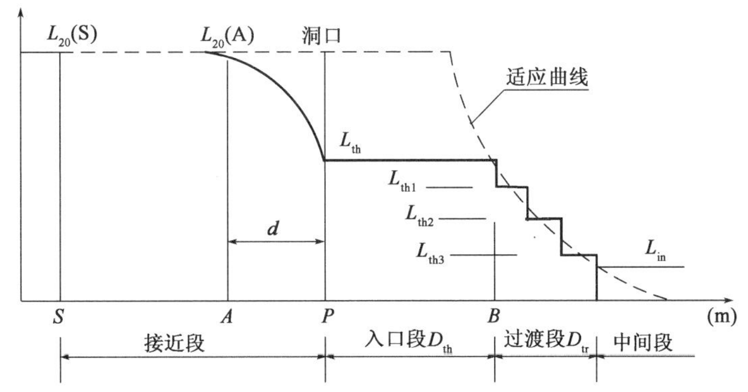

图 3.2-40 《细则》各照明段亮度与长度及适应曲线

从《细则》得出过渡段亮度、距离参数分析,在速度为 28m/s(100km/h)情况下,通过过渡 1 段(106m)的时间是 3.8s。为了达到均匀地将入口段亮度 85cd/m^2 减至过渡段 28.3cd/m^2 的目的,将此时间分为两段,把原来的一个亮度阶跃至下一个亮度,变成两个递减亮度,根据 28m/s 的速度,以 2s 为一时间段来设置减光距离,减光距离约为每段

50～60m。

对隧道入口的照明设计段，进行细分段如下：

过渡段1，$D_{tr1}=106$m，分成两小段，50～56m；

过渡段2，$D_{tr2}=111$m，分成两小段，50～61m；

过渡段3，$D_{tr3}=167$m，分成一小段，167m。

根据分段递减亮度值，对比图3.2-43的人眼适应曲线，绘出相对应的人眼适应曲线（图3.2-41），可以看到，该曲线比《细则》对应的人眼适应曲线更趋平缓，这使隧道内有良好的人眼视觉环境，使驾驶员感到心理和视觉的舒适，这有利于驾驶员进入隧道后尽快地适应亮度变化，安全驾驶。

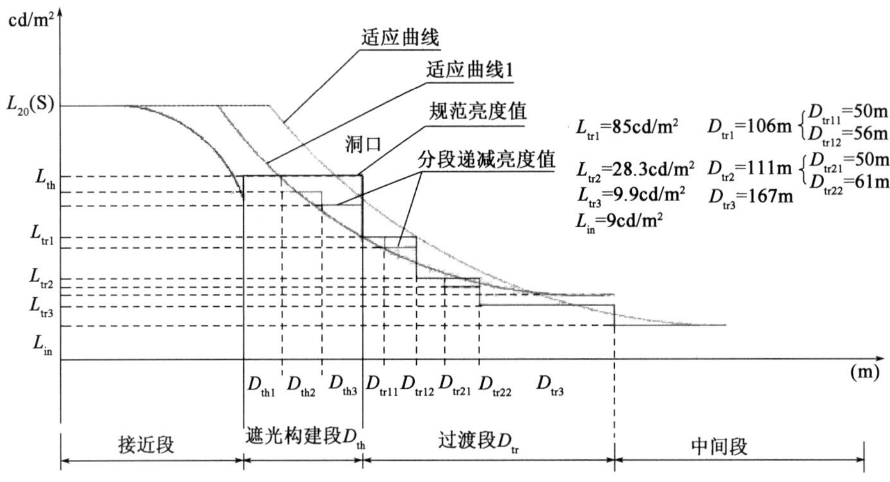

图3.2-41　设计中的各照明段亮度与长度及适应曲线

由于亮度递减而减少了照明设备，从而达到节约能源、减小投资的目的。

2）分段递减亮度计算

（1）过渡段1

为使亮度从 $L_{th}=85\text{cd/m}^2$ 在106m的距离降低至 $L_{tr1}=28.3\text{cd/m}^2$，其过渡更为平缓，将 D_{th} 分成两段，分别是50m、56m。根据《细则》规定，其亮度以规范规定允许25%的误差，作为递减基数进行调整。

L_{tr1} 递减分别是：$L_{tr11}=85\text{cd/m}^2$；$L_{tr12}=63.7\text{cd/m}^2$（$L_{tr12}=75\%L_{tr11}$）。

（2）过渡段2

将 D_{tr1} 分成两段，分别是50m、61m。其亮度以25%递减 $L_{tr21}=28.3\text{cd/m}^2$；

$L_{tr22}=21\text{cd/m}^2$（$L_{tr22}=75\%L_{tr21}$）。

(3)过渡段3

D_{tr3}段长167m,其亮度$L_{tr3}=9.9cd/m^2$,根据《细则》规定,沥青路面平均亮度与平均照度换算取$22lx/(cd \cdot m^{-2})$。

3)隧道口部照明设计

(1)设计方案

隧道各段距离、亮度、照度参数见表3.2-17。

隧道各段距离、亮度、照度参数　　表3.2-17

序号	区段	距离(m)	计算亮度(cd/m^2)	分段距离(m)	设计亮度(cd/m^2)	对应照度(lx)
1	过渡段1	106	85	50	85	1870
				56	63.7	1401
2	过渡段2	111	28.3	50	28.3	622
				61	21	462
3	过渡段3	167	9.9	167	9.9	218
4	中间段	5000	9	5000	9	198
5	出口段	60	45	60	45	990

①路面总均匀度>0.4;

②光源效率:110~120lm/W(高压钠灯、LED灯);

③灯具有效光通量:100lm/W(LED灯);

④显色指数:≥70(高压钠灯、LED灯、荧光灯)。

(2)照明计算

本设计采用利用系数平均照度法进行设计,采用逐点照度计算法对设计图进行校验。

①利用系数平均照度法。

$$E=\frac{\eta \Phi MN}{WS} \tag{3.2-9}$$

式中,η为利用系数;Φ为光通量;M为灯具维护系数;N为灯具布置系数;W为隧道路面宽度(m);S为灯具间距(m)。

②逐点照度计算法。

a.光源是点光源时的计算公式:

$$E_h=\Phi \xi K/1000 \tag{3.2-10}$$

式中，Φ 为光源光通量；ξ 为水平照度；K 为灯具维护系数。

b. 光源是线光源时的计算公式：

$$E = \Phi I K\cos\theta \cdot \cos\theta \cdot \mathrm{AF}/1000/h \tag{3.2-11}$$

式中，Φ 为光源光通量；I 为线光源光通量为 1000lm 时，在 θ 平面上垂直于轴线的单位长度光强；h 为线光源在计算水平面上的计算高度；AF 为水平方位系数；K 为灯具的维护系数。

4）节能

（1）方案比较

根据《细则》计算隧道口部 LED 灯、荧光灯、镝灯、高压钠灯数量、功率，见表 3.2-18。

按《细则》计算隧道口部 LED 灯、荧光灯、镝灯、高压钠灯数量、功率参数 表 3.2-18

光源名称	显色指数 Re	光效（lm/w）	灯具光效（%）	灯具数量（盏）	总功率（kW）	设备投资估算（万元）
LED 灯	≥80	100	100	774	177	100
荧光灯	≥80	80	70	3660	212	40
镝灯、高压钠灯	40～90	80～150	70	180	216	30

根据遮光构件方案计算隧道口部 LED 灯、荧光灯、镝灯、高压钠灯的数量、功率，见表 3.2-19。

方案设计中隧道口部 LED 灯、荧光灯、镝灯、高压钠灯的数量、功率参数 表 3.2-19

光源名称	显色指数 Re	光效（lm/w）	灯具光效（%）	灯具数量（盏）	总功率（kW）	设备投资估算（万元）
LED 灯	≥80	100	100	322	77.3	20
荧光灯	≥80	80	70	1735	93.4	6
镝灯、高压钠灯	40～90	80～150	70	44	93.6	5

由上两表比较可得，现行的方案采用遮光构件减光其设备方案一的基础上进一步节省投资 80% 以上、节电 57%。

以 LED 灯为例，设备功率可减少 100kW，按隧道每天运行 12h，每年 300d 计算，每天可节电 1200 度电，每年节电 360000 度电。按市场 1.20 元每度商用电价来计算，两个入口每年可节省约 86 万元用电费用。采用光纤照明技术，按港珠澳大桥使用 120 年限计算，可节省约 10368 万元用电费用。

(2)灯具比较

由表3.2-19可看到,镝灯、高压钠灯点光源强度太大,显色指数低,灯具光效低,视觉舒适性太差。从节能角度考虑采用LED灯,用电可节省17%。

(3)LED灯综合比较

由于过渡段3的 $L_{tr3}=9.9cd/m^2$,与 $L_{in}=9cd/m^2$ 的误差值小于25%,建议取消过渡段3,直接进入中间段。

采用LED灯设计与遮光构件减光、分段递减法设计灯数量、功率,见表3.2-20。

设备投资估算 表3.2-20

项 目	《细则》方法		遮光构件减光、分段递减方法	
	灯具数量(盏)	总功率(kW)	灯具数量(盏)	总功率(kW)
D_{th}段	590	141.6	0	0
D_{tr1}段	108	25.92	202	51.3
D_{tr2}段	76	9.12	76	16.3
总计	774	176.6	278	67.6
设备投资估算(万元)	100		18	

3.3 海上人工岛节能减排关键技术

3.3.1 海上人工岛建筑冷热负荷需求测算

根据谐波法逐项逐时动态冷热负荷数学模型计算,东人工岛的冷负荷为1522.08kW,热负荷为1190.45kW;西人工岛的冷负荷为929.84kW,热负荷为725.96kW;计算结果如表3.3-1所示。

谐波法计算逐时空调冷热负荷(单位:W) 表3.3-1

工 况	分 类	东人工岛	西人工岛
夏季	夏季室内冷负荷(全热)	1522078.18	929843.2
	夏季总冷负荷(含新风/潜热)	455678.56	291922.6
	夏季总湿负荷(含新风)	647.72	377.14
	夏季室内湿负荷	176.49	117.37
	夏季新风冷负荷	610979.17	370493.35

续上表

工　况	分　类	东人工岛	西人工岛
夏季	夏季室内冷负荷(潜热)	126661.8	92409.23
	夏季新风冷负荷显热	939995.93	570006.73
	夏季新风冷负荷潜热	329016.76	199513.4
	夏季新风湿负荷	471.23	259.77
	夏季新风量	42726	24156
	夏季总冷负荷指标(含新风)	149.77	161.49
	夏季室内冷负荷指标	106.87	115.48
	夏季总冷负荷最大时刻(含新风/全热)	16	16
	夏季室内冷负荷最大时刻(全热)	16	16
冬季	冬季总热负荷(含新风/全热)	1190451.63	725964.97
	冬季室内热负荷(全热)	0	0
	冬季总湿负荷(含新风)	0	0
	冬季总热负荷(含户间传热)	1190451.63	725964.97
	冬季热负荷(不含户间传热)	1190451.63	725964.97
	冬季总热负荷指标(含新风)	83.59	90.16

东、西人工岛生活热水负荷,计算结果如表3.3-2所示。

生活热水负荷计算　　表3.3-2

相关参数	东人工岛	西人工岛	说　明
日热水量(m^3/d)	6.6	5.0	
用水计算单位数(人)	40	30	
热水用水定额(L/人·d)	165	165	《建筑给排水设计规范》
日平均耗热量(kW)	12.8	9.6	
设计小时热水量(m^3/h)	1.0	0.8	
小时变化系数	3.8	4.0	《建筑给排水设计规范》
设计小时耗热量(kJ/h)	175016.6	138171.0	
机组设计工作时间(h)	15	15	按冬季最恶劣
安全系数	1.05	1.05	
同时使用系数	1.0	1.0	
机组制热量(kW)	21.5	16.1	

东、西人工岛生活需海水量计算结果如表3.3-3所示。

人工岛建筑海水侧换热需水量 表 3.3-3

建筑物	冷负荷(kW)	热负荷(kW)	热水负荷(kW)	冷冻水量(m^3/h)	海水量(m^3/h)
东人工岛	1807.7	1171.7	21.5	342.0	417.6
西人工岛	1122.1	727.3	16.1	212.3	259.2
合计	2929.8	1899.0	37.6	554.3	676.8

3.3.2 太阳能海水源热泵系统设计研究及主要设备选型

太阳能海水源热泵系统设计原理如图 3.3-1 所示。其中,热泵空调机组 1 主要负责提供冷量、采暖热量和辅助生活热水,通过热水供应增压水泵 4 提供生活热水;常压蓄热水箱 6 用于太阳能蓄热;空调水系统和海水侧水系统由 1 套定压补水装置 8 实现定压和补充水,承压压罐 5 用于热水供应系统的定压,热水供应循环水泵 4 为建筑物提供生活热水;海水循环水泵 10 为海水循环泵,海水通过板式换热器 9 为机组提供低位热源。

以港珠澳跨海大桥"东、西人工岛"建筑为例,系统主要设备配置如表 3.3-4 所示。

太阳能海水源热泵三联供系主要设备选型 表 3.3-4

序号	名 称	单位	东人工岛	西人工岛	备 注
1	太阳能集热器	m^2	138.7	104.1	
2	热泵空调机组	台	1	1	
3	空调冷热水循环泵	台	2	2	一用一备
4	空调冷水循环泵	台	2	2	
5	热水循环泵	台	2	2	
6	生活热水给水泵	台	2	2	
7	海水循环泵	台	2	2	
8	太阳能热水循环泵	台	2	2	
9	定压补水泵	台	1	1	成套设备
10	定压罐	个	1	1	
11	全自动软水器	台	1	1	补给水装置
12	软化水箱	个	1	1	
13	旋流除沙器	台	2	2	水处理
14	电子水处理仪	台	2	2	
15	生活热水箱	个	2	2	不锈钢保温,2t×2

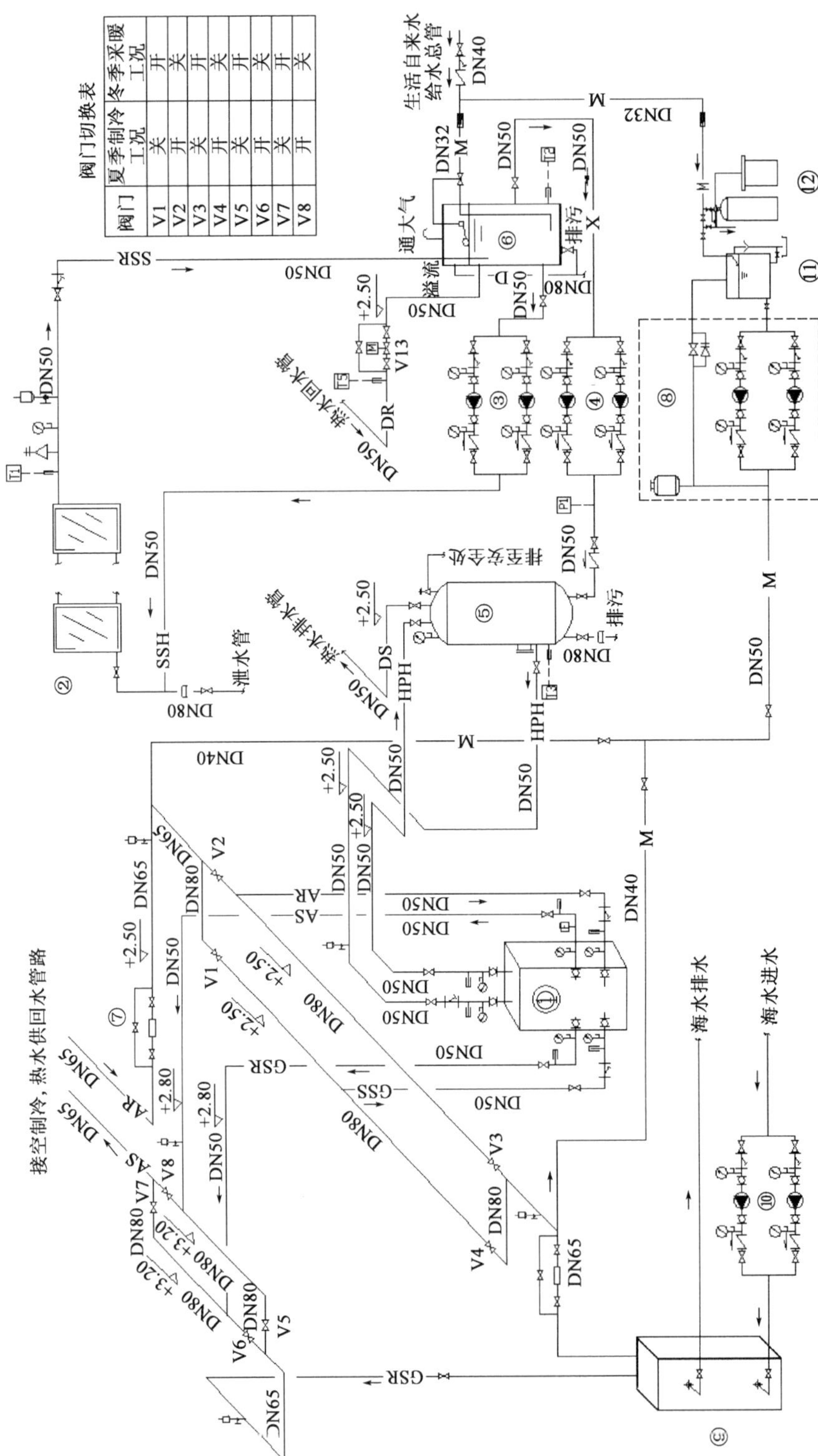

阀门	夏季制冷工况	冬季采暖工况
V1	关	开
V2	开	关
V3	关	开
V4	开	关
V5	关	开
V6	开	关
V7	关	开
V8	开	关

图3.3-1　太阳能海水源热泵系统设计

1-热泵空调机组;2-太阳能平板集热器;3-太阳能集热循环泵;4-热水供应增压泵;5-承压水罐;6-常压蓄热水箱;7-自动水处理器;8-成套定压补水装置;9-板式换热器;10-海水循环泵;11-软化水箱;12-全自动软化水处理器

3.3.3 太阳能海水源热泵系统冷热联供运行模式研究

(1)太阳能水源热泵联供系统结构组成

太阳能海水源热泵复合系统如图3.3-2所示,该系统由两大部分组成:一部分为太阳能集热系统,由太阳能平板集热器、蓄热水箱、循环水泵和控制阀组成;另一部分为海水源热泵系统,主要由海水源热泵、板式换热器、蓄冷水箱及户外海域等组成。这两部分通过水管、循环泵及控制阀有机连接在一起,形成了太阳能海水源热泵三联供系统。

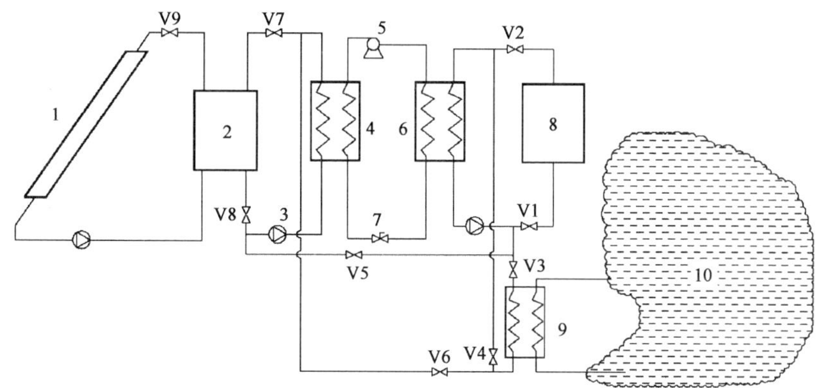

图3.3-2 太阳能海水源热泵复合系统结构原理图

1-太阳能平板集热器;2-蓄热水箱;3-循环水泵;4-冷凝器;5-压缩机;6-蒸发器;7-节流阀;8-蓄冷水箱;9-板式换热器;10-户外海域;V1~V9-控制阀

(2)冬季(或过渡季节)工况:制热释冷模式

海水源热泵开启运行,并在此期间蓄冷水箱7水温已经达到系统设定值,海水源热泵制热蓄冷模式停止运行,此时,开启户外板式换热器8,将冷量释放到户外海域9,如图3.3-3所示。

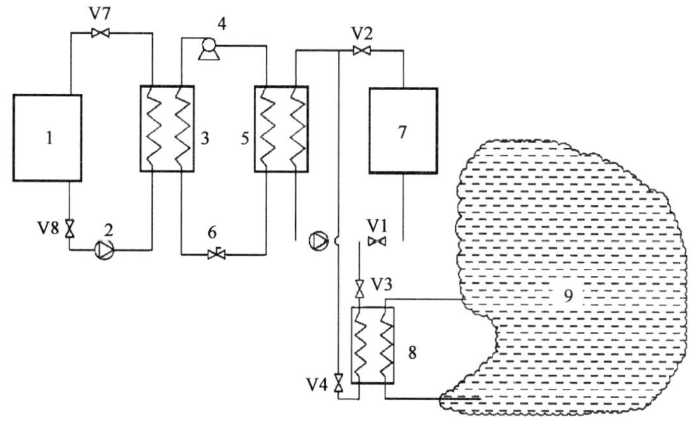

图3.3-3 海水源热泵冬季或过渡季节制热释冷模式

1-蓄热水箱;2-循环水泵;3-冷凝器;4-压缩机;5-蒸发器;6-节流阀;7-蓄冷水箱;8-板式换热器;9-户外海域;V1、V2、V3、V4、V7、V8-控制阀

(3)太阳能海水源热泵联供系统联合制热模式

若太阳能不十分充足的情况下,太阳能集热系统间歇运行,此时若其供给的热量达不到系统的要求,开启海水源热泵,使太阳能集热系统与海水源热泵系统同时联合运行,如图3.3-4所示。

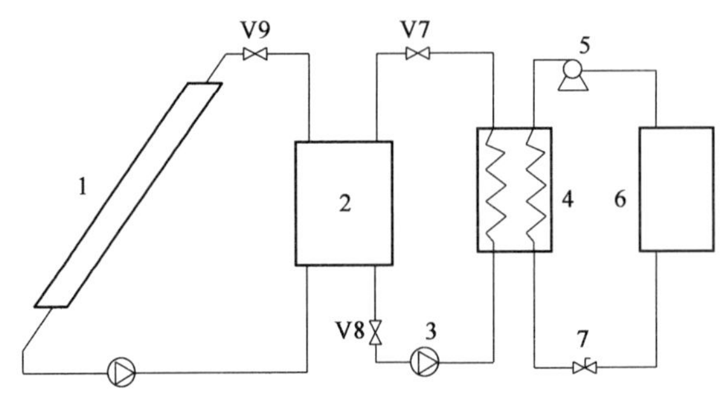

图3.3-4　太阳能海水源热泵联供系统联合制热模式

1-太阳能平板集热器;2-蓄热水箱;3-循环水泵;4-冷凝器;5-压缩机;6-蒸发器;7-节流阀;V7、V8、V9-控制阀

阀门开关控制如表3.3-5所示。

太阳能海水源热泵联供系统联合制热模式阀门控制　　表3.3-5

工况	阀门	V1	V2	V3	V4	V5	V6	V7	V8	V9
制冷+热回收	开	√	√					√	√	√
	关			√	√	√	√			
制热水+采暖	开	√	√	√	√			√	√	√
	关					√	√			

3.3.4　人工岛各类建筑用电负荷计算

民用建筑的用电指标,尤其是负荷计算中系数的大小,一直是难以确定的问题。主要是因为民用建筑的情况比较复杂,不同的地区、不同的工程规模、不同的建设投资标准等,使每平方米建筑面积的用电量有较大的差异。

(1)东人工岛建筑负荷计算

依据东人工岛建筑规划方案,东人工岛建筑按照总体三层、局部四层布置,其占地面积为7466m^2,总建筑面积为25454m^2,其中风机房总面积为7072m^2,公共空间总面积4235m^2,大桥展馆以及科普馆总面积为3754m^2,停车场(包括应急救援车)面积2579m^2,超市、餐厅、食堂、休息厅总面积2143m^2,安保设施面积1780m^2,变电站总面积1412m^2。东人工岛建筑负荷见表3.3-6。

东人工岛建筑负荷　　表3.3-6

房建类别	建筑面积 (m^2)	用电指标 (W/m^2)	平均用电指标 (W/m^2)	负荷 (kW)
风机房	7072	40~80	60	424.32
公共空间	4235	40~80	60	254.10
大桥展馆	3754	50~80	65	244.01
停车场	2579	8~15	11.5	29.66
超市、餐厅	2143	40~80	60	128.58
安保设施	1780	40~80	60	106.80
变电站房	1412	40~80	60	84.72
合计	22975			1272.19

(2)东人工岛道路照明负荷计算

东人工岛设计岛长625m，宽225m，总面积为103161m^2。全岛采用椭圆形布设，形似蚝贝。路灯安装计算时，把人工岛当成规则的矩形形状来计算。通常市电供电线路，两台路灯的间距为50m，采用120W的高压钠灯，那么环岛的单边道路需要安装的路灯数量为：$[(625+225)\div50]\times2=34$支。环岛道路的单边可以安装34支路灯，功率为$120W\times34=4.08kW$。

(3)西人工岛建筑负荷计算

依据西人工岛建筑规划方案，西人工岛建筑按总体三层、局部四层布置，其占地面积为7664m^2，总建筑面积为18185m^2。其中风机房总面积为5203m^2，公共空间总面积3051m^2，停车场(包括应急救援车)面积2243m^2，办公综合楼、应急、养护站办公总面积1536m^2，值班用房、监控大厅总面积1942m^2，房建变电站总面积1517m^2。西人工岛建筑负荷见表3.3-7。

西人工岛建筑负荷　　表3.3-7

房建类别	建筑面积 (m^2)	用电指标 (W/m^2)	平均用电指标 (W/m^2)	负荷 (kW)
风机房	5203	40~80	60	312.18
公共空间	3051	40~80	60	183.06
办公综合楼、应急、养护办公	1536	50~80	65	99.84
停车场	2243	8~15	11.5	25.79
值班房、监控大厅	1942	40~80	60	116.52

续上表

房建类别	建筑面积（m^2）	用电指标（W/m^2）	平均用电指标（W/m^2）	负荷（kW）
变电站房	1412	40～80	60	84.72
通航安全管理、安保执勤	792	40～80	60	47.52
环保监测站	955	40～80	60	57.3
合计	17134			926.93

(4)西人工岛道路照明负荷计算

西人工岛设计岛长625m，宽190m，总面积为97962m^2。全岛采用椭圆形布设，形似蚝贝。路灯安装计算时，把人工岛当成规则的矩形形状来计算。通常市电供电线路，两台路灯的间距为50m，采用120W的高压钠灯，那么环岛的单边道路需要安装的路灯数量为：[(625＋190)÷50]×2＝32支。环岛道路的单边可以安装32支路灯，功率为120W×32＝3.84kW。

3.3.5　人工岛分布式光伏电站的设计组成

人工岛分布式光伏系统采用微电网的运行管理模式，分布式光伏发电系统由光伏组件、并网逆变器、储能系统、防雷箱、计量装置及上网配电系统组成。太阳能通过光伏组件转化为直流电力，通过直流防雷汇流箱汇集至并网型逆变器，将直流电能转化为与电网同频率、同相位的正弦波电流。根据广州能源所2011年完成的珠海东澳岛MW级风光-柴-蓄微网系统的工程经验，系统采用交流微网母线拓扑结构，系统原理如图3.3-5所示。

本方案依据东、西人工岛建筑设计图纸，结合具体的建筑屋面外围结构，提出了在建筑不同部位的几种太阳能光伏系统应用设计方案。整个光伏电站分为五个子系统。

①光伏子系统一。安装于东人工岛隧道进出口屋面，功率为200kWp，由784块255Wp的单晶硅光伏组件、2台100kW逆变器、交流配电柜等组成，经接入系统并入市电。

②光伏子系统二。安装于东人工岛建筑坡屋面，功率为300kWp，由1177块255Wp单晶硅光伏组件、3台100kW逆变器、交流配电柜等组成，经接入系统并入市电。

③光伏子系统三。安装于西人工岛隧道进出口屋面，功率为200kWp，由784块255Wp的单晶硅光伏组件、2台100kW逆变器、交流配电柜等组成，经接入系统并入市电。

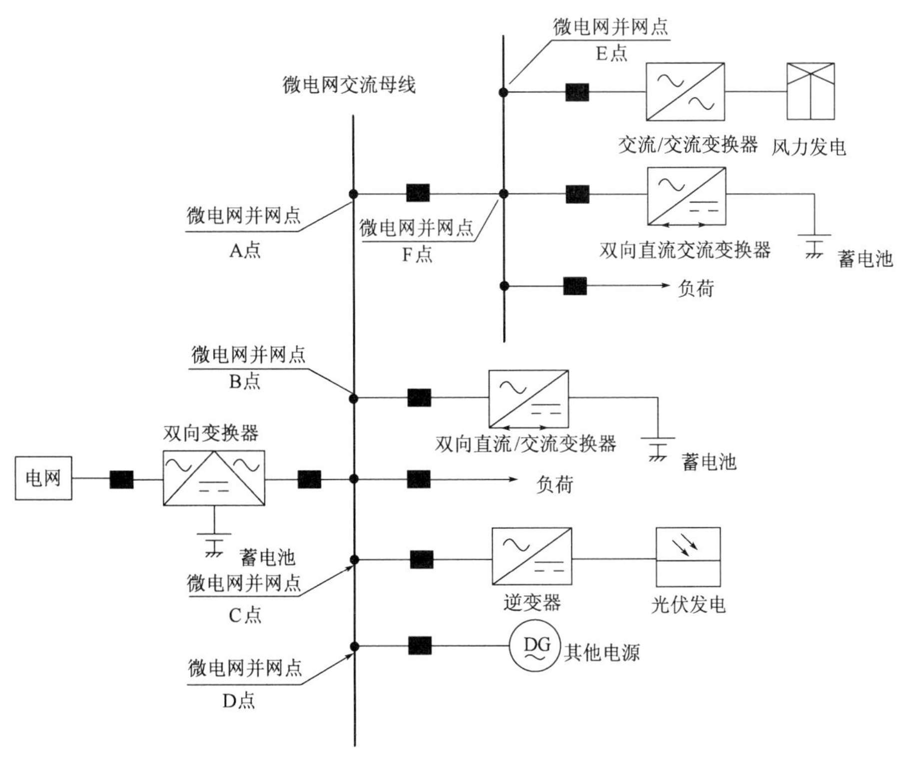

图 3.3-5　交流母线型微网拓扑结构

■-开关

④光伏子系统四。安装于西人工岛建筑坡屋面，功率为 300kWp，由 1177 块 255Wp 单晶硅光伏组件、3 台 100kW 逆变器、交流配电柜等组成，经接入系统并入市电。

⑤光伏子系统五。安装于西人工岛建筑幕墙，由功率为 50kWp 的非晶硅光伏组件、1 台 50kW 逆变器、交流配电柜等组成，经接入系统并入市电。

光伏系统总装机容量为：1050kWp。人工岛光伏系统见表 3.3-8。

人工岛光伏系统　　表 3.3-8

序号	光伏系统	系统容量（kWp）	安装占用面积（m^2）	太阳电池类型
1	东人工岛隧道进出口屋面并网光伏系统	200	2000	单晶硅
2	东人工岛建筑坡屋面并网光伏系统	300	3000	单晶硅
3	西人工岛隧道进出口屋面并网光伏系统	200	2000	单晶硅
4	西人工岛建筑坡屋面并网光伏系统	300	3000	单晶硅
5	西人工岛建筑光伏幕墙	50	1000	非晶硅
合计		1050		

3.3.6　海上人工岛可再生能源评价方法构建

3.3.6.1　太阳能海水源热泵技术效益评价

主要从经济、能耗、环境三个方面来综合评价三联供系统，评价结构如图 3.3-6 所示。

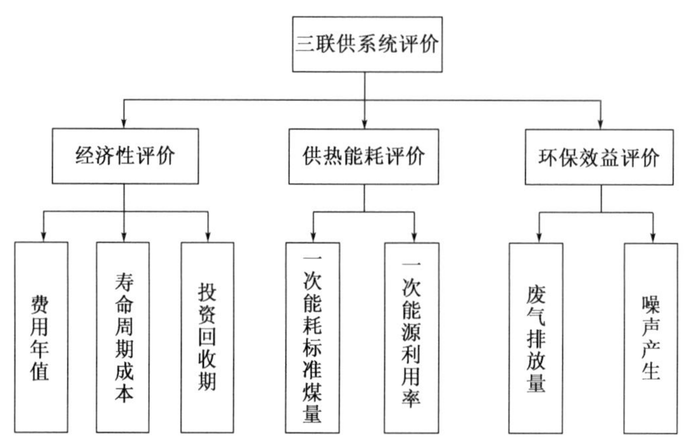

图 3.3-6　技术系统评价层次结构示意图

(1)能源效益

综合考虑空调制冷采暖与热水供应，东人工岛常规能源系统年耗电约 151.9 万度，太阳能海水源热泵系统年耗电约 61.2 万度，每年节省约 90.8 万度电，相当于可再生能源提供了 90.8 万度电，利用率达 60%；西人工岛常规能源系统年耗电约 96 万度，太阳能海水源热泵系统年耗电约 38.9 万度，每年节省约 57.1 万度电，相当于可再生能源提供了 57.1 万度电，利用率达 59%。东、西人工岛冷热供应技术年耗电量分析见表 3.3-9；从表 3.3-9 可得，可再生能源技术比常规能源技术更具有能源效益。东、西人工岛太阳能海水源热泵技术能源效益分析见表 3.3-10。

东、西人工岛冷热供应技术年耗电量分析　　表 3.3-9

指　标	东人工岛		西人工岛	
	常规技术	太阳能海水源热泵技术	常规技术	太阳能海水源热泵技术
空调系统年耗电量(万度)	139.5	57.2	86.6	35.5
热水系统年耗电量(万度)	12.4	3.9	9.4	3.4
技术系统年耗电量(万度)	151.9	61.2	96.0	38.9

东、西人工岛太阳能海水源热泵技术能源效益分析　表 3.3-10

指　标	东人工岛		西人工岛	
	VRV 空调机组	太阳能海水源热泵	VRV 空调机组	太阳能海水源热泵
年耗电量(万度)	151.9	61.2	96.0	38.9
可再生能源利用率	0	60%	0	59%

(2)环境效益

计算不同技术系统的环境效益,如表 3.3-11 所示。综合来说,东、西人工岛太阳能海水源热泵技术年减排 CO_2 约 646.6t、406.45t,减排 CO 约 0.05t、0.03t,减排 SO_2 约 1.35t、0.85t,减排 NO_x 约 0.23t、0.15t,减排烟尘约 3.73t、2.34t。

东、西人工岛太阳能海水源热泵技术能源效益分析　表 3.3-11

指　标	东人工岛			西人工岛	
	排放系数 ($kg/10^4kW \cdot h$)	VRV 空调机组	太阳能海水源热泵	VRV 空调机组	太阳能海水源热泵
CO_2 年排放量(kg)	7121.6	1082096.6	435497.4	683821.9	277371.6
CO 年排放量(kg)	0.52	79.0	31.8	49.9	20.3
SO_2 年排放量(kg)	14.91	2265.5	911.8	1431.7	580.7
NO_x 年排放量(kg)	2.56	389.0	156.5	245.8	99.7
烟尘年排放量(kg)	41.04	6235.9	2509.7	3940.7	1598.4

(3)经济效益

根据指标定义,分析关键耗能系统的经济效益,如表 3.3-12、表 3.3-13 所示。东人工岛太阳能海水源热泵的初投资成本为 364.4 万元,比常规技术昂贵 26.5 万元;年经营成本为 78.3 万元,比常规技术节省 95.6 万元(扣除折旧);西人工岛太阳能海水源热泵的初投资成本为 223.3 万元,比常规技术昂贵 11.6 万元;年经营成本为 49.8 万元,比常规技术节省 61.9 万元(扣除折旧)。

东、西人工岛冷热供应技术初投资成本与年经营成本(单位:万元)　表 3.3-12

项　目	费用类别	东人工岛	西人工岛	能源形式
初投资	设备费	285.6	175	可再生能源系统 太阳能海水源热泵
	安装费	42.8	26.2	
	土建及运输费	22.8	14	
	税费	13.1	8	

续上表

项　　目	费用类别	东人工岛	西人工岛	能源形式
初投资	含税造价	364.4	223.3	常规系统 VRV 空调 + 电热水器
	设备费	290.3	181.9	
	安装费	29	18.2	
	土建及运输费	5.8	3.6	
	税费	12.8	8	
	含税造价	337.9	211.7	

东、西人工岛冷热供应技术初投资成本与年经营成本(单位:万元)　　表 3.3-13

费　　用	东人工岛		西人工岛	
	常规技术	太阳能海水源热泵技术	常规技术	太阳能海水源热泵技术
电费	151.9	61.2	96.0	38.9
水费	0.8	0.8	0.6	0.6
人工维护费	7.2	2.4	7.2	2.4
折旧费	55.3	13.9	34.7	7.9
年经营成本	215.2	78.3	138.5	49.8

注:按外调电力 1 元/kW · h 计算。

(4)综合效益

综合以上三方面效益评价,得到太阳能海水源热泵与常规能源的综合效益分析,如表 3.3-14 所示。

冷热供应技术综合效益分析　　表 3.3-14

指　　标	东人工岛		西人工岛	
	常规技术	太阳能海水源热泵技术	常规技术	太阳能海水源热泵技术
年耗电量(万度)	151.9	61.2	96.0	38.9
可再生能源利用率(%)	0	60	0	59
CO_2 年排放量(kg)	1082097	435497	683822	277372
CO 年排放量(kg)	79	32	50	20
SO_2 年排放量(kg)	2266	912	1432	581
NO_x 年排放量(kg)	389	157	246	100
烟尘年排放量(kg)	6236	2510	3941	1598

续上表

指　标	东人工岛		西人工岛	
	常规技术	太阳能海水源热泵技术	常规技术	太阳能海水源热泵技术
初投资成本(万元)	338	364	212	223
年经营成本(万元)	215	78	139	50
净利润(万元)	0	95.6	0.0	61.9
内部收益率(%)	—	15	—	16
投资回收期(年)	—	5.04	—	4.70
安全性	良	优	良	优
稳定性	良	优	良	优

3.3.6.2 光伏并网系统环境效益评价

计算光伏并网发电系统的环境效益,人工岛1050kWp太阳能光伏发电系统在25年生命周期内,总发电量为1810.26万kW·h,相当于节省约6136.78t标准煤(339g标准煤/kWh)。光伏并网系统每年平均发电72.4万kW·h,可节约标准煤245t,每年减排CO_2 516t,减排CO 0.04t,减排$SO_2$1.10t,减排NO_x0.19t,减排烟尘2.97t,如表3.3-15所示。

光伏并网发电系统环境效益分析　　表3.3-15

项　目	25年合计	年　均
发电量(万kW·h)	1810.26	72.41
节约标准煤(t标准煤)	6136.78	245
CO_2减排量(t)	12891.95	516
CO减排量(t)	0.94	0.04
SO_2减排量(t)	26.99	1.10
NO_x减排量(t)	4.63	0.19
烟尘减排量(t)	74.29	2.97

3.3.6.3 人工岛耗能系统综合效益评价

综合以上,将东、西人工岛的关键耗能系统进行综合分析。采用情景分析法,进行BAU(常规)情景和低碳情景下人工岛的能源流向分析。假设岛上冷热电供应全部采用常规能源技术系统,建立BAU情景下的年度能流简图,岛上能流情况如图3.3-7、图3.3-8

所示。东、西人工岛全部采用外部电供应岛上能源消费。其中,东人工岛建筑用电占97.6%,建筑内部空调能源消费占单项能源消费比最大,达50.2%,其次为照明用电26.5%;西人工岛建筑用电占92.4%,建筑内部空调能源消费占单项能源消费比最大,达43.3%,其次为照明用电23.3%。

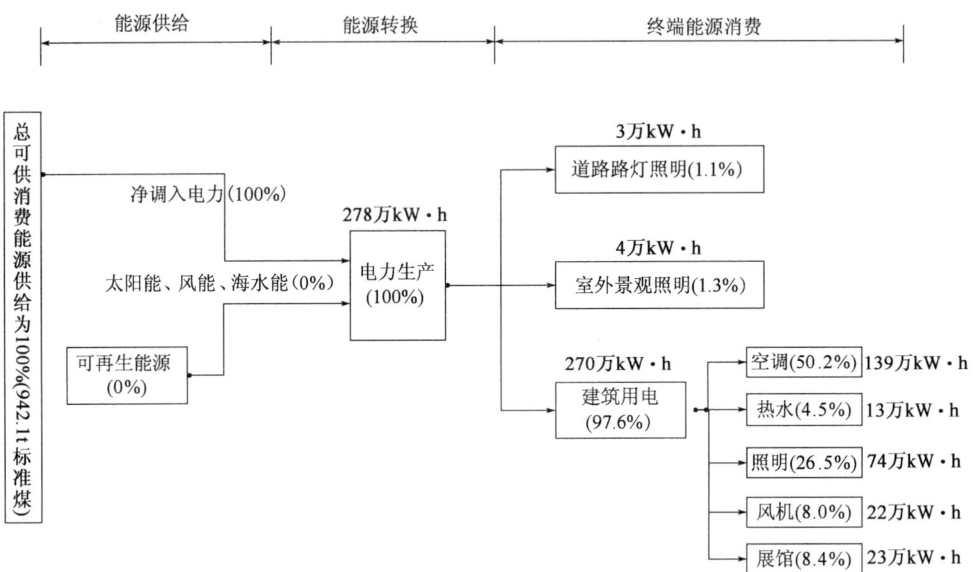

图3.3-7　东人工岛常规能源流向图(BAU情景)

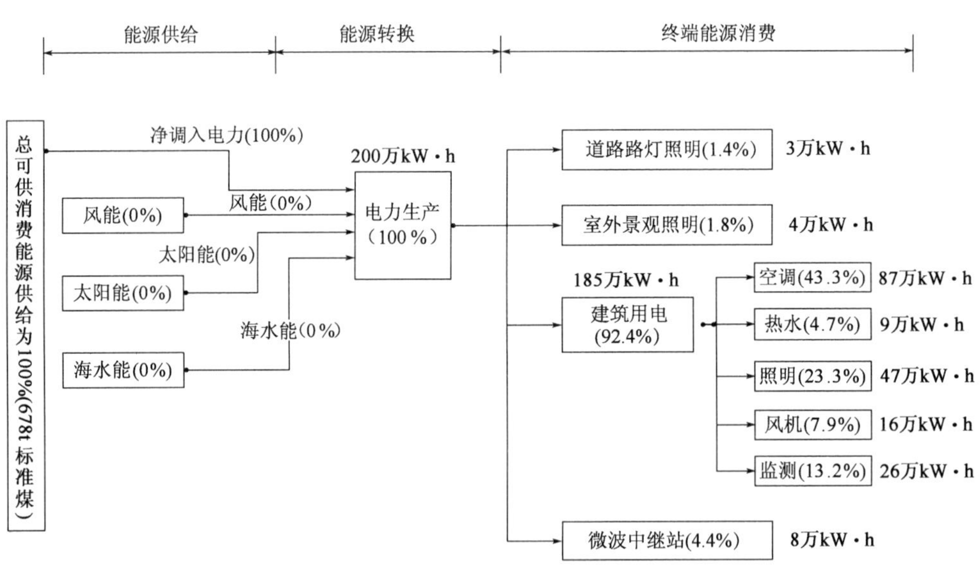

图3.3-8　西人工岛常规能源流向图(BAU情景)

假设岛上冷热电供应部分采用太阳能海水源热泵技术系统,建立低碳情景下的年度能流简图,岛上能流情况如图3.3-9、图3.3-10所示。东、西人工岛室外景观照明、室外道路路灯照明全部采用可再生能源，建筑空调和建筑热水部分采用太阳能海水能资源，另外，光伏并网发电，对建筑耗电进行部分补充。

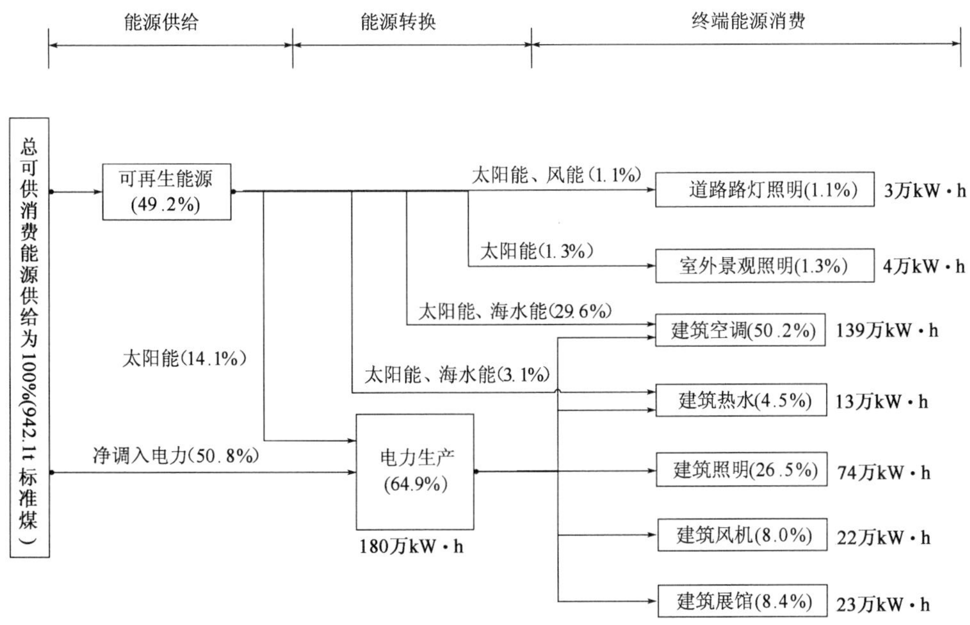

图 3.3-9　东人工岛能源流向图(低碳情景)

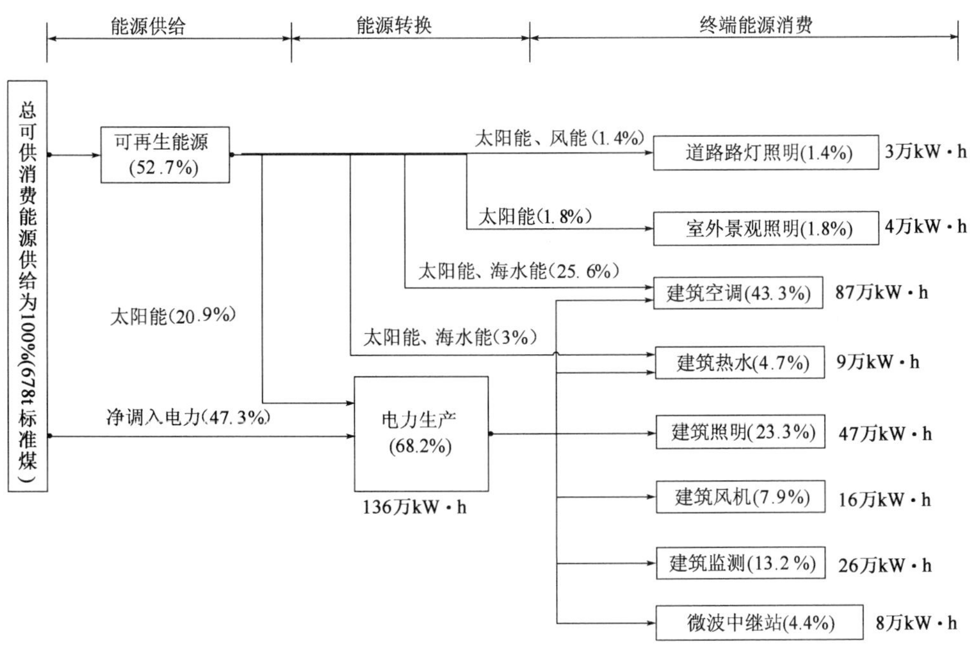

图 3.3-10　西人工岛能源流向图(低碳情景)

东人工岛可再生能源供能 49.2%，其中光伏并网发电占 14.1%，只需净调入电力 50.8%，比常规能源情景节省近半外调电力消耗；西人工岛可再生能源供能 52.7%，其中光伏并网发电占 20.9%，只需净调入电力 47.3%，比常规能源情景节省过半外调电力消耗。

通过能流图，可清晰直观对比两种情景的能源消费情况。可见采用低碳情景比 BAU 情景节能效果显著。

从表 3.3-16 可看出，东、西人工岛关键耗能系统采用可再生能源比采用常规能源更具有能源与环境的正效益，且节能减排效果显著。东人工岛采用部分可再生能源方案可每年节省耗电 49%，减排 $CO_2$974t，减排 CO 0.071t，减排 SO_2 2t，减排 NO_x0.3t，减排烟尘 5.6t；西人工岛采用部分可再生能源方案可每年节省耗电 53%，减排 $CO_2$750t，减排 CO 0.054t，减排 SO_2 1.57t，减排 NO_x0.27t，减排烟尘 4.3t。

人工岛关键耗能系统综合效益分析　　表 3.3-16

指　　标	东人工岛		西人工岛	
	常规技术	可再生能源技术	常规技术	可再生能源技术
年耗电量(万度)	277.9	141.2	200.0	94.7
可再生能源利用率(%)	0	49	0	53
CO_2 年排放量(kg)	1979097	1005863	1424403	674229
CO 年排放量(kg)	145	73	104	49
SO_2 年排放量(kg)	4143	2106	2982	1412
NO_x 年排放量(kg)	711	362	512	242
烟尘年排放量(kg)	11405	5797	8208	3885

3.4　本章小结

（1）本章从港珠澳大桥运营期隧-岛-桥的能源消耗、废气废水排放与综合管理等方面开展了深入的研究分析，提取了港珠澳大桥运营期各项能耗指标，构建了节能减排核酸指标体系，并根据各指标产生因素，构建了工程运营期能效及排放核算模型。

（2）考虑天气和早晚日照的影响，提出了自然光和人工光结合的隧道照明方法，通过分析国内隧道布灯方式，结合长大沉管隧道的实际情况，采用两侧对称安装布置方式进行合理设计优化；根据洞外亮度和交通流量的实时变化，采用无极照明控制，可以为隧道照明自适应控制，实现更有效的节能方法，有效地减少隧道耗电量，降低运维成本。通过调研分析隧道口部天空亮度、照度及太阳辐射强度数据，并根据试验室人眼光学反应，提出了人眼视觉适应度曲线；构建了港珠澳大桥隧道口部模型，模拟不同环境下，隧道口部各位置照度，结合人眼适应曲线，对沉管隧道洞口内照明进行设计，有效地利用太阳能实现节能的目的。

(3)本章通过研究人工岛上太阳能海水源热泵技术和光伏微网发电技术的运作模式，结合人工岛各类建筑用电、可再生能源研究，综合人工岛建筑能源负荷需求测算，构建了人工岛太阳能海水源热泵冷热联供调控技术系统，同时开发了一套跨海集群工程利用可再生能源的技术评价模型。

(4)通风照明是长大沉管隧道能源消耗大户，本章构建了港珠澳大桥沉管隧道通风物理试验模型，并根据港珠澳大桥沉管隧道的实际情况开展通风模型试验。通过数值模拟计算，分析污染气体扩散路径，提出了港珠澳大桥沉管隧道洞口污染气体串流干预方案。并对沉管隧道内射流风机布置参数进行了研究，提出了合理的风机设置间距。利用多目标智能化控制方法与风机变频技术，形成“主动式”的隧道风机控制方式与节能方法，建立高效运转、低值能耗、低量废弃物排放的港珠澳大桥海底沉管隧道智能化通风系统。

CHAPTER FOUR

第4章

基于BIM架构的港珠澳大桥交通工程全寿命周期系统集成技术

4.1　港珠澳大桥交通工程 BIM 空间模型

通过对现有的 BIM 软件进行分析研究，根据港珠澳大桥交通工程的具体情况，选择最适合的 BIM 软件，在此基础上丰富和完善交通工程各系统的构件库，建立港珠澳大桥交通工程 BIM 空间模型，并对 BIM 数据存储格式和 IFC 的衔接进行研究。

4.1.1　BIM 建模软件选择

1）常用 BIM 建模软件

目前市场上有关 BIM 建模的软件有很多，常用的 BIM 建模软件公司和名称如图 4.1-1 所示。

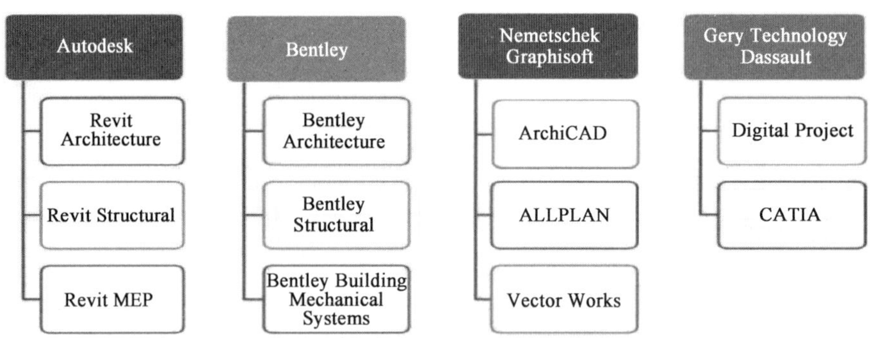

图 4.1-1　常用 BIM 建模软件公司和名称

（1）Autodesk 公司的 Revit 建筑、结构和机电系列，在民用建筑市场借助 AutoCAD 的天然优势，有相当不错的市场表现。

（2）Bentley 建筑、结构和设备系列，Bentley 产品在工厂设计（石油、化工、电力、医药等）有优势。

（3）2007 年 Nemetschek 收购 Graphisoft 以后，ArchiCAD、ALLPLAN、Vector Works 三个产品就被归到同一个门派里面了，其中国内同行最熟悉的是 ArchiCAD，ArchiCAD 是一个面向全球市场的产品，也是上市较早且具有市场影响力的 BIM 核心建模软件，但是由于其专业配套的功能（仅限于建筑专业）与多专业一体的设计院体制不匹配，在中国应用很少。

（4）Dassault 公司的 CATIA 是全球最高端的机械设计制造软件，在航空、航天、汽车等领域具有接近垄断的市场地位，应用到工程建设行业，无论是对复杂形体还是超大规模建筑，其建模能力、表现能力和信息管理能力都比传统的建筑类软件有明显优势，而与工程建设行业的项目特点和人员特点的对接问题则是其不足之处。

以上几种核心建模软件主要应用行业：①民用建筑用 Autodesk Revit 较多；②工厂设计用 Bentley；③单专业建筑中 ArchiCAD、Revit、Bentley 都有应用；④项目完全异形、预算比较充裕的可以选择 Digital Project 或 CATIA。

通过以上的分析对比，采用 Autodesk Revit 建模软件。

2）Revit 特点及软件可扩展性

（1）Revit 软件特点

①2D 与 3D 轻松转换：建筑设计的过程既是创建三维模型过程，也是绘制平立剖面图纸和三维表达的过程。该软件把建筑三维模型和其平立剖面图纸捆绑，使方案的设计和绘图表现合二为一，使设计者可在三维模型和二维图纸中任意切换。而对于较复杂的建筑形体，可获得模型任意位置的剖面并分析。

②视图关联更新功能：Revit 参数化引擎所提供的参数修改技术，实现了模型中各视图之间的关联变更，当模型某处修改时，就会引起与之相关的所有视图图纸、材料明细表的实时修改，即一处修改，处处更新，保持了各模型图纸的一致性，也在一定程度上提高了工作效率。

③建筑图元可重用性：Revit 自带了丰富的以建筑构件形式出现的建筑设计图元；此外 Revit 也允许用户自定义建筑构件，即根据设计师的需要设计相应的构件或建立自己的族库。

（2）Revit 软件可扩展性

①相比传统基于 CAD 平台进行三维建模操作复杂性，基于 BIM 理念开发的 Revit 软件具有强大且成熟的三维建模技术。Revit API 功能强大，适用于二次开发。本专项研究需要进行施工进度管理以及运营管理、系统设备维护与 BIM 系统的二次开发，这也是本专项研究选择用 Revit 软件进行 BIM 建模的关键所在。

②Revit 软件使用界面非常友好，可以快速上手，具有一定的编程基础并掌握一定的 API 使用方法，就可以根据需要来对 Revit 软件进行二次开发，扩展其所需功能，当然也可以对软件原有功能进行相应的优化编码，这也是我们选择用 Revit 来进行三维建模的重要原因。

③Revit API 提供了对 Revit 中各种应用功能的可扩展访问接口，实现了分析和可视化应

用与 Revit 建筑信息模型的集成功能，用户可以根据自己的需要对 Revit 进行功能性扩展。

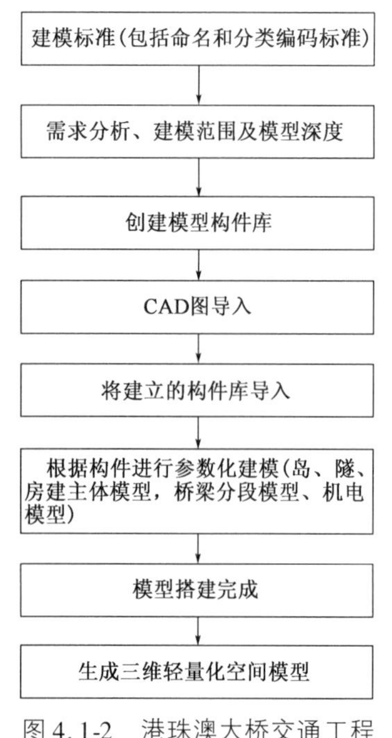

图 4.1-2　港珠澳大桥交通工程 BIM 建模流程

4.1.2　BIM 建模搭建及构建库建立

港珠澳大桥交通工程 BIM 建模流程如图 4.1-2 所示。

以上建模流程中，BIM 构件库标准制定及构件库建立是建模的关键。BIM 模型的创建、完善与传递过程实际上是以构件数据为主体的数据管理过程。港珠澳大桥交通工程包含十多个子系统，设备、管线种类繁多。目前 BIM 构件库的标准还没有完全统一，对于特殊复杂的设备，相应的构件库需要专门建立，为此在 BIM 建模过程中，需要进行构件库标准的制定，包含尺寸、材质、密度和造价等参数化数据，根据需要开发专用构件库，如机电设备、控制设备、管件族库、其他管理相关构件设备库等，模型构件库示意如图 4.1-3 所示。

桥隧主体模型创建的主要内容包括：

(1)桥梁模型创建：包含桥梁的桥面系、桥道结构、承重结构(主梁、桁架)、连接系、支座等下部结构(包含桥台、桥墩和基础等)，附属构造物(包含桥头搭板)等。

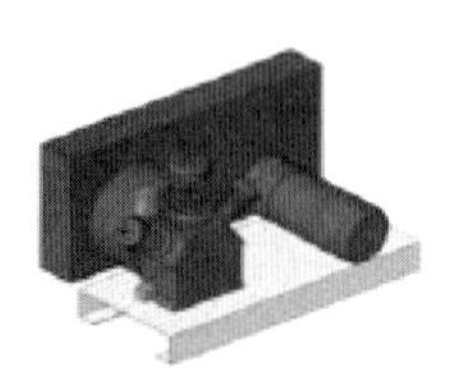   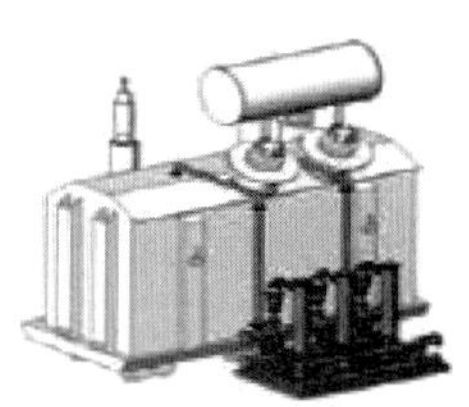

图 4.1-3　模型构件库

(2)隧道模型创建：包括边墙、底板、水沟、电缆槽身、水沟盖板、电缆槽盖板等。

(3)人工岛模型创建：包括场地、道路、绿化、凉亭等景观工程等。

(4)配套管理用房模型创建：包括墙体、楼板、天花板、楼梯、扶手、集水井、房间名称、结构梁、结构板、结构柱、结构楼梯、剪力墙、结构洞口、集水井、桁架、钢结构。

机电模型创建主要内容包括：安全设施、交通监控设施、通信设施、收费设施、照明设施、隧道通风设施、供配电设施、火灾报警系统与消防设施、给排水设施、结构健康监测设施、预留预埋设施等。

4.2 基于 BIM 优化设计方案并建立三维设计体系

根据港珠澳大桥交通工程建设的实际情况及我国现行的技术标准，通过 BIM 优化设计方案。利用 BIM 可视化和管线综合功能，减少联合设计中的“错漏碰缺”，同时就复杂管线的关键部位，制定合理的碰撞规则，依据检查报告发现、纠正并优化管线路由，为设计优化提供方案。

同时通过三维联合设计数据信息管理平台（包括软件平台和硬件）的搭建、港珠澳大桥交通工程构件库和三维设计文件的建立、设计文档的统一和规范（包括文档、数据类型和结构的统一），确立平台化、标准化、规范化的三维联合设计流程和方法，形成具有港珠澳大桥交通工程特色的三维设计体系。

港珠澳大桥交通工程综合管线包括电力管线、通信管线、给排水管线、消防管线等，管线种类繁多、数量大。通过应用 BIM 三维模型，就复杂管线的关键部位，依据碰撞检查报告发现、纠正并优化管线路由，将所有碰撞问题解决于施工之前。

碰撞检查是指提前查找和报告在工程项目中不同部位之间的冲突。碰撞检查分硬碰撞和软碰撞（间隙碰撞）两种，硬碰撞指实体与实体之间交叉碰撞，软碰撞指实体间实际并没有碰撞，但间距和空间无法满足相关施工要求。例如，空间中两根管道并排架设时，因为要考虑到安装、保温等要求，两者之间必须有一定的间距，如果这个间距不够，即使两者未直接碰撞，但设计实际上是有问题的。这个允许的间隙值可以通过公差来设定。目前 BIM 的碰撞检查应用主要集中在硬碰撞。通常碰撞问题出现最多的是安装工程中各专业设备管线之间的碰撞、管线与建筑结构部分的碰撞以及建筑结构本身的碰撞。

提高碰撞检查效果的关键是要制定合理的碰撞检查规则和做模型的时候尽量细化。碰撞检查规则越合理，检查效率越高。模型做得越细化，修改起来越简单，而且方便对想要检查的特定内容进行快速简单的碰撞检查。

发现碰撞的问题时，需要进行调整，把水管的位置进行碰撞检测从而进行修改。通过 BIM 中的碰撞检查可以将它们进行有效的调整，小管优先避让大管，避免在现场中发生管道打架的情况。

4.3　港珠澳大桥交通工程施工进度管理

基于BIM的港珠澳大桥交通工程施工进度管理研究主要研究4D图形化模拟显示施工进度状态、施工进度管理和计算规则,通过三维进度管理,提高工程量统计和投资额统计效率。

港珠澳大桥交通工程包含十多个子系统,各子系统施工是一个动态的过程,随着工程规模不断扩大,复杂程度不断提高,施工项目管理变得极为复杂。

基于BIM模型的施工进度管理有一个显著的特点是其包含时间进度属性,借助BIM技术,可以将工程模型与施工进度计划关联整合,实现4D图形化模拟显示施工进度状态和三维进度管理。同时,BIM是一个富含空间信息的数据库,可以真实地提供管理需要的空间信息展示。本专项研究施工进度管理主要实现功能为:基于BIM三维模型的港珠澳大桥交通工程施工进度形象展示及工程量统计、建设投资进度及统计。

4.4　港珠澳大桥交通工程三维系统集成运营管理

基于BIM的港珠澳大桥交通工程三维系统集成运营管理平台架构和结构示意图如图4.4-1、图4.4-2所示。

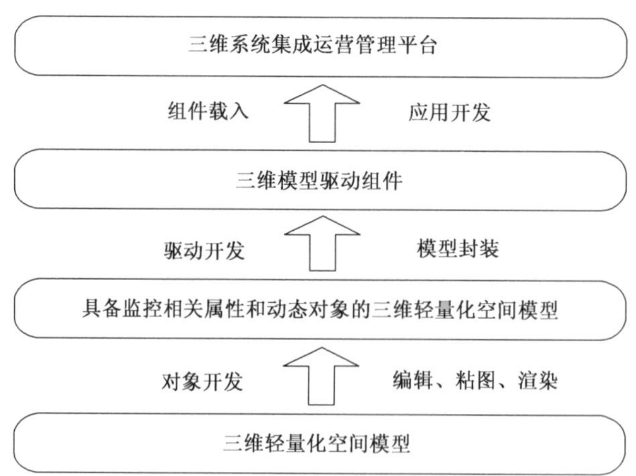

图4.4-1　基于BIM的港珠澳大桥交通工程施工进度管理平台架构图

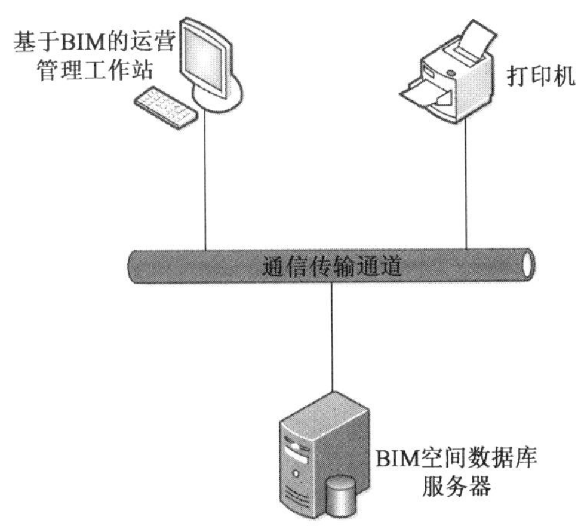

图4.4-2　基于BIM的港珠澳大桥交通工程施工进度管理平台结构示意图

4.4.1　港珠澳大桥交通工程三维系统集成运营管理关键技术

本部分需解决以下两个关键问题：一是建立具有监控属性及动态对象的三维轻量化空间模型，二是运营管理的系统集成技术。

(1)具有监控属性及动态对象的三维轻量化空间模型：完整的BIM模型文件可能会达到几个GB甚至十几个GB，读取数据的时间过长，会影响使用效果，为了便于在运营管理系统中浏览、综合应用，需要进行BIM模型的轻量化工作，既减少文件容量又能满足运营管理的需要，根据读取到的实时运营管理数据进行对象状态更新和三维BIM空间模型展示。

(2)运营管理的系统集成技术：港珠澳大桥交通工程包含十几个子系统，要将十几个子系统众多分离的设备、功能和信息等集成到相互关联的、统一和协调的运营管理平台之中，需要通过有效的系统集成技术保证各系统间的信息共享和协调互动，实现集中、高效、便利的运营管理。

4.4.2　港珠澳大桥交通工程三维系统集成运营管理平台

基于BIM的港珠澳大桥交通工程三维系统集成运营管理研究主要通过研究BIM模型轻量化技术和运营管理系统集成技术，实现系统设备运行状态在BIM轻量化空间模型中的展示，同时也可以三维展示实时控制状态，方便运营人员管理，提高管理效率。

(1)基于BIM模型的三维集中管理：可对各子系统进行集中统一的三维监视和管

理,将各集成子系统的信息统一存储、显示在同一平台上。重点是以三维模型准确、全面地展示各子系统设备运行状态。

(2)手动漫游、自动飞行、拖拽放缩、视角变换等功能。

(3)实时读取智能化设备的监控信息,进行数据显示、动态展示。

(4)通过鼠标操作,实现摄像机视频弹出、设备控制命令下发。

4.5　港珠澳大桥交通工程全寿命周期系统集成平台架构

基于 BIM 的港珠澳大桥交通工程全寿命周期系统集成的核心目的,就是解决建设工程全寿命周期中的信息创建、信息管理和信息共享问题。BIM 技术的出现,为真正实现全寿命周期系统集成理念提供了技术支撑。BIM 技术从根本上改变了工程信息的创建行为和创建过程,从建设工程设计开始,就采用数字化的设计信息,而正是基于这种数字化信息的创建,可以改变建设工程信息的管理过程和共享过程,从而实现全寿命周期系统集成技术。基于 BIM 的港珠澳大桥交通工程全寿命周期系统集成结构如图 4.5-1 所示。

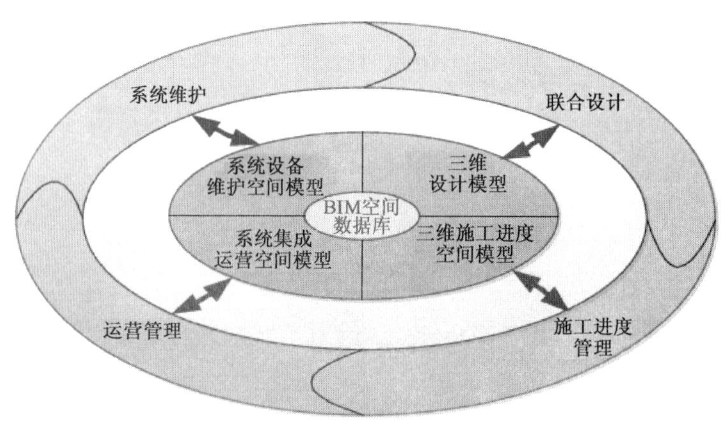

图 4.5-1　基于 BIM 架构的港珠澳大桥交通工程全寿命周期系统集成结构图

基于 BIM 的港珠澳大桥交通工程全寿命周期系统集成平台架构是一个包括数据层、模型层、应用层的结构体系,如图 4.5-2 所示。

数据层:数据层可分为两个数据库,一个是港珠澳大桥交通工程全寿命周期内从联合设计、施工进度管理、运营管理至系统设备维护各个不同阶段的业务数据库,另一个是 BIM 空间数据库。通过数据层,实现信息在不同阶段、不同参与方之间的传递和共享。

模型层：模型层是基于 BIM 架构的交通工程全寿命周期系统集成平台的核心部分，连接着数据层和应用层，主要是利用从 BIM 数据库中提取的数据，进行 BIM 模型的创建，并利用扩展的数据进行信息模型的更新完善，为港珠澳大桥交通工程建设不同阶段提供所需要的模型信息。

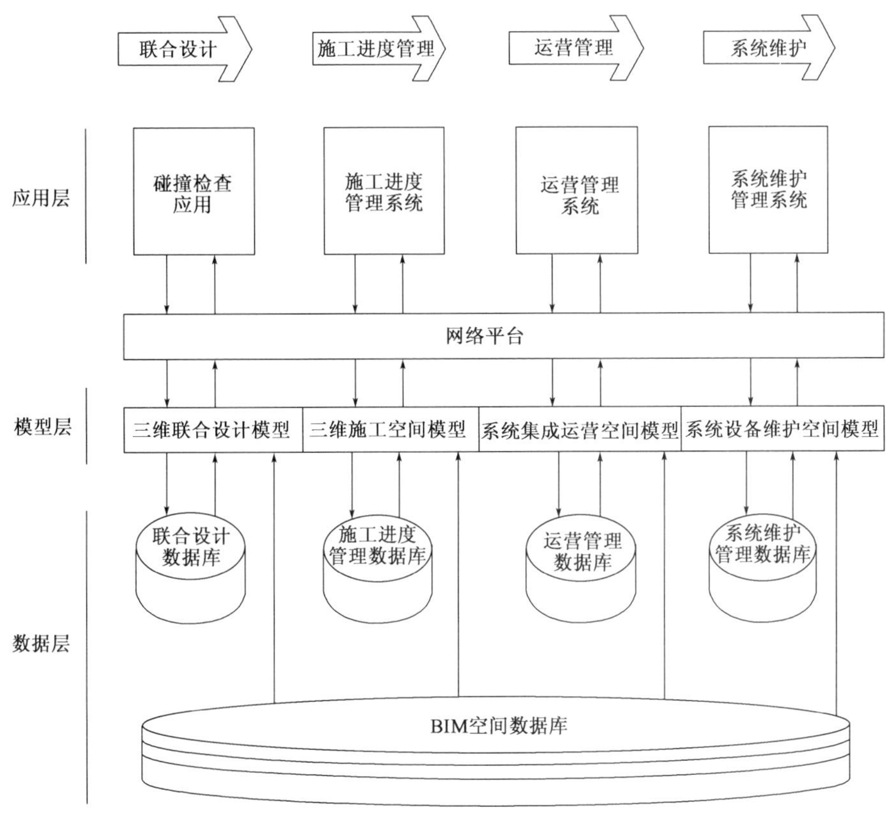

图 4.5-2　基于 BIM 的港珠澳大桥交通工程全寿命周期系统集成平台架构

应用层：通过网络技术实现分布式的工作模式，基于相应阶段信息模型或应用子信息模型，获取所需要的模型数据，支持基于 BIM 技术的各种应用系统的应用和数据共享。例如，在设计阶段，将 Revit 建立的 3D 建筑信息模型导入 Navisworks 中进行建筑信息模型的碰撞检查；在施工阶段，利用 3D 建筑信息模型结合时间创建的施工进度信息进行项目 4D 进度管理等；在运营阶段，实现系统集成运营管理三维展示及实时控制状态展示；在系统设备维护阶段，在三维模型中展示设备的各种信息，三维动态管理复杂的综合管线，直接查看相互位置关系，从而为管网维修、设备维护维修带来很大的方便。

4.6　本章小结

本章基于 BIM 软件构建港珠澳大桥交通工程三维模型,构建交通工程系统集成运营管理平台和系统维养管理平台,并根据实际的设计、施工、运营、维护等不同阶段开展全寿命周期管理方面的研究,首次实现对跨海通道全寿命周期系统管理方面的创新尝试。

CHAPTER FIVE

第5章

港珠澳大桥护栏结构的实车碰撞试验

5.1　护栏结构研究

5.1.1　桥梁护栏形式选择

应用于桥梁上的护栏主要有钢筋混凝土墙式、组合式、金属梁柱式三种形式，通过对三种护栏国内外应用情况做调查研究，根据护栏的防护性能、经济效益、景观效果确定港珠澳大桥护栏形式。

按坡面形式，钢筋混凝土墙式护栏分为改进型（F型）、单坡面式和直壁式三种，目前在我国应用比较广泛的是改进型和单坡面式，直壁式应用较少。图5.1-1为在福建省推广应用的SS级闽华I型桥梁护栏。图5.1-2为湖南常吉高速公路上应用的新型SS级景观桥梁护栏。图5.1-3为在美国应用的混凝土桥梁护栏。

混凝土墙式护栏具有防撞能力高，造价低的优点，但混凝土墙式护栏景观呆板，易对小型车司乘人员形成压抑感，不适合在一些景观要求较高的大桥上使用。

图5.1-1　闽华Ⅰ型桥梁护栏

图5.1-2　景观桥梁护栏

图5.1-3　应用在美国的混凝土护栏

组合式桥梁护栏底部采用混凝土结构，上部采用金属梁柱式结构。图5.1-4为应用在东海大桥上的组合式护栏。图5.1-5为应用在苏通大桥上的组合式护栏。图5.1-6和图5.1-7为应用在美国的组合式护栏。

图 5.1-4　东海大桥组合式护栏

图 5.1-5　苏通大桥组合式护栏

图 5.1-6　应用在美国的组合护栏 1

图 5.1-7　应用在美国的组合护栏 2

组合式桥梁护栏相对于金属梁柱式桥梁护栏造价较低，相对于混凝土墙式护栏较为通透，景观有所改善。

金属梁柱式桥梁护栏根据横梁数量分为双横梁、三横梁、四横梁和五横梁结构，由于景观通透性好，在国内外桥梁上均有应用。图 5.1-8 为应用在深港西部通道深圳湾大桥上的三横梁金属梁柱式护栏。图 5.1-9 为应用在杭州湾跨海大桥上的五横梁金属梁柱式护栏。图 5.1-10 和图 5.1-11 分别为应用在美国和日本的三横梁金属梁柱式护栏。

图 5.1-8　深圳湾大桥三横梁护栏

图 5.1-9　杭州湾跨海大桥五横梁护栏

图 5.1-10　美国应用的三横梁金属梁柱式护栏

图 5.1-11　日本应用的三横梁金属梁柱式护栏

金属梁柱式护栏具有美观通透的优点,但造价较高,且较不易达到高防撞能量。

通过以上分析,根据港珠澳大桥景观要求,选择金属梁柱式护栏作为港珠澳大桥护栏基本形式。

5.1.2　桥梁护栏初步设计

5.1.2.1　护栏高度和立柱间距

护栏高度和立柱间距设计的主要依据为香港特区政府路政署颁布的《公路和铁路结构设计手册》(*Structures Design Manual for Highways and Railways*)(简称 SDM)第 15 章和内地《公路交通安全设施设计细则》(JTG/T D81—2006)(简称设计细则)。

(1)香港 SDM 规范(表 36 和图 13、14)规定 L3 等级以上护栏高度最小为 1.5m,设计细则第 5.4.1 条规定 SA、SS 级桥梁护栏高度应大于或等于 1.5m。港珠澳大桥护栏的防护等级为 SS 级,则护栏高度取 1.5m。

(2)香港 SDM 规范未对立柱间距作规定,设计细则第 5.4.1 条规定 SS 级金属梁柱式护栏立柱间距应小于或等于 1.5m。立柱间距小,有利于提高护栏的强度和刚度,但会增加护栏造价,亦影响护栏的通透性,根据以往项目经验,结合香港类似桥梁护栏资料,确定本项目护栏立柱间距为 2m。

5.1.2.2　不同翼缘板护栏协调设计

工程主体桥梁分为混凝土箱梁和钢箱梁结构,由于混凝土箱梁护栏设置路缘石,造成护栏结构略有不同,为了使整个桥梁护栏协调一致,提出三种设计方案。不同翼缘板护栏协调设计方案比较见表 5.1-1。

不同翼缘板护栏协调设计方案比较表　　表 5.1-1

优缺点	方 案 一	方 案 二	方 案 三
优点	安装方便,路缘石整体连续,景观效果较好	焊接工艺简便	底部螺栓连接,可减少攻丝孔板厚度
缺点	施工工艺稍显复杂	路缘石不连续,景观较差	路缘石不连续,景观较差

方案一通过立柱底部加强型钢底座调节航道段和引桥段护栏高度,其结构特点为:

(1)钢箱梁设置钢路缘石,同混凝土连续一致。

(2)立柱底部路缘石加强,刚度和翼缘板匹配。

(3)攻丝孔板与立柱底座路缘石顶面焊接。

(4)立柱底板通过螺栓与攻丝孔板连接。

图 5.1-12 为方案一的三维图。

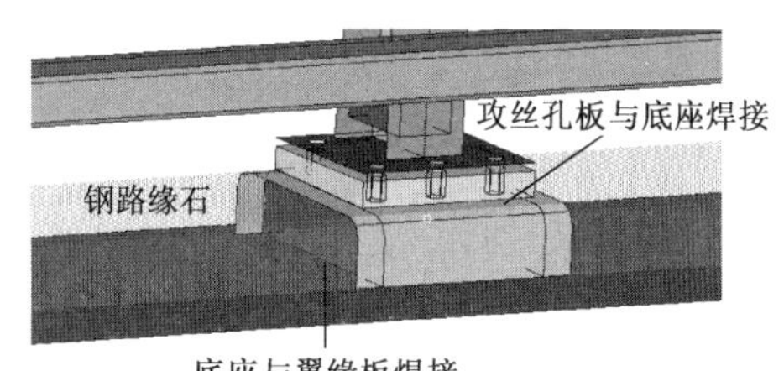

图 5.1-12　协调设计方案一

方案二通过调节航道段立柱高度实现航道段和引桥段护栏高度过渡:

(1)路缘石在立柱底部断开。

(2)攻丝孔板直接与翼缘板焊接。

(3)立柱底板通过螺栓与攻丝孔板连接。

图 5.1-13 为方案二的三维图。

图 5.1-13　协调设计方案二

方案三通过调节连接底座高度实现航道段和引桥段护栏高度一致:

(1)路缘石在立柱底部断开。

(2)红色肋板底部与翼缘板焊接。

(3)红色肋板与翼缘板之间存在空隙,可进行螺栓连接。

图 5.1-14 为方案三的三维图。

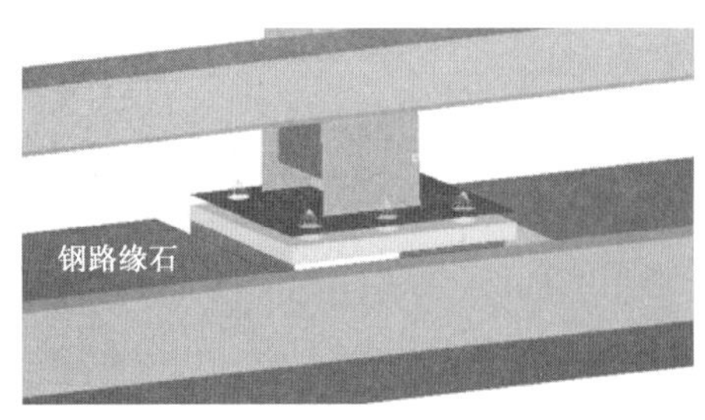

图 5.1-14　协调设计方案三

综合考虑景观、安全和经济效果，选定方案一作为不同翼缘板护栏高度协调设计方案。

5.1.2.3　护栏横梁形式选择

从图 5.1-15 可以看出，护栏横梁结构主要包括圆管、矩形管、方管和异形管，由于异形管加工困难，圆管不方便与立柱连接，因此初步选定方管和矩形管作为护栏横梁。通过进一步分析，高防护等级梁柱式护栏横梁结构要求具有高抗弯能力，在同等材料下矩形管惯性矩较方管大，因此选择矩形管作为护栏横梁结构。

a)矩形管横梁

b)圆管横梁

c)方管横梁

d)异形管横梁

图 5.1-15　护栏横梁结构

5.1.2.4　护栏立柱形式选择

从图 5.1-16 可以看出,护栏立柱结构主要包括 H 形、方管、U 形管和异形管,由于异形管加工困难,U 形管景观较差,方管不方便与横梁连接,因此选定 H 形护栏立柱结构形式。

a)H形立柱

b)方形立柱

c)U形立柱

d)异形立柱

图 5.1-16　护栏立柱结构

5.1.2.5　护栏结构设计方案

在护栏高度、立柱间距、协调设计、立柱和横梁形式研究成果的基础上,提出 4 种护栏方案,并采用 18t 大客车、碰撞速度 80km/h、碰撞角度 20°,对设计护栏方案防撞性能进行初步评价。4 种护栏方案每延公里护栏材料数量见表 5.1-2 ~ 表 5.1-5。

1)护栏方案一

(1)如图 5.1-17 所示,方案一结构为:

①护栏高度 1.5m;

②斜 H 形立柱,立柱间距 2m;

③4 横梁结构,上层 2 横梁型号为 160mm(长)×120mm(宽)×8mm(厚),下层 2 横梁型号为 160mm(长)×120mm(宽)×4mm(厚)。

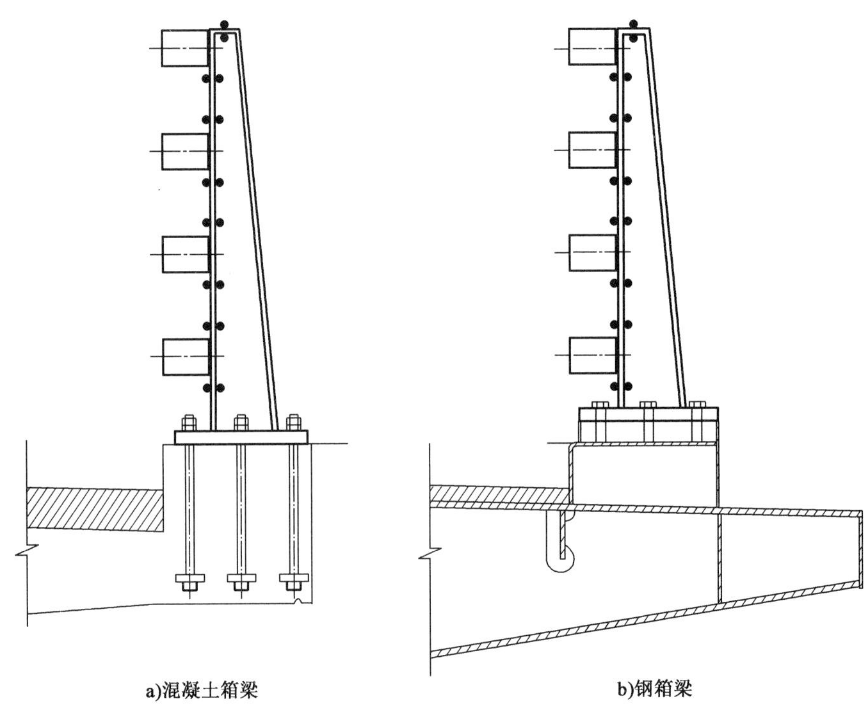

图 5.1-17　护栏结构大样图——方案一

方案一每延公里护栏材料数量表　　表 5.1-2

序号	构件名称	规格型号	质量(t)	
			混凝土箱梁护栏	钢箱梁护栏
1	立柱	斜 H 形立柱	68.170	63.044
2	上部横梁	160mm×120mm×8mm×5990mm	74.511	74.511
	下部横梁	160mm×120mm×4mm×5990mm	39.207	39.207
3	拼接套管 1	136mm×96mm×10mm×570mm	6.935	6.935
	拼接套管 2	144mm×104mm×6mm×570mm	4.448	4.448
4	连接螺栓	M20×55mm(10.9 级)	2.160	2.160
5	拼接螺栓	M20×160mm(10.9 级)	4.208	4.208
6	预埋螺栓	M30×530mm(10.9 级)	16.196	4.572
7	预埋板	460mm×450mm×10mm	8.125	56.875
合计	—	—	223.96	255.959

图5.1-18为大型车碰撞护栏初步结果，可以看出方案一具备SS级520kJ防护能力。

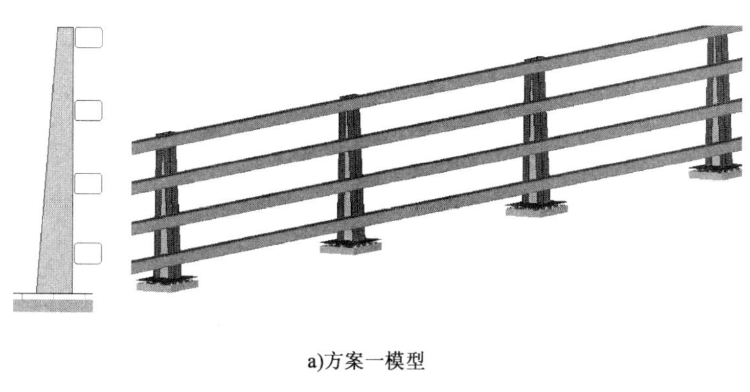

a)方案一模型

b)方案一护栏变形

图5.1-18　SS级碰撞能量下护栏变形图——方案一

(2)护栏方案一特点为：

①结构防护：斜H形立柱结构，克服悬臂结构底部强度偏弱的缺点，受力合理；下部采用弱梁结构，有效降低对车体乘员的伤害程度；上部采用强梁结构，有效防护大型车辆；横梁宽度160mm，具有自防绊阻功能；

②加工工艺：立柱材料为平板，加工工艺简捷。

2)护栏方案二

(1)如图5.1-19所示，方案二结构为：

①护栏高度1.5m；

②折线H形立柱，立柱间距2m；

③4横梁结构，上层2横梁型号为120mm(长)×100mm(宽)×8mm(厚)，下层2横梁型号为120mm(长)×100mm(宽)×4mm(厚)；

④横梁和立柱之间增加防阻块。

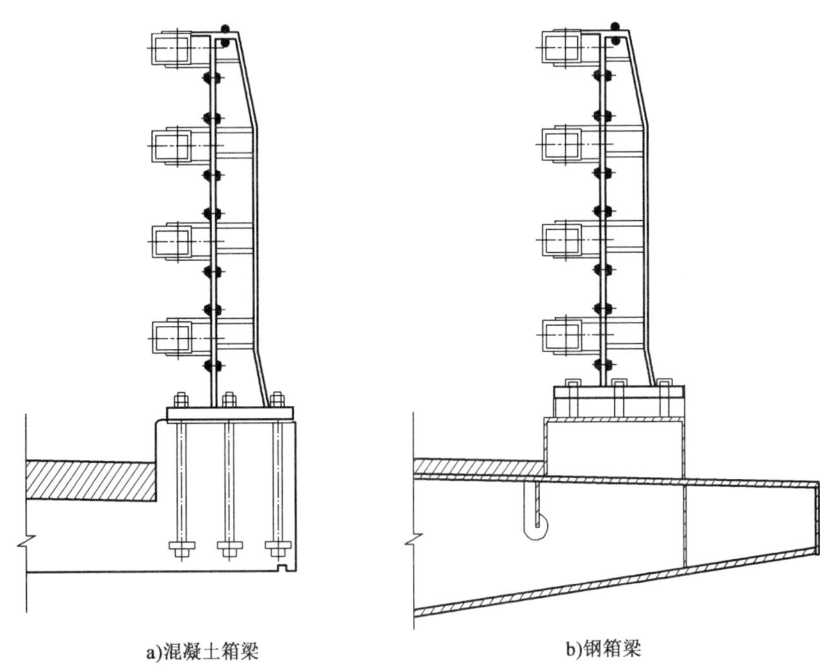

图 5.1-19　护栏结构大样图——方案二

方案二每延公里护栏材料数量表　　表 5.1-3

序　　号	构件名称	规格型号	质量(t)	
			混凝土箱梁护栏	钢箱梁护栏
1	立柱	折线 H 形立柱	74.909	70.996
2	上部横梁	120mm × 100mm × 8mm × 5990mm	55.282	55.282
	下部横梁	120mm × 100mm × 4mm × 5990mm	27.641	27.641
3	拼接套管 1	96mm × 76mm × 10mm × 570mm	5.141	5.141
	拼接套管 2	104mm × 84mm × 6mm × 570mm	3.371	3.371
4	防阻块	—	13.364	13.364
5	连接螺栓	M20 × 55mm(10.9 级)	2.160	2.160
		M20 × 160mm(10.9 级)	2.100	2.100
6	拼接螺栓	M20 × 100mm(10.9 级)	3.944	3.944
7	预埋螺栓	M30 × 530mm(10.9 级)	16.196	4.572
8	预埋板	460mm × 450mm × 10mm	8.125	56.874
合计	—	—	212.233	245.445

图5.1-20为大型车碰撞护栏初步结果，可以看出方案二具备SS级520kJ防护能力。

a)方案二模型

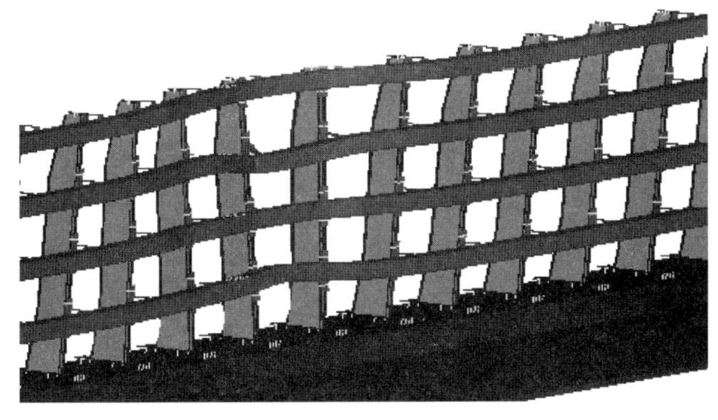

b)方案二护栏变形

图5.1-20　SS级碰撞能量下护栏变形图——方案二

(2)护栏方案二特点为：

①结构防护：在方案一的基础上，通过减小横梁尺寸减少材料量，但为防止车辆绊阻需增加防阻块，综合来看，减材效果不明显；横梁尺寸的减少，对护栏防护能力有所影响；

②加工工艺：在方案一的基础上，将斜立柱改为折线形立柱以增强景观效果，但效果不明显，同时增加了加工难度和费用。

3)护栏方案三

(1)如图5.1-21所示，方案三结构为：

①护栏高度1.5m；

②折线H形防绊阻立柱，立柱间距2m；

③4横梁结构，上层2横梁型号为120mm(长)×100mm(宽)×8mm(厚)，下层2横梁型号为120mm(长)×100mm(宽)×4mm(厚)。

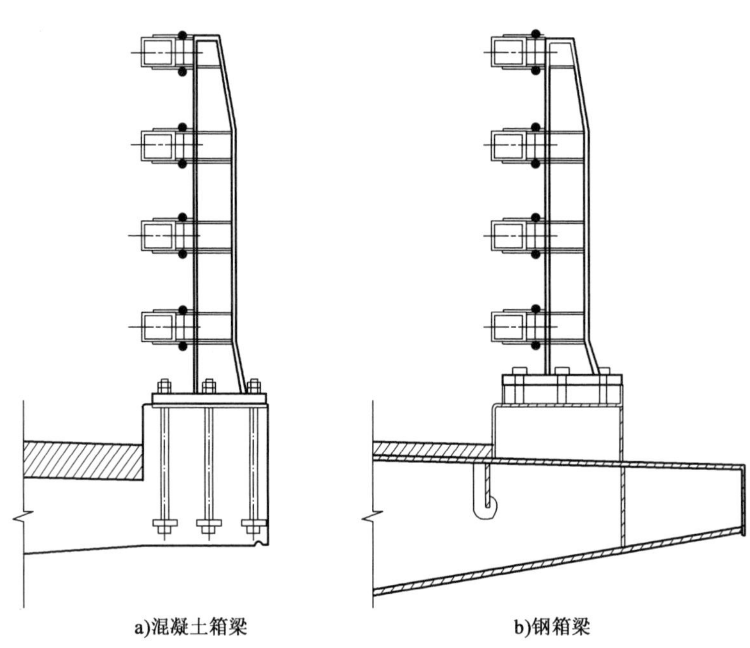

图 5.1-21　护栏结构大样图——方案三

方案三每延公里护栏材料数量表　　表 5.1-4

序　号	构件名称	规格型号	质量(t)	
			混凝土箱梁护栏	钢箱梁护栏
1	立柱	折线 H 防阻型立柱	88.273	83.662
2	上部横梁	120mm×100mm×8mm×5990mm	55.282	55.282
	下部横梁	120mm×100mm×4mm×5990mm	27.641	27.641
3	拼接套管 1	96mm×76mm×10mm×570mm	5.141	5.141
	拼接套管 2	104mm×84mm×6mm×570mm	3.371	3.371
4	连接螺栓	M20×160mm(10.9 级)	2.100	2.100
5	拼接螺栓	M20×150mm(10.9 级)	3.944	3.944
6	预埋螺栓	M30×530mm(10.9 级)	16.196	4.572
7	预埋板	460mm×450mm×10mm	8.125	56.874
合计	—	—	210.073	242.587

图 5.1-22 为大型车碰撞护栏初步结果,可以看出方案三具备 SS 级 520kJ 防护能力。

(2)护栏方案三特点为:

①结构防护:在方案二的基础上,通过将立柱和防阻块综合加工来降低材料和安装难度;

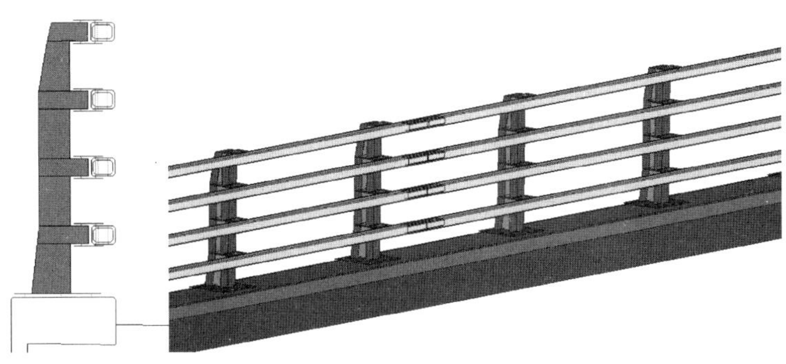

a)方案三模型

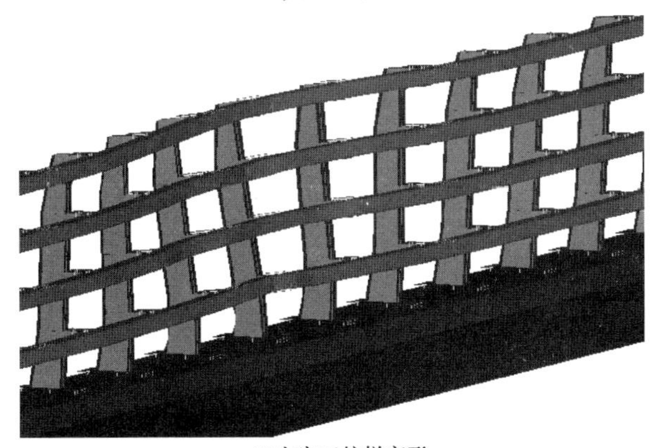

b)方案三护栏变形

图 5.1-22 SS 级碰撞能量下护栏变形图——方案三

②加工工艺:立柱和防阻块综合结构,增加了加工难度。

4)护栏方案四

(1)如图 5.1-23 所示,方案四结构为:

①护栏高度 1.5m;

②H 形立柱,立柱间距 2m;

③4 横梁结构,上层 2 横梁型号为 160mm(长)×120mm(宽)×8mm(厚),下层 2 横梁型号为 160mm(长)×120mm(宽)×4mm(厚)。

方案四每延公里护栏材料数量表 表 5.1-5

序 号	构件名称	规格型号	质量(t)	
			混凝土箱梁护栏	钢箱梁护栏
1	立柱	H 形立柱	68.556	66.981
2	上部横梁	120mm×100mm×8mm×5990mm	74.511	74.511
	下部横梁	120mm×100mm×4mm×5990mm	39.207	39.204

续上表

序　号	构件名称	规格型号	质量(t)	
			混凝土箱梁护栏	钢箱梁护栏
3	拼接套管1	96mm×76mm×10mm×570mm	6.935	6.935
	拼接套管2	104mm×84mm×6mm×570mm	4.448	4.448
4	连接螺栓	M20×55mm(10.9级)	2.160	2.160
5	拼接螺栓	M20×160mm(10.9级)	4.208	4.208
6	预埋螺栓	M30×530mm(10.9级)	16.196	4.572
7	预埋板	460mm×450mm×10mm	8.125	56.874
合计	—	—	224.346	259.896

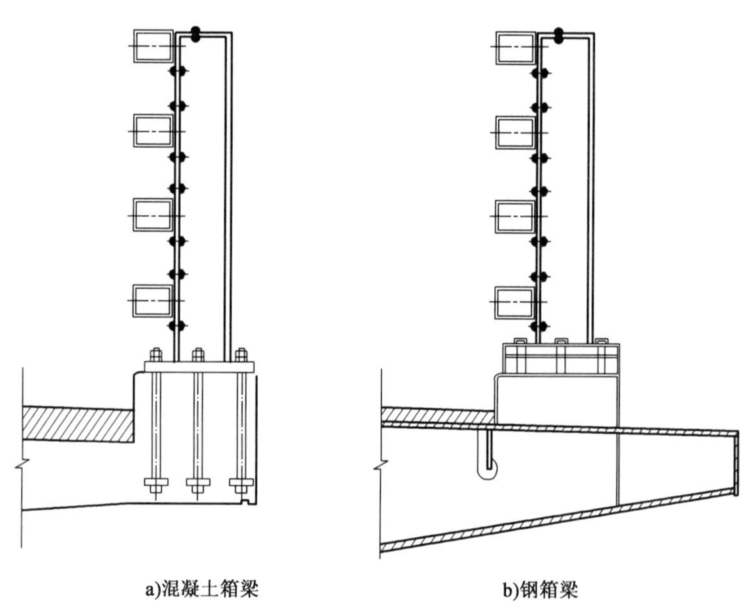

图5.1-23　护栏结构大样图——方案四

图5.1-24为大型车碰撞护栏初步结果，可以看出方案四具备SS级520kJ防护能力。

(2)护栏方案四特点为：

①结构防护：H形立柱抗弯能力强，但立柱底部偏弱；

②下部采用弱梁结构，有效降低对车体乘员的伤害程度；上部采用强梁结构，有效提高护栏防护能力；横梁宽度达到160mm，具有自防绊阻功能；

③加工工艺：立柱材料为平板，加工工艺简捷。

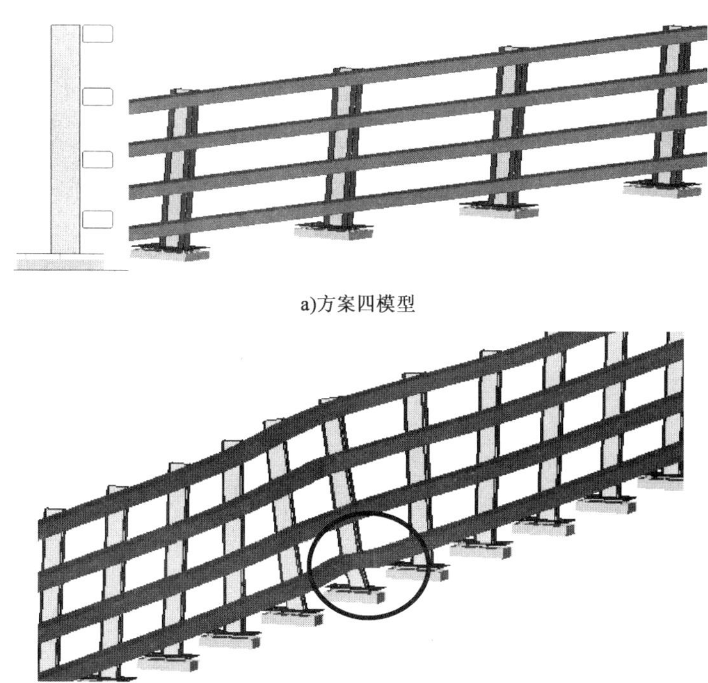

a)方案四模型

b)方案四护栏变形

图 5.1-24　SS 级碰撞能量下护栏变形图——方案四

5.1.2.6　方案比选与方案选定

表 5.1-6 为几种方案的性能与材料造价对比表,可以看出四种方案材料用量接近,而方案一在受力性能、加工简便性方面均优于其他三种方案,在满足安全防护的同时,可降低加工造价,因此将方案一作为本项目选定方案。

以方案一为基础,进行结构优化,确定最终用于试验的护栏结构。

四种护栏方案性能与材料造价表　　表 5.1-6

方　案	结构特点	每延公里材料用量(t)	
		混凝土箱梁	钢箱梁
方案一	初步评价满足防撞要求;斜 H 形立柱受力合理,为方案四的结构优化方案;加工立柱板件规整,加工工艺简捷;可通过护栏和横梁连接构件,使其施工方便	223.96	255.959
方案二	初步评价满足防撞要求;横梁和立柱之间增加防阻块以防止车辆绊阻;护栏增加了防阻块构件,施工工艺较方案一复杂;加工立柱板件需折弯,加工工艺较方案一复杂	212.233	245.445

续上表

方　案	结构特点	每延公里材料用量(t)	
		混凝土箱梁	钢箱梁
方案三	初步评价满足防撞要求;防阻型立柱;防止车辆绊阻;立柱增加了防绊阻结构,加工工艺较方案一复杂;施工方便	210.073	242.587
方案四	初步评价满足防撞要求;H形立柱加工方便;受力特性较方案一有所不足;材料造价最高	224.246	259.896

5.1.3　护栏结构优化研究

5.1.3.1　路缘石高度优化

初步设计的路缘石距地面高度为250mm,按小客车碰撞试验条件建立护栏有限元模型,对路缘石高度进行优化设计。

图5.1-25为车辆碰撞护栏过程图,可以看出,护栏能够很好地防护和导向车辆,小客车碰撞护栏后逐渐恢复到正常行驶状态;车辆有沿路缘石爬升趋势,碰撞侧变形严重,车轮受损伤较大。

a)车辆碰撞护栏前

b)车头碰撞护栏

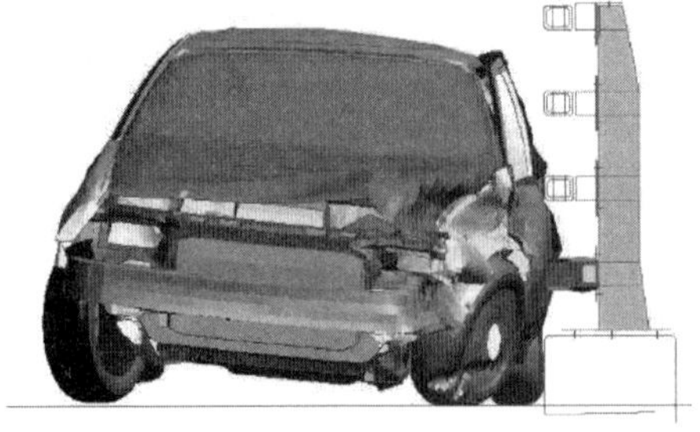

c)车尾碰撞护栏

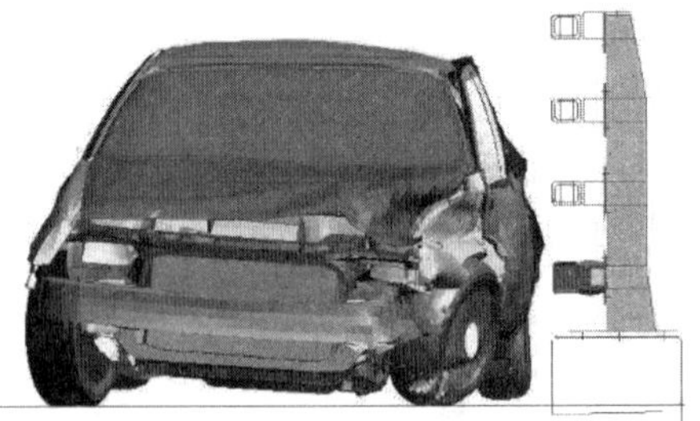

d)车辆离开护栏

图5.1-25　车辆碰撞护栏过程

表5.1-7为乘员风险指标，可见护栏乘员碰撞速度不合格，通过分析可知，路缘石高度过大是主要原因。

乘员风险指标　　　表5.1-7

	评价标准指标值	仿真计算值	评价结果
乘员加速度伤害指标(ASI)	1.4 < ASI≤1.9	1.72	合格
理论头部碰撞速度(THIV)	THIV≤33km/h	34.5km/h	不合格
碰撞后头部减速度(PHD)	—	23.1g	—

通过研究，将路缘石高度定为150mm，可有效降低乘员风险指标，满足要求。

5.1.3.2　横梁布置位置优化

横梁布置对乘员风险指标影响较大，按小客车碰撞试验条件建立有限元模型，对图5.1-26所示的不同横梁布置结构进行乘员风险分析，表5.1-8为不同横梁布置方案乘员风险的对比。

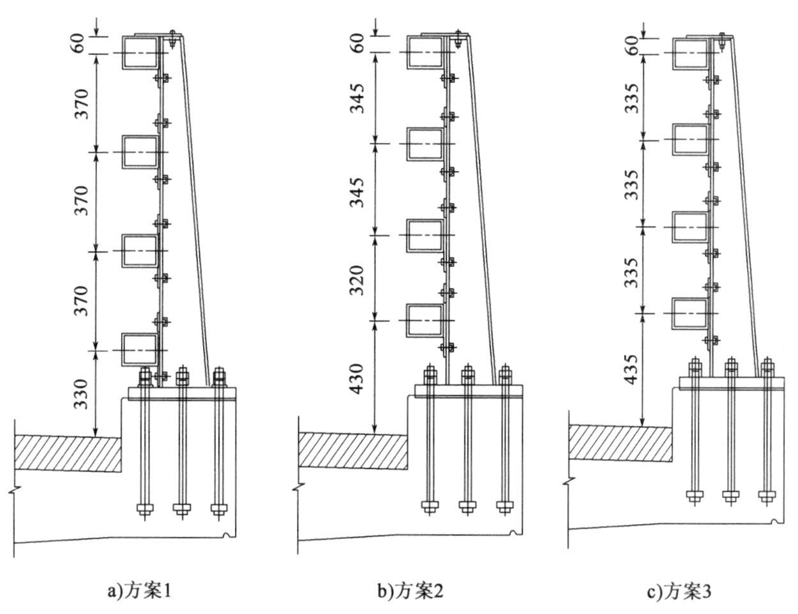

a)方案1　　b)方案2　　c)方案3

图5.1-26　横梁布置示意图(尺寸单位:mm)

横梁布置方案乘员风险指标对比　　　表5.1-8

横梁位置	加速度峰值(g)			ASI	THIV(km/h)	PHD(g)
	X向	Y向	Z向			
方案1	14.5	22.2	7	1.77	36.1	12.3
方案2	15.4	18.5	5.7	1.63	32	15.2
方案3	12.1	17.6	9.2	1.67	31.2	17

从表 5.1-8 可以看出，方案 3 的加速度峰值最小，ASI 和 THIV 指标均满足评价标准要求，方案 3 为优化横梁布置方案。

5.1.3.3　横梁和立柱连接优化

目前横梁和立柱连接方式主要有焊接和栓接两大类：其中焊接方式一般需要在工程现场完成，施工困难，同时焊接后防腐比较困难，不利于养护，不适合在对防腐要求较高的海洋性气候地带使用；栓接方式安装方便，但连接方式和强度需谨慎处理，如果处理不好，不但会降低防护性能，还会增加施工成本且影响景观。

通过研究，提出三种横梁立柱连接方案（图 5.1-27），采用大型车碰撞护栏模型，并结合以往碰撞试验对连接方案进行对比，择优选取。

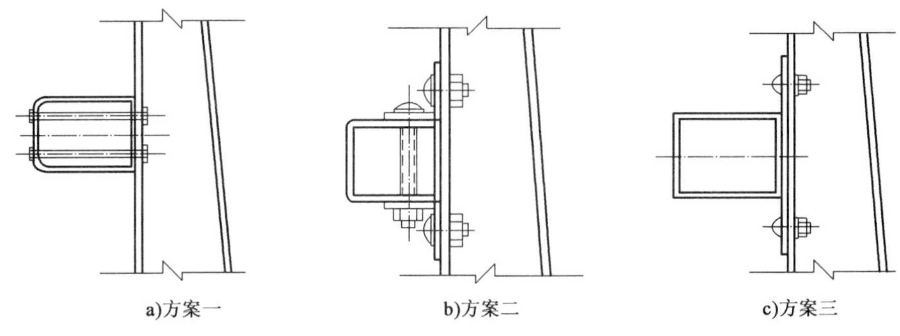

a)方案一　　b)方案二　　c)方案三

图 5.1-27　横梁立柱连接方案

图 5.1-28 为方案一连接方式碰撞结果，可见该连接方式易出现以下问题：车辆碰撞护栏后横梁被挤扁，横梁与立柱连接螺栓头会突出横梁表面，易与车辆剐蹭。如果螺栓弱，则螺栓易被刮断，影响护栏整体防护性能；如果螺栓强，存在绊阻车辆的安全隐患。

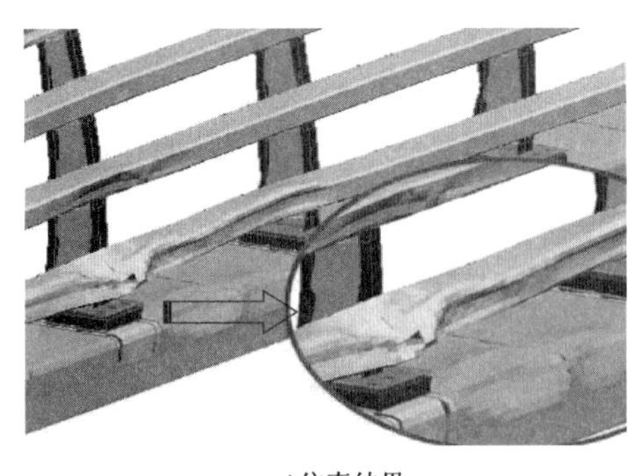

a)仿真结果　　b)试验结果

图 5.1-28　方案一连接方式碰撞结果

图5.1-29为方案二连接方式碰撞结果，可见在该连接方式下螺栓处于非碰撞侧，可有效解决螺栓绊阻车辆的隐患，但连接螺栓数量较多，增加造价，对景观有所影响。

图5.1-29 方案二连接方式碰撞结果

图5.1-30为方案三连接方式碰撞结果，可见在该连接方式下螺栓与横梁用短螺栓连接，不但解决了螺栓绊阻车辆的隐患，还有效降低了造价，景观良好。

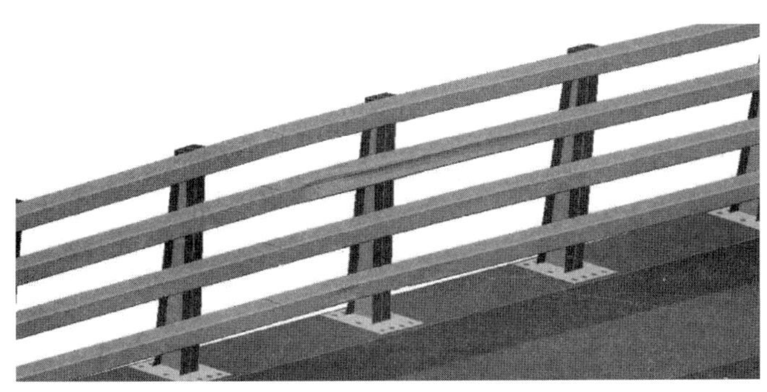

图5.1-30 方案三连接方式碰撞结果

通过以上分析，采用方案三连接方式对安全、景观、造价均有所优化。

5.1.3.4 地脚螺栓和连接螺栓校核

图5.1-31为地脚锚固螺栓受力曲线仿真计算结果。

根据《机械设计实用手册》，10.9级高强度螺栓的抗拉强度值[σ]为1000MPa，按最大轴力计算螺栓有效截面积：

$$\sigma = \frac{F}{A_s} = \frac{233000}{A_s} \leqslant [\sigma] = 1000\text{MPa}$$

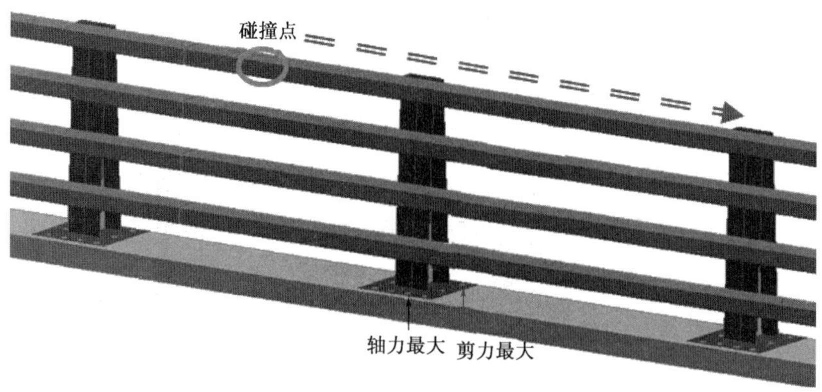

a)受力最大螺栓位置

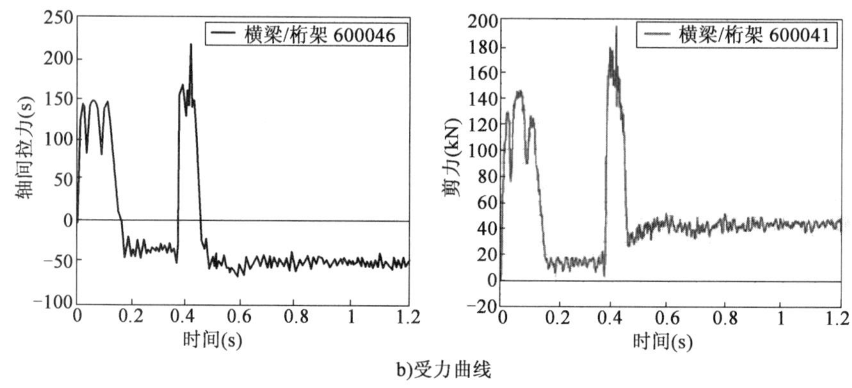

b)受力曲线

图 5.1-31　地脚锚固螺栓最大轴力及剪力变化时程曲线 1

得：

$$A_s \geqslant 233\text{mm}^2$$

式中，F 为单个螺栓承受荷载(MPa)；A_s 为螺纹部分截面计算面积(mm^2)。

按剪力计算螺栓有效截面积：

$$\tau = \frac{R}{m\frac{\pi}{4}d_s^2} = \frac{201300}{A_s} \leqslant [\tau] = 700\text{MPa}$$

得：

$$A_s \geqslant 287.5\text{mm}^2$$

式中，$[\tau]$为螺栓的抗剪强度值(MPa)，$[\tau]=0.7[\sigma]$；R 为横向荷载(MPa)；m 为剪切面的个数；d_s 为螺栓抗剪部位直径(mm)。

根据上述计算结果，锚固螺栓的有效截面积不能小于 287.5mm^2，取安全系数 $n=1.8$，则锚固螺栓有效面积应为不小于 518mm^2，M30 的 10.9 级高强度螺栓满足要求。

图 5.1-32 为连接锚固螺栓受力曲线仿真计算结果，可见锚固螺栓剪力最大值为 16.8kN，轴力最大值为 145.5kN。

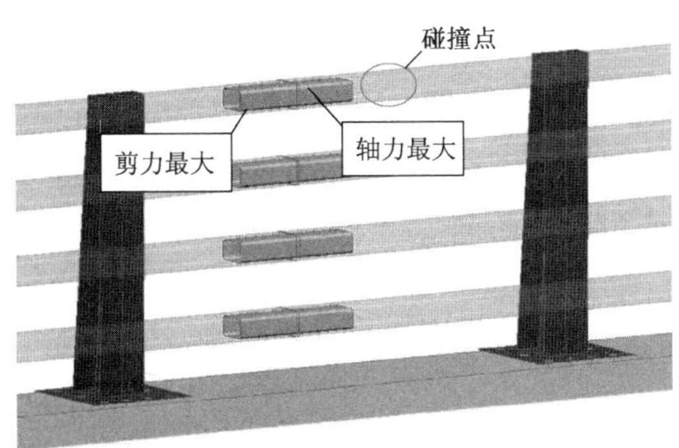

a)最大受力螺栓位置

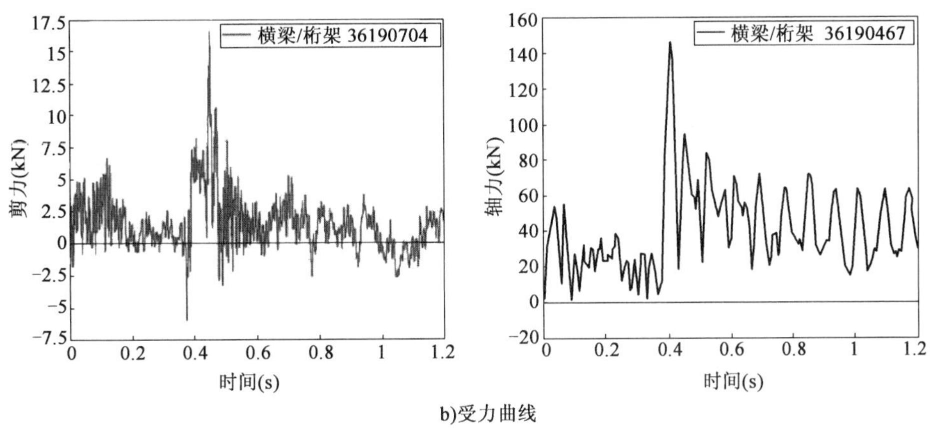

b)受力曲线

图 5.1-32 连接螺栓最大轴力及剪力变化时程曲线

因此,根据上述公式计算结果,连接螺栓的有效截面积不能小于 207.8mm^2,M20 的 10.9 级高强度螺栓满足要求。

5.1.3.5 其他结构优化

在《护栏结构有限元优化报告》中,除上述优化分析外,还对以下结构进行了优化分析:

(1)防阻块结构对乘员风险因素贡献分析。

(2)横梁厚度与截面形状对乘员风险因素贡献分析。

(3)碰撞速度对乘员风险的影响分析。

(4)结合以往试验对不同梁柱护栏性能的对比分析。

5.1.3.6 护栏优化结构计算机仿真评价

通过优化研究,得出港珠澳大桥护栏优化结构为:

(1)护栏高度 1.5m。

(2)斜 H 形立柱,翼板厚度为 12mm,副板厚度为 10mm,立柱底板厚 40mm,立柱和底板间通过肋板增强焊接强度，立柱间距 2m。

(3)4 横梁结构，横梁型号上部两横梁为 160mm(长)×120mm(宽)×8mm(厚)，下部两横梁为 160mm(长)×120mm(宽)×4mm(厚)，4 横梁中心距地面距离分别为 435mm、770mm、1105mm 和 1440mm。

(4)通过横梁焊接板和立柱之间栓接方便，焊接板厚度为 8mm。

图 5.1-33 为车辆碰撞护栏过程图，可以看出，护栏能够很好地防护和导向车辆，小客车碰撞护栏后逐渐恢复到正常行驶姿态，护栏横梁无明显变形。

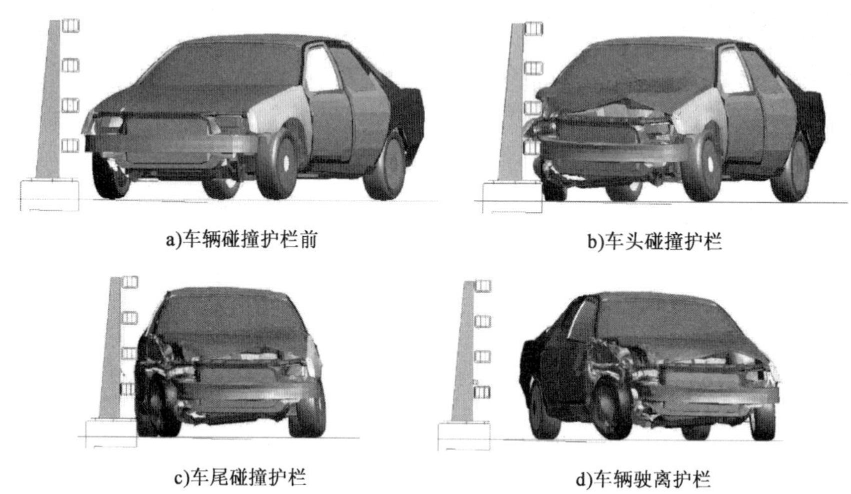

图 5.1-33　小客车碰撞护栏过程

图 5.1-34 为车辆驶出轨迹图，根据 BSEN 1317 标准规定的驶出框边界线，$E = A +$ 车宽 + 车长 $\times 0.16 = 2.2 + 1.8 + 0.16 \times 4.6 = 4.736$m，在 $W = 10$m 内，小客车实际 $E = 3.3$m，满足要求。

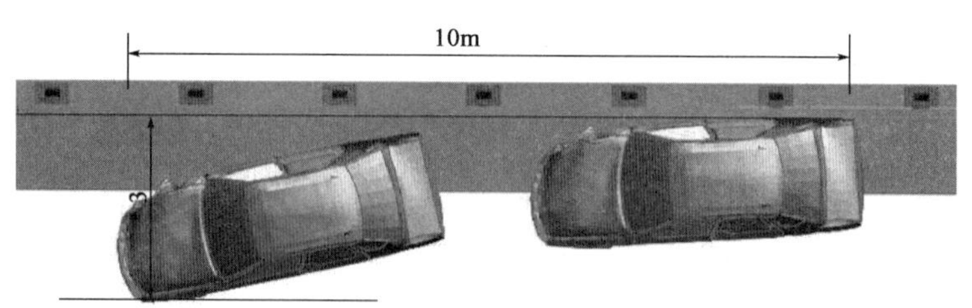

图 5.1-34　车辆驶出轨迹

表 5.1-9 为小客车乘员风险指标，可以看出风险指标满足评价标准要求。

图 5.1-35 为大客车碰撞护栏过程图，可以看出，护栏能够很好地防护和导向车辆，大客车碰撞护栏后逐渐恢复到正常行驶状态。

乘员风险指标　　表5.1-9

风险指标	评价标准指标值	仿真计算值	评价结果
ASI	$1.4 < ASI \leq 1.9$	1.67	合格
THIV	THIV≤33km/h	31.2km/h	合格
PHD	—	17 g	—

a)车辆碰撞护栏前　　b)车头碰撞护栏

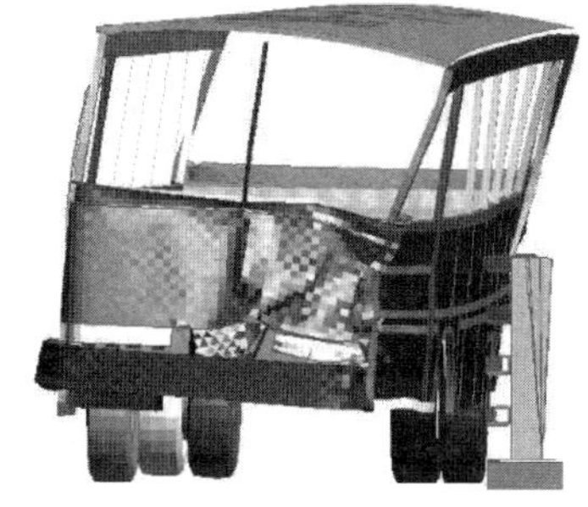

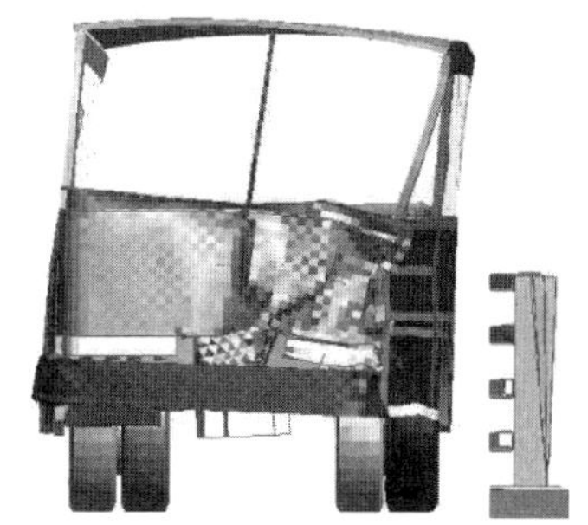

c)车辆尾部碰撞护栏　　d)车辆尾部碰撞护栏

图5.1-35　大客车碰撞护栏过程

图5.1-36为护栏变形图，在520kJ碰撞能量下，护栏最大动态变形量为220mm。

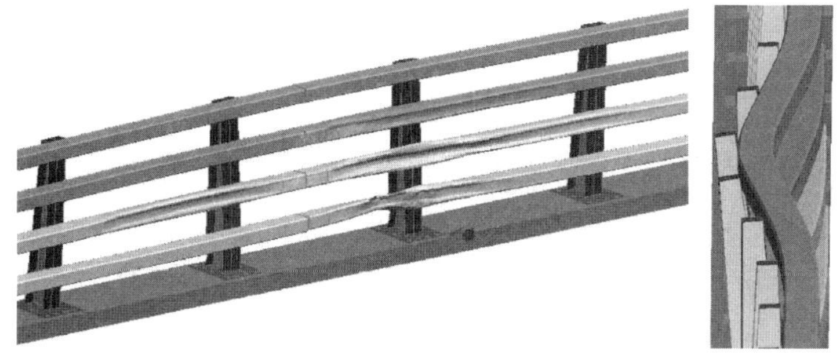

图5.1-36　护栏横梁变形

图5.1-37为车辆驶出轨迹图，按BSEN 1317标准规定，根据边界线$E = A +$车宽$+$车长$\times 0.16 = 4.4 + 2.5 + 0.16 \times 11.2 = 8.692$m，在$W = 20$m内，大客车驶出宽度距离$E = 3.2$m，满足要求。

图 5.1-37　车辆驶出轨迹

图 5.1-38 为护栏工作宽度图,护栏最大工作宽度为 0.62m,满足评价标准中要求的 W4 级(≤1.3m)要求。

图 5.1-38　护栏工作宽度

通过仿真结果可以看出,优化后护栏各项指标均满足评价标准要求,在研究确定试验护栏基础后对其进行实车足尺碰撞试验,从而进行安全性能评价。

5.2　试验护栏基础研究

5.2.1　设计要求

根据港珠澳大桥护栏的试验基础设计研究要求,试验护栏基础设计须满足试验护栏安全性能测试的要求;同时,采用此试验护栏基础后的试验测试数据,应该为确定“护栏和翼缘板连接强度指标要求”和“三种桥梁形式翼缘板结构力学性能要求指标”提供数据支持。

5.2.2　设计依据

目前与护栏衔接的桥梁结构有混凝土箱梁、钢-混叠合梁和钢箱梁三种结构,以这三种结构为基础进行试验护栏基础设计。

1)混凝土箱梁桥梁结构

根据118m跨非通航孔桥桥型布置(三),混凝土箱梁桥梁护栏基础为钢筋混凝土结构,如图5.2-1所示。

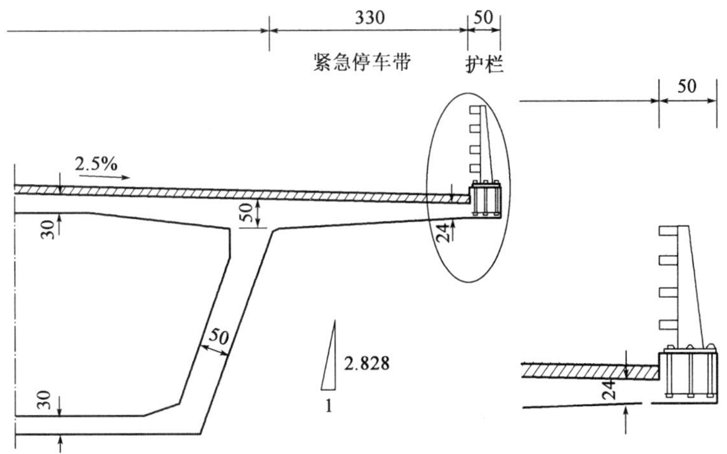

图5.2-1　混凝土箱梁桥梁护栏布置图(尺寸单位:cm)

2)钢-混叠合梁桥梁结构

依据110m跨非通航孔桥桥型布置,钢-混叠合梁桥梁护栏基础为钢筋混凝土结构,如图5.2-2所示。

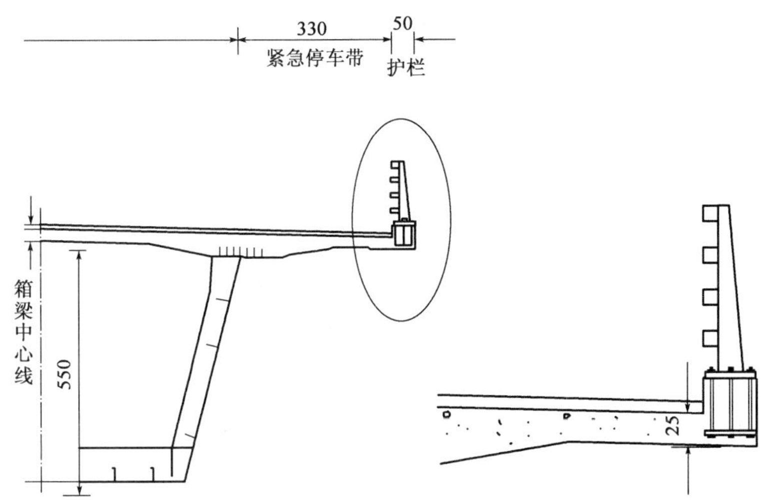

图5.2-2　钢-混叠合梁桥梁护栏布置图(尺寸单位:cm)

3)钢箱梁桥梁结构

依据主梁标准横断面图纸,钢箱梁桥梁护栏基础与钢箱梁翼缘板连接,如图5.2-3所示。

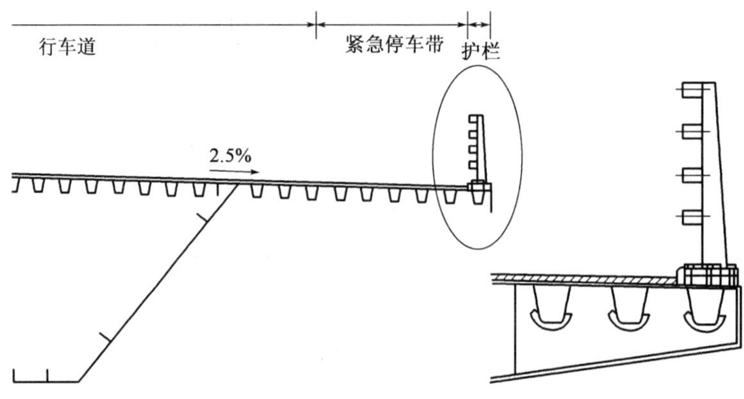

图 5.2-3　钢箱梁桥梁护栏布置图

5.2.3　试验护栏基础设计

1)基于理论分析的护栏基础设计

在车辆碰撞护栏的过程中,护栏和桥梁结构作为一个整体承受碰撞荷载,其中,护栏直接承受碰撞荷载,桥梁翼缘板及其主体通过护栏和翼缘板的连接结构承受护栏传递过来的碰撞荷载。从理论上来说,在碰撞荷载以及护栏的结构形式(包括尺寸、材料性能等各项物理参数)确定的情况下,桥梁和护栏的相对刚度,尤其是翼缘板结构和护栏的相对刚度决定了护栏自身的应力大小。翼缘板结构的刚度越大,护栏及其连接构件的应力、应变也越大,反之亦然。

基于以上理论分析,为了取得试验护栏结构(含护栏和翼缘板的连接结构)在最不利情况下的应力、应变数据,提出如下的试验护栏基础设计方案(图 5.2-4):短悬臂结构直接固定在接近绝对刚性的混凝土结构上,且短翼缘板的配筋采用偏于安全的设计,进一步增强翼缘板结构的刚度。由于该翼缘板结构的刚度大于实际工程中的三种桥梁翼缘板结构的刚度,在试验中测量到的连接螺栓应力、翼缘板受拉区钢筋应变均为最不利情况下的极限应力。

2)试验护栏基础对钢筋混凝土翼缘板设计指导

试验护栏基础依据混凝土箱梁翼缘板截面设计,在试验中测量碰撞区最不利截面处受拉钢筋应变,为混凝土箱梁翼缘板设计提供力学性能要求指标,使混凝土箱梁翼缘板设计偏于安全。

钢-混叠合梁翼缘板亦为钢筋混凝土结构,在车辆碰撞护栏荷载下,翼缘板的受力形态与混凝土箱梁翼缘板受力形态一致,同样可以采用试验测量的受拉钢筋应变,为钢-混叠合梁翼缘板设计提供力学性能要求指标,使钢-混叠合梁翼缘板设计偏于安全。

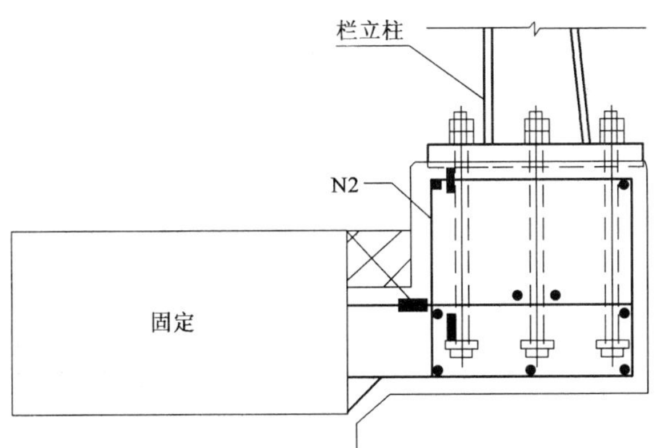

图 5.2-4　试验护栏基础设计方案

试验护栏基础刚度大于实际工程护栏刚度，按照试验数据提供的力学性能要求指标设计的桥梁翼缘板偏于安全，因此该试验基础能够涵盖混凝土箱梁和钢-混叠合箱梁桥梁结构。

3）试验护栏基础对钢箱梁翼缘板设计指导

由于试验护栏基础刚度大于钢箱梁翼缘板刚度，则在试验中测量的连接螺栓应变大于车辆碰撞钢箱梁翼缘板上护栏时该螺栓的应变；采用实车碰撞试验得到的"翼缘板力学性能要求指标"进行钢箱梁翼缘板设计，从强度上来说是偏于安全的。

但是，钢箱梁翼缘板相对于混凝土翼缘板偏柔，车辆碰撞护栏后翼缘板如果发生较大变形，也有可能影响护栏安全防护性能，需采用计算机仿真方法建立护栏与钢箱梁翼缘板结构模型，以分析钢箱梁翼缘板变形量对护栏安全性能的影响，同时对以上理论分析做进一步验证。

5.3　护栏基础计算机仿真分析

护栏基础的计算机仿真分析条件与《港珠澳大桥护栏结构的实车碰撞试验-碰撞试验条件及评价标准》中的碰撞试验条件一致，根据仿真结果对基础钢筋以及预埋螺栓、钢箱梁的受力情况进行分析。

5.3.1　仿真模型

按 1∶1 的比例建立仿真模型。

图 5.3-1 为按试验基础建立的有限元仿真模型。

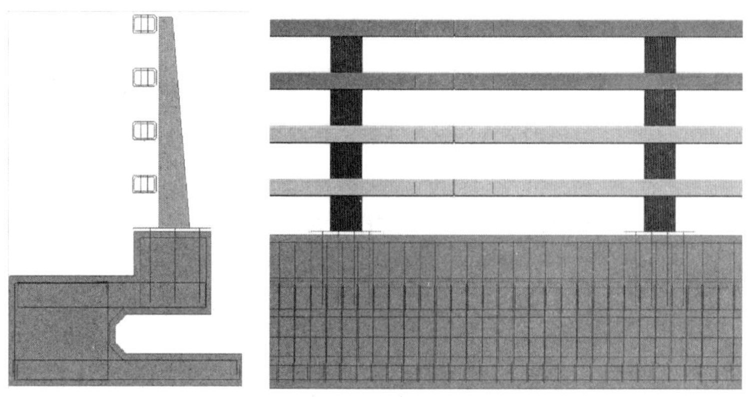

图 5.3-1　试验基础及护栏有限元模型

图 5.3-2 为按设计混凝土翼缘板外轮廓建立的有限元模型，配筋与试验基础一致，悬臂长度为 3m。

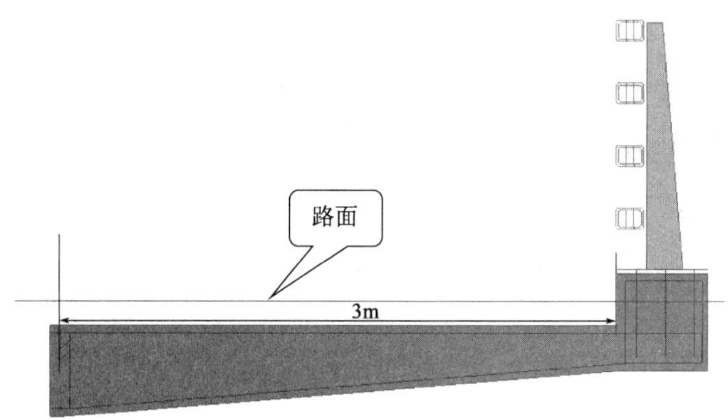

图 5.3-2　混凝土翼缘板基础及护栏有限元模型

图 5.3-3 为按设计钢箱梁翼缘板建立的有限元模型，悬臂长度为 5m。

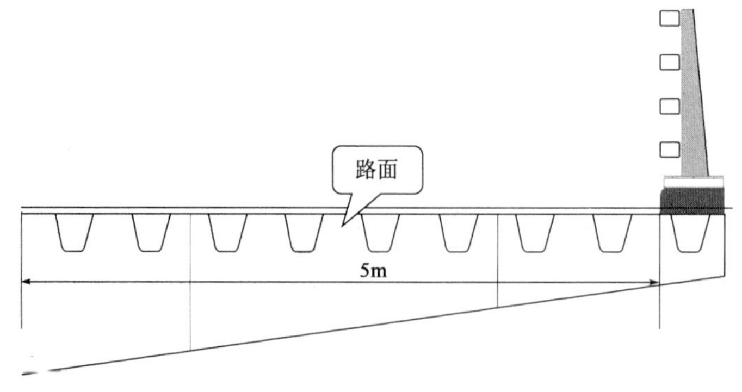

图 5.3-3　钢箱梁基础及护栏有限元模型

5.3.2　仿真计算结果

图5.3-4为大客车碰撞三种基础护栏的行驶轨迹，可见三种护栏基础车辆行驶轨迹基本相同，说明护栏基础对车辆行驶轨迹指标影响不大。

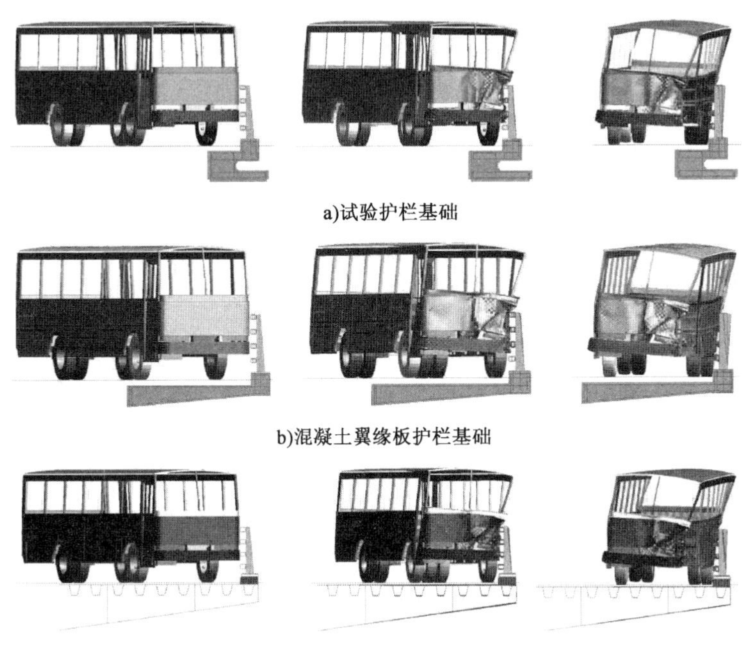

a)试验护栏基础

b)混凝土翼缘板护栏基础

c)钢箱梁翼缘板护栏基础

图5.3-4　大客车碰撞护栏运行轨迹

图5.3-5为车辆碰撞后三种基础的护栏变形，可见试验基础与混凝土翼缘板基础护栏变形基本相同，钢箱梁翼缘板护栏横梁变形较小，与理论分析相符。

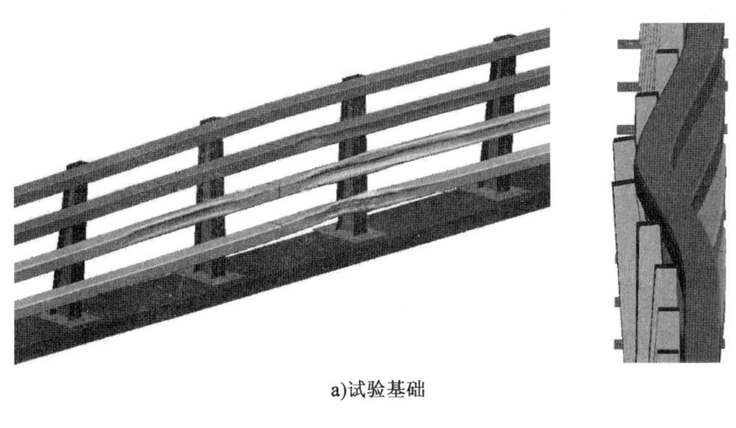

a)试验基础

图　5.3-5

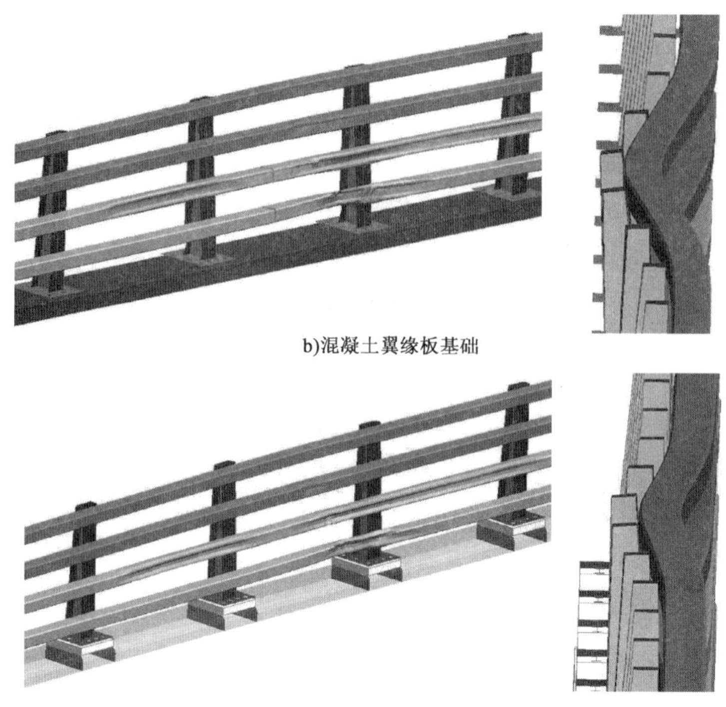

b)混凝土翼缘板基础

c)钢箱梁翼缘板基础

图 5.3-5　护栏变形

图 5.3-6 为护栏最大动态变形点位移时程曲线，可以看出护栏上最大动态变形点位移基本相同，由于混凝土翼缘板和钢箱梁翼缘板悬臂产生微小动态变形，以其为基础的护栏最大动态变形略微大于试验基础护栏最大动态变形。

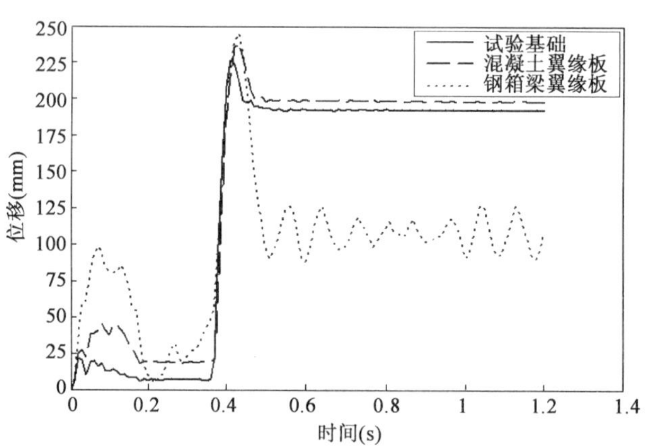

图 5.3-6　护栏最大动态变形点位移时程曲线

图 5.3-7 为三种基础护栏工作宽度，可以看出三种基础护栏工作宽度分别为 0.62m（试验基础）、0.61m（混凝土翼缘板基础）、0.67m（钢箱梁翼缘板基础），差别较小且均满足评价标准要求。

图 5.3-7　三种基础护栏工作宽度

图 5.3-8 为试验基础和混凝土翼缘板基础钢筋受力曲线。可以看出试验基础钢筋受力最大为 138kN，混凝土翼缘板基础钢筋受力最大为 124kN，说明按试验基础数据进行设计偏于安全，与理论分析一致。

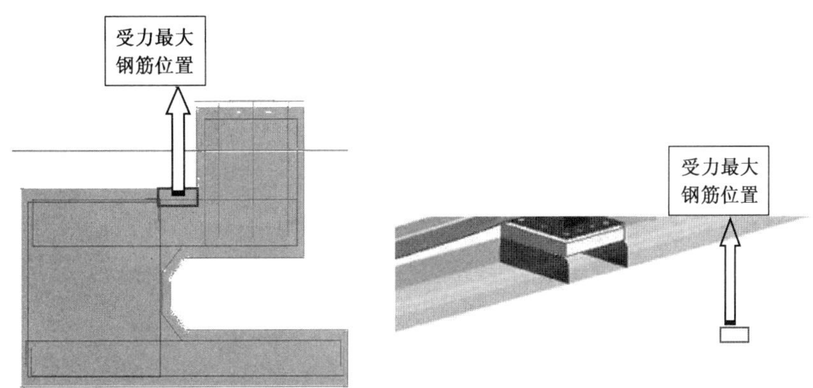

a)钢筋拉力提取位置

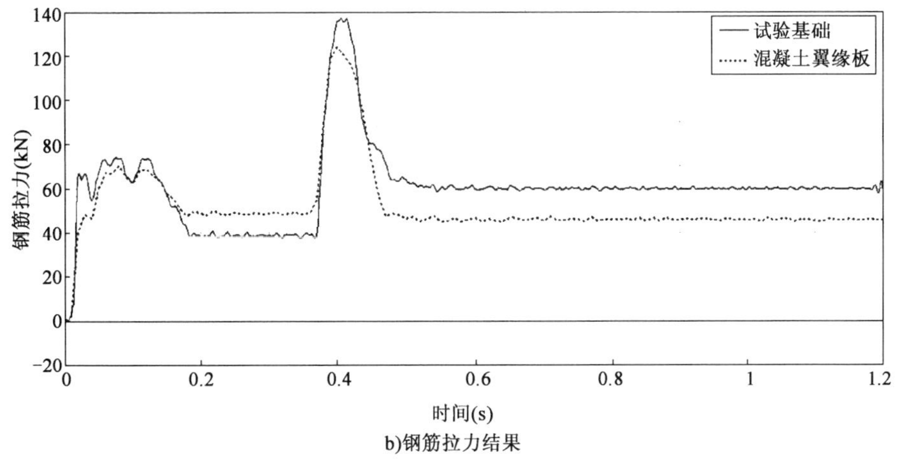

b)钢筋拉力结果

图 5.3-8　钢筋拉力曲线

图5.3-9为地脚锚固螺栓受力曲线，可见试验基础和混凝土翼缘板基础地脚锚固螺栓受力情况基本相同，钢箱梁翼缘板基础地脚锚固螺栓受力较小，与理论分析相一致。

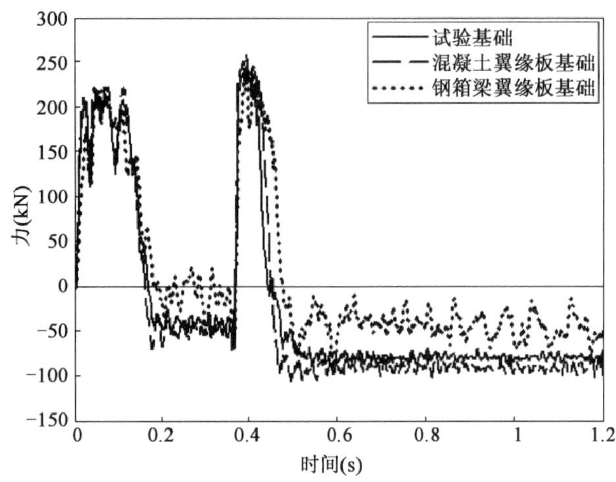

图5.3-9　地脚锚固螺栓受力曲线

通过计算机仿真，得到以下结论：

(1)三种护栏基础车辆碰撞后行驶轨迹基本相同。

(2)试验基础与混凝土翼缘板基础护栏变形基本相同，钢箱梁翼缘板护栏横梁变形较小，与理论分析相符。

(3)由于混凝土翼缘板和钢箱梁翼缘板悬臂产生微小动态变形，以其为基础的护栏最大动态变形略微大于试验基础护栏最大动态变形。

(4)三种护栏工作宽度基本相同。

(5)试验基础钢筋受力最大为138kN，混凝土翼缘板基础钢筋受力最大为124kN，说明按试验基础数据进行设计偏于安全，与理论分析一致。

(6)通过应力分析和材料冲击试验说明，SS级碰撞能量不会使钢箱梁翼缘板产生永久变形，该钢箱梁翼缘板满足设置SS级梁柱式护栏的条件。

(7)试验基础和混凝土翼缘板基础地脚锚固螺栓受力情况基本相同，钢箱梁翼缘板基础地脚锚固螺栓受力较小，与理论分析相一致。

5.4　施工与加工工艺研究

5.4.1　施工工艺研究

通过对试验组织记录，形成护栏施工要求报告，为实际工程的应用提供技术支持，

图 5.4-1 为护栏总体的施工流程,表 5.4-1 为护栏地脚螺栓安装精度要求。

图 5.4-1 试验护栏建造全过程

地脚螺栓安装精度要求 表 5.4-1

项　目	允许误差	备　注
地脚螺栓间距	±1mm	含相邻立柱之间的间距
地脚螺栓露出底座高度	±5mm	
地脚螺栓竖直度	1mm/500mm	

5.4.2 加工工艺研究

护栏的加工工艺研究主要是以试验护栏的加工过程为基础,对护栏的加工工艺提出具体要求,形成护栏加工工艺要求报告,以保证护栏的质量,主要包括材料要求和加工的精度、防腐要求等。表 5.4-2 为护栏主要部件的加工允许误差,必须严格控制加工部件的误差,保证连接、安装的方便、可靠。图 5.4-2 为安装完成后护栏图。

护栏主要部件允许误差 表 5.4-2

护栏横梁	允许误差	护栏立柱	允许误差
外形尺寸	±2mm	外形尺寸	±2mm
壁(板)厚	±0.5mm	壁(板)厚	±0.5mm
螺栓孔径	±0.1mm	螺栓孔径	±0.1mm
螺栓孔距	±1mm	螺栓孔距	±1mm
连接板中心距	±2mm		

图 5.4-2　安装完成后护栏

5.5　本章小结

通过单元试验和碰撞试验数据校核的仿真参数,建立了车辆碰撞护栏有限元模型,进行护栏结构详细优化研究,采用计算机仿真方法开发设计了一种金属梁柱式护栏,通过实车足尺碰撞试验验证防护能力达到 520kJ(SS 级),各项指标均满足 BSEN 1317 评价标准的要求。港珠澳大桥结构由混凝土箱梁、叠合梁和钢箱梁组成,因此用于实际工程的护栏基础不同,通过理论分析和计算机仿真分析设计出一种试验护栏基础形式。

CHAPTER SIX

第6章

本篇总结

本篇主要是港珠澳大桥在设计、施工、运营过程中与交通工程相关的关键性技术的凝练和总结。共分为6章,分别是:第1章为数字化交通工程设施,第2章为跨境通道运营管理关键技术,第3章为跨境隧-岛-桥集群工程节能减排关键技术,第4章为基于BIM架构的港珠澳大桥交通工程全寿命周期系统集成技术,第5章为港珠澳大桥护栏结构的实车碰撞试验。主要的内容如下:

(1)详细阐述了港珠澳大桥主体工程收费、通信、监控、交通安全设施、综合管道、供配电、照明、通风、火灾检测报警联动、消防、结构健康监测、景观照明、供水、航空障碍灯、环保节能、防雷接地、排水设施等交通工程设施的设置标准、规模以及要点,并采用了安全、成熟的数字化设施,为世界级跨海通道的用户提供了优质服务,为地标性建筑提供了安全保证。

(2)制定了适用于三地实施跨境交通控制与管理的组织体系架构以及三地联动救援、跨境交通控制和三地间信息交换的工作机制。根据三地救援体系现状、三地救援资源现状、三地救援通信现状和三地救援制度现状,制定详细的港珠澳大桥三地联动紧急救援预案,最终形成港珠澳大桥跨境交通控制事件管理程序手册。

(3)根据三地口岸和连接线的相关建设管理机构和政府部门的通信网络现状、通信系统建设方案以及信息管理系统建设状况,针对港珠澳大桥应急管理和跨境交通控制方面的信息交换与共享需求,分析港珠澳大桥运营期三地口岸信息的发送机制、接收机制和澄清机制等运作机制,制定并形成了三地信息交换的运作机制和信息交换技术接口标准。

(4)综合考虑港珠澳大桥运营期能源消耗、废气废水排放以及综合管理等方面的指标,构建节能减排核算指标体系;结合指标体系中的各项节能指标、减排指标以及管理性综合指标,分析各指标产生因素,构建工程运营期能效及排放核算模型。

(5)研究了太阳能海水源热泵技术和光伏微网发电技术的运作模式,首次开发了人工岛太阳能海水源热泵冷热联供调控技术系统,构建了一套跨海集群工程利用可再生能源的技术评价模型,为海上人工岛建设绿色低碳的能源供应体系提供了理论指导与技术支撑。

(6)建立沉管隧道通风系统物理试验模型,开展通风模型试验,对沉管隧道通风关键参数进行研究,为港珠澳大桥隧道工程通风技术提供了基础数据。通过数值模拟计算,分析污染气体扩散路径,提出港珠澳大桥沉管隧道洞口污染气体串流干预方案。对沉管隧道内射流风机布置参数进行了研究,提出合理的风机设置间距。为实现通风系统智能化,对隧道风机最优运行效率与交通运营安全条件下的车辆平均行驶速度、交通运营安全、废弃物排放量三者之间的最佳匹配曲线进行研究,利用多目标智能化控制方法与风机变频技术,形成"主动式"的隧道风机控制方式与节能方法,建立高效运转、低值能耗、低量废弃物排放的港珠澳大桥海底沉管隧道智能化通风系统。

(7)首次建立以BIM为中心的港珠澳大桥交通工程系统集成运营管理平台和系统维护管理平台,利用三维模型进行日常的运营管理和系统维护工作,实现一种全新的系统集成运营管理和系统维护模式,对交通工程联合设计、施工进度管理、运营管理和系统维护各不同阶段进行全寿命周期的集成管理,是跨海通道运营管理和系统维护的创新尝试。

(8)采用计算机仿真方法开发设计了一种金属梁柱式护栏,通过实车足尺碰撞试验验证防护能力达到520kJ(SS级),各项指标均满足BSEN 1317评价标准的要求。同时,通过理论分析和计算机仿真分析设计出一种试验护栏基础形式,为确定"护栏和翼缘板连接强度指标要求"和"三种桥梁形式翼缘板结构力学性能要求指标"提供数据支持。

参考文献

[1] 蒋树屏,苏权科,周健,等. 离岸特长沉管隧道防灾减灾关键技术[M]. 北京:人民交通出版社股份有限公司,2018.

[2] 刘谨,张昊,苏权科,等. 港珠澳大桥跨界交通管理[M]. 北京:人民交通出版社股份有限公司,2018.

[3] 苏权科,邢燕颖,杨秀军,等. 港珠澳大桥岛隧工程节能减排关键技术[M]. 北京:人民交通出版社股份有限公司,2018.

[4] 李兴华,苏权科,刘建昌,等. 港珠澳大桥工程节能减排评价方法及应用[M]. 北京:人民交通出版社股份有限公司,2018.

[5] 朱永灵,盛昭瀚,张劲文,等. 港珠澳大桥工程决策理论与实务[M]. 北京:人民交通出版社股份有限公司,2018.

[6] 蒋树屏,田堃,徐湃. 沉管隧道火灾温度场分布规律研究——以港珠澳大桥沉管隧道为例[J]. 隧道建设(中英文),2018,38(05):719-729.

[7] 曹更任,蒋树屏,周健,等. 沉管隧道侧向集中排烟模式烟雾流动规律研究[J]. 中国公路学报,2018,31(01):82-90.

[8] 陈越. 沉管隧道技术应用及发展趋势[J]. 隧道建设,2017,37(04):387-393.

[9] 郭军,刘帅,曹更任,等. 海底隧道管节接头防火试验[J]. 中国公路学报,2016,29(05):109-115.

[10] 郭军,刘帅,蒋树屏. 海底隧道管节结构防火试验与数值模拟[J]. 中国公路学报,2016,29(01):96-104+114.